U0856170

OECD 系列报告

政府概览 2011

经济合作与发展组织　著
黄宗晞　译

国家行政学院出版社
中 央 编 译 出 版 社

该报告由经济合作与发展组织秘书长负责出版，但本出版物中所表达的意见和使用的论点并不一定反映经济合作与发展组织或其成员国政府的意见与观点。

请从以下地址引用本出版物：

OECD (2011), Government at a Glance 2011 , OECD Publishing.

http：//dx. doi. org/10. 1787/gov _glance-2011-en

以色列统计数据由以色列相关权威部门提供并负责。经济合作与发展组织将客观公正地使用这些数据并遵从国际法对戈兰高地、东耶路撒冷及以色列在约旦河西岸定居点地位的规定。

OECD 出版物的勘误表网址：www. oecd. org/publishing/corrigenda.

该书英语和法语原版由经济合作与发展组织出版，标题如下：
Government at a Glance 2011/Panorama des administrations publiques 2011

前 言

第二版《政府概览》的出版正值始于2008年的金融和经济危机余波未平、影响无处不在之际。改革金融部门、解决持续的高失业率、经济缺乏增长、市场波动、贸易和外国直接投资限制的风险以及移民潮的增加都是严重的政策挑战，其范围之广前所未有。对大多数国家来说，由于债务和赤字水平太高，回旋余地进一步减少。事实上，许多人认为，要在其他公共政策目标上取得进展，巩固财政的速度、范围和时间选择至关重要。《政府概览2011》提供了关键性的定量和定性的数据，可使循证决策得以实现并帮助政府对未来进行规划。其中对一些关键方面的政府活动、做法和绩效进行了比较，并指出了那些需要进一步审视的领域。第二章则论述了到目前为止成员国所宣布要进行的各项改革的质量问题。

这项工作根据Rolf Alter和Jón Ragnar Blöndal的指导，在Zsuzsanna Lonti的领导下，由Jordan Holt，Natalia Nolan Flecha和Alessandro Lupi执笔。对各章节的起草作出主要贡献的人员有：Allen Schick（第一章“杠杆治理”）；Colin Forthun，Nikolai Malyshev和Elsa Pilichowski（第二章“巩固财政”）；Colin Forthun，Dirk-Jan Kraan，Jean-François Leruste和William Oman（第三章“公共财政与经济学”）；Elodie Beth，Janos Bertok，Maria Emma Cantera，Colin Forthun，Elsa Pilichowski和Barbara Ubaldi（第四章“战略远见与领导”）；Elsa Pilichowski和Gabrielle Milosic（第五章“一般政府和公共企业的就业问题”）；Elsa Pilichowski，Jani Heikkinen和Gabrielle Milosic（第六章“部分公共部门职业的薪酬”）；Elsa Pilichowski，Emmanuel Job和Gabrielle Milosic（第七章“人力资源管理实践”）；Julio Bacio Terracino，Janos Bertok，Maria Emma Cantera，Marco Daglio，Anna Pons Vilaseca和Lisa Von Trapp（第八章“施政透明度”）；Julio Bacio Terracino，Janos Bertok，Maria Emma Cantera和Anna Pons Vilaseca（第九章“公共采购”）；Christiane Arndt，Gregory Bounds和Emmanuel Job（第十章“规范治理”）；Maria Emma Cantera，Marco Daglio，Jean-François Leruste和Barbara Ubaldi（第十一章“提供公共服务的途径”）；Cumhur Bilen，Monica Brezzi，Bert Brys，Eric Charbonnier，

Michael Förster，Gaetan Lafortune，Vladimir Lopez-Bassols 和 Jean Yip（第十二章“部分部门的政府绩效指标”）。此外，在整理文件准备出版的工作方面，还要感谢 Karena Garnier，Kate Lancaster，Hélène Leconte-Lucas，Jennifer Stein 和 Deirdre Wolfender 的帮助。

本书的出版还得益于以下组织的帮助：经合组织公共治理委员会和政府概览督导组（详见附件 I），经合组织规范政策委员会，经合组织统计委员会，经合组织公共就业和管理工作组，经合组织高级预算官员工作组，经合组织利益冲突专家组，经合组织高级电子政务官员网络，以及经合组织创新和开放政府专家组。经合组织统计局的 Nadim Ahmad 和 Catherine La Rosa-Elkaim，经合组织经济局的 Peter Hoeller，Margit Molnar 和 Eckhard Wurzel，南非约翰内斯堡自由州大学的 Philippe Burger，以及经合组织公共治理与区域发展局的 Stéphane Jacobzone，Josef Konvitz，Edwin Lau 和 Christian Vergez 也提出了宝贵的意见。

序 言

近来的危机是由公共当局在规范和监管上的重大失误以及私有领域中风险管理和公司治理上的缺陷所造成的。它动摇了人们长期以来对市场运作和政府职能所持有的许多看法，并因此引发了改变全球治理结构和重新确定国家和市场各自作用以恢复公众对这两者的信任的呼声。

世界各国政府听到了这些呼声，正在进行反思，并对公共部门加以改革。

这个任务非常关键。在多数国家的经济生活中，政府都是主要参与者。从很大程度上说，过去50年里其影响力的扩展极为显著。1961年经合组织成立之时，其成员国的政府总支出平均低于国内生产总值的30%，而现在已平均超过45%，比2007年的40%又略高了一点。

公共政策是国家经济的关键支柱。政府在经济危机余波中的果断协调行动清楚地表明了这一点。然而，这一行动，以及由于产出下降而导致的收入减少，带来了不断增长的财政压力，某些情况下甚至是难以为继的财政压力。巩固财政在很大程度上应该通过减少公共开支来实现。为避免过度削减公共服务，政府应当精简而高效。

重新评估政府何时应该介入、如何介入，以及何时可以退后一步，应当是政府的结构重组工作中必不可少的一部分。简而言之，这关系到更好和更有效的治理，关系到健全的制度和高效的规则和程序。我们最近对恢复公共财政所做的研究，以及我们从诸多主题中选择对各国的诚信、规范改革和电子政务方面进行审视。都表明了这一点。

在这个疾风骤雨的时代，改革公共部门从政策上讲是需要优先考虑的，并应在收集证据和比较分析的基础上进行。通过《政府概览》，经合组织提供了一项独特的国际性的比较数据资源，帮助政府检验自身的绩效。它深入洞察了各种政策办法，并举出了什么可行、什么不可行的实际例子。为关于公共部门改革政策的公众辩论提供信息也是其目标之一。

《政府概览2011》中包含的成员国与合作国的58组数据包括：

● 对公共部门部分专业人员薪酬和公共服务职业薪酬的首次国

际性比较。其结果表明公共部门中的薪酬结构是相当平等的；

- 对不同国家的巩固财政需求进行的具体估算。对大部分国家来说这个数字都很惊人。平均而言，为了到2026年时能够稳定债务对国内生产总值（GDP）的比值，在2010年财政状况的基础上，GDP大约需要提高4%。此外，在未来15年里，因老龄化问题而带来的开支压力也需要大约三个百分点的GDP才能得到补偿；
- 三类政府机关对私人利益的披露水平；以及
- 促进透明度、效率和信任的开放政府政策的执行差距。

恢复对政府和政治领导的信任是社会进步的关键所在。经合组织支持各国政府寻求公共部门的改革和创新，包括实现更大的预算透明度，促进诚信，通过公私伙伴关系等新途径更好地提供公共服务，以及加强有效的监管和国际监管合作。

经济合作与发展组织秘书长

导 读

为正确理解本书中的数据，读者应熟悉以下这些适用于一系列指标的理解方法。本书末尾所附的“词汇表”，以及每一指标中的“方法和定义”部分，也都进一步提供了许多重要信息。

国民经济核算数据中的日历年/财务年

除非另有说明，经合组织国民经济核算中的数据都按照日历年计算。

澳大利亚和新西兰的数据指财务年：澳大利亚是从7月1日到次年6月30日，新西兰则是从4月1日到次年3月31日。日本的一般政府部分下属部门的数据和政府职能分类的开支也指财务年。

以国民经济核算系统（SNA）为基础的数据来自2011年2月28日的经合组织国民经济核算数据库。

综合指标

本书包含有几项描述性的综合指数，仅适用于与人力资源管理（HRM）有关的狭义领域。这些综合指数是概括离散的、定性信息的一个实用办法。本书中的综合指数运用的是《综合指标构建指南》（*Handbook on Constructing Composite Indicators*）（Nardo 等，2008）中所确定的步骤。

用于构建人力资源管理指数的变量和权重的详细信息可在附件E当中找到。综合指标的构建是与各成员国合作、并在理论和/或最佳实践的基础上进行，而组成各指数的变量和与其相关的权重则是建立在专家判断的基础上，因此可能会随着时间的推移而发生改变。在某些情况下，《政府概览2009》当中的综合指标和2011版当中的综合指标或不具可比性。

所涉国家

根据可获得的资料，《政府概览》里包含了经合组织全部34个国家的数据。2010年新加入经合组织的四个国家——智利，爱沙尼亚，以色列和斯洛文尼亚，这些国家的数据是首次介绍。以色列的统计数据由以色列相关当局提供，并由其负责。经合组织对这些数据的使用对戈兰高地、东耶路撒冷和约旦河西岸的以色列定居点在国际法上的地位并无影响。

另外一些国家，如俄罗斯联邦（目前正在申请加入经合组织）和在经合组织公共治理委员会中具有观察员身份的国家（巴西，乌克兰和埃及）也为某几个指标提供了数据。非成员国的数据在表格和图表的最后单独列出。

国家代码（国际标准组织代码）

经合组织成员国			
澳大利亚	AUS	波兰	POL
奥地利	AUT	葡萄牙	PRT
比利时	BEL	斯洛伐克共和国	SVK
加拿大	CAN	斯洛文尼亚	SVN
智利	CHL	西班牙	ESP
捷克共和国	CZE	瑞典	SWE
丹麦	DNK	瑞士	CHE
爱沙尼亚	EST	土耳其	TUR
芬兰	FIN	英国	GBR
法国	FRA	美国	USA
德国	DEU		
希腊	GRC	**申请加入经合组织的国家**	
匈牙利	HUN	俄罗斯联邦	RUS
冰岛	ISL		
爱尔兰	IRL	**其他主要经济体**	
以色列	ISR	中国	CHN
意大利	ITA	印度	IND
日本	JPN	印度尼西亚	IDN
韩国	KOR	南非	ZAF
卢森堡	LUX		
墨西哥	MEX	**经合组织公共治理委员会观察员国**	
荷兰	NLD	巴西	BRA
新西兰	NZL	埃及	EGY
挪威	NOR	乌克兰	UKR

经合组织平均数和总数

平均数

在图表和文本内容当中，经合组织平均数是指那些有相关数据的经合组织成员国的未加权算术平均值。它不包括非成员国的数据。

“经合组织#”是指在相应图表或表格中所列出和/或找到的经合组织成员国的平均值。附注中指出了无法取得数据的那些国家。

在一个图表中表示了一年或几年的数据的情况下，经合组织平均数所包括的国家数是固定的，即所有能够取得数据的国家。例如，2007年的一个经合组织平均数包括的是当前所有成员国当年可获得的数据，哪怕其在那一年里并不是经合组织成员。

总数

经合组织总数多数出现在表格中，代表着能够取得数据的经合组织国家在相应栏目的数据总和。总数不包括非成员国的数据。

“经合组织总数#”是指在相应表格中列出和/或找到的经合组织成员国数。附注中指出了无法取得数据的那些国家。

在线补充内容

部分指标有在线补充表格和图表，提供了具体国家的数据。这种情况会在各指标的“方法和定义”部分中指明。《政府概览2011》还提供 StatLinks 服务，即允许读者下载相关数据的 Excel 表格。StatLinks 标记位于表格或图表的右下角，可以将其地址输入到浏览器的地址栏中，也可以在本书的电子版本中直接点击。

此外，网上的“国家附注”也提供可与经合组织平均数相比较的有关国家的关键性数据。国家附注和补充数据都可以从下列地址获取：www.oecd.org/gov/indicators/govataglance。

“人均”指标

有些指标（如支出、收入、政府债务）是按人均计算的。其基础人口数的估算建立在国民经济核算体系中的居住概念的基础上。这一数字包括了在一个国家居住了一年或一年以上的人，而不论其国籍如何，并且也包括了外国的外交人员和防务人员及其家属、在国外上学的学生和就医的病人，哪怕这些人在国外的时间超过一年。"一年"的规定表明在国外居住少于一年的常住居民是计算在人口之内的，而在该国停留时间少于一年的外国旅客（如度假的游客）则排除在外。本书中应当强调的很重要的一点是，个人可能是一个国家的雇员（通过参加生产而对GDP有贡献）而是另一个国家的居民(其薪酬反映在其居住国的国民生产总值当中)。

购买力平价

购买力平价（PPPs）是通过消除国家间价格水平的差异，使不同国家的购买力等同的货币换算比率。当通过购买力平价来换算时，不同国家的支出事实上将由一系列相同的价格来表现，从而使不同国家间的比较可以仅仅反映为所购买商品和服务在数量上的差异。

2000 年和 2007 年：所有欧洲国家的购买力平价都是由欧盟统计局提供的年度基准数据。欧洲以外国家的购买力平价是经合组织估算的。

2008 年：所有经合组织国家的购买力平价都是由经合组织和欧盟统计局共同计算的三年期基准数据。

2009 年：所有欧洲国家的购买力平价都是由欧盟统计局提供的初步年度基准数据。欧洲以外国家的购买力平价是经合组织估算的。对估算数字和初步数据的理解应当谨慎，因为这些数据随时可能被修改。

在经合组织的购买力平价网站 www. oecd. org/std/ppp 上可以找到更多信息。

符号和缩略语

.. 缺失的数值

n. a. 不适用（除非另有说明）

EUR 欧元

USD 美元

目　录

表

图

概　述

本书的结构

编写政府概览系列的初衷是通过让成员国检验他们的活动及其结果，使其在作出决策时有证据可循，并且便于互相学习，最终达到增进自身政府绩效的目的。为公共政策的制定提供国际性的比较数据是极其有必要的，这也正是本书选择各项指标的指导原则。政策制定者和公民都需要有关投入、过程、产出和结果的数据去评价政府的表现，并就资源、政策和计划方案作出明智的决定。本书的框架正反映了这个重要的顺序安排：其结构依据的就是政府绩效的生产链。（图 0.1）

本书中有哪些新内容？

与《政府概览 2009》相比，2011 版在涵盖的国家和数据点这两方面的范围都要大得多。在 2009 版介绍的许多核心指标的基础上，这一版中的指标个数几乎翻了一番（从 31 个增加到了 58 个）。此外，2011 版中关于公共财政与经济学的数据包括了 2000 年、2007 年和 2009 年这三个年份，既显示了十年来的趋势，也反映出金融和经济危机造成的影响。2011 版沿政府生产链上溯到更远的地方，增加了与有关部门的产出和成果相关的政府绩效关键方面的数据。新的绩效指标包括财政绩效（政府赤字，债务和财政的可持续性）；与公平目标有关的结果，包括收入分配和获得医疗和教育服务的权利；以及税收管理、教育和医疗卫生方面的产出、结果和一些效率措施。这也是为了响应经合组织成员国对绩效数据所表现出的极大兴趣。另外，今年的版本还包括了一章有关政府的战略远见与领导的内容（第四章）。如果说经济危机带来了些什么的话，那就是它突出了政

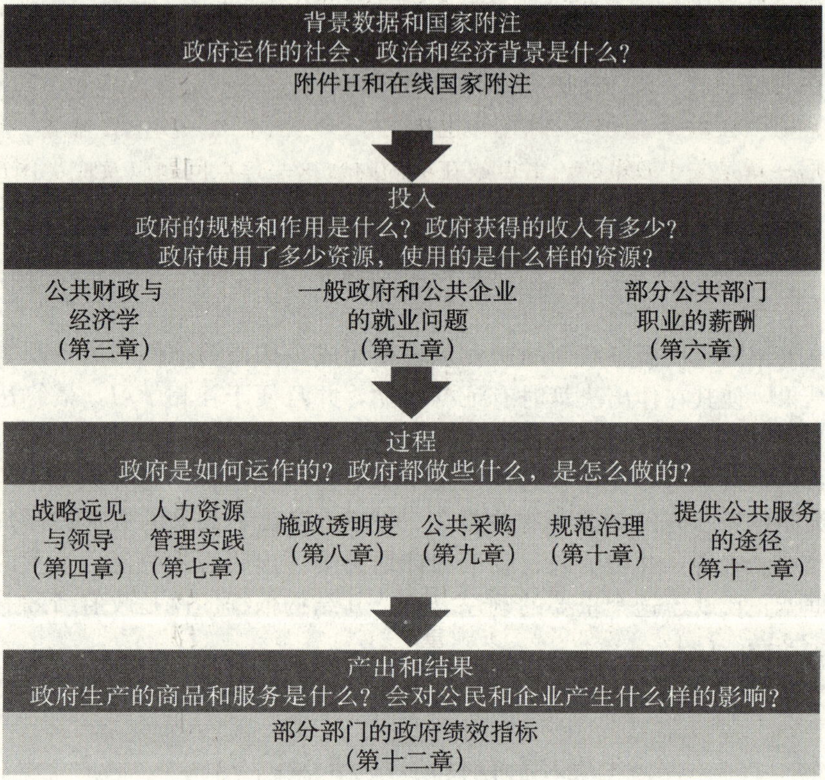

背景数据和国家附注
政府运作的社会、政治和经济背景是什么?
附件H和在线国家附注

投入
政府的规模和作用是什么?政府获得的收入有多少?
政府使用了多少资源,使用的是什么样的资源?

公共财政与经济学(第三章)	一般政府和公共企业的就业问题(第五章)	部分公共部门职业的薪酬(第六章)

过程
政府是如何运作的?政府都做些什么,是怎么做的?

战略远见与领导(第四章)	人力资源管理实践(第七章)	施政透明度(第八章)	公共采购(第九章)	规范治理(第十章)	提供公共服务的途径(第十一章)

产出和结果
政府生产的商品和服务是什么?会对公民和企业产生什么样的影响?
部分部门的政府绩效指标
(第十二章)

图 0.1 《政府概览》的概念性框架

府管理风险和考虑长期效应方面的能力的重要性。财政的可持续性被认为是代表了政府预测趋势并去适应趋势的能力。这一章还包含了在政府最高层和行政部门当中人力资源管理实践发挥作用程度的新数据,以培育一种更具战略性的决策途径。最后,还有一些指标是作为一个特殊的部分加进来的,反映的是本书编写之时的一些热点问题,如绿色采购与合作提供服务。

2010 年有四个国家(智利,爱沙尼亚,以色列和斯洛文尼亚)加入了经合组织。在可获得相关数据的情况下,这些国家也被包括在了 2011 版中。《政府概览》也收入了 34 个经合组织成员国以外的数据,使各国能够比照正在申请加入经合组织的国家(俄罗斯联邦)以及世界舞台上的其他重要国家如中国、印度、印度尼西亚和南非,来检验自己的绩效。最后,有些指标中也包括了公共治理委员会的观察员国家(巴西、埃及和乌克兰)的数据。这些国家在世界经济和国际政治格局中正发挥着越来越重要的作用。

《政府概览 2011》的发布正逢经合组织成立 50 周年。因此本书开头是特别的一章，反映了过去 50 年当中经合组织在公共管理和公共治理方面在世界上发挥的作用，也指出了今后面临的一些主要挑战。其后一章是关于政策的，重点放在巩固财政这一焦点问题以及成员国最近宣布的改革措施上。第三章到第十二章中列出的数据强调了所采用的各种改革工具的影响和有用性需要更有力的证据来证明。

指标类型

《政府概览》当中包括三种类型的指标：核心的、周期的和特殊部分。核心指标是那些有关政府收入、支出和就业的，以及反映了对诚信、透明度等核心公共价值遵守的指标。有关各种公共管理和治理措施的指标在不同的版本中会有周期性的轮换，因为这些措施不会经常变化。例如，2011 版重点详细关注人力资源管理措施，而 2013 版则计划反映经合组织国家预算措施中的变化。最后，有些指标是作为专题包括进来的，主要反映了当前的热点问题。例如现在这个版本就特别关注了有关绿色采购的新数据。

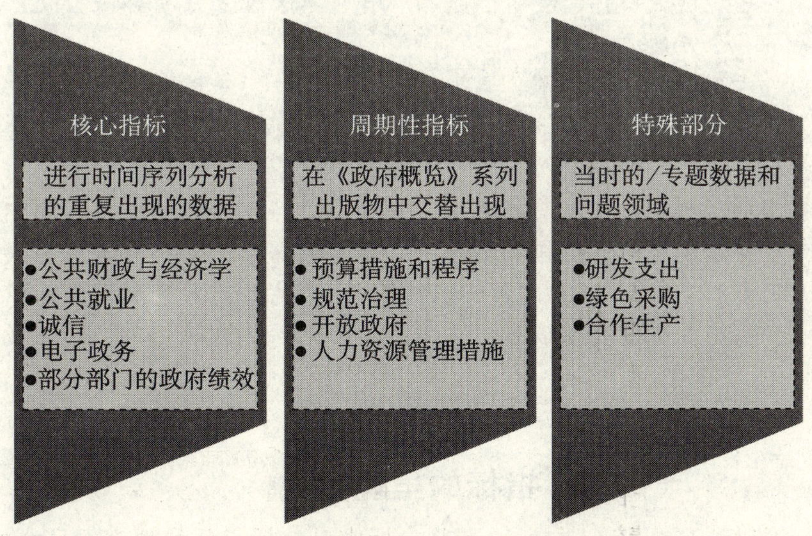

图 0.2 《政府概览》中包括的指标类型

对将来版本的计划目前也已经在进行当中，其中将会体现绩效衡量方面的新工作的成果。在公共管理主题当中，正在研究指标开发的有：政府提供的主要服务的质量，法治，公共部门当中公务员的腐败经验，以及电子政务支出。此外，也将开发出评估规范治理系统绩效的指标，并更新有关预算措施和程序的指标。与其他组织的密切合作——如与世界正义工程和/或欧盟委员会的合作——将有助于保证各国间数据的可比性以及扩大可获得数据的国家的样本。（见材料 0.1）

材料 0.1　《政府概览》与世界正义工程的协同作用

加强法治是实现有效治理的一个关键因素，照此，《政府概览》中所说的政府绩效概念，就不仅是指效率措施或金钱价值，还包含了国家在坚持诚信、透明等核心价值方面做的如何，这也是法治的关键因素。《政府概览》有意扩大这个基础，为法治的其他方面也形成一些措施。

世界正义工程（www.worldjusticeproject.org/rule-of-law-index/）是一个非营利性的国际组织，它推出了一些综合指标，用以衡量世界各国坚持法治的九个不同方面的水平。这些指标跟《政府概览》中的数据有若干相互联系的地方：例如，在《政府概览》第一版和第二版中，都通过利益冲突和举报保护指标、公共采购中透明度指标、规范管理指标和信息公开立法指标来检视法治的各个方面。

考虑到法治的范围、概念的复杂性，我们今后在这一领域的工作将会得益于世界正义工程为其法治指标所建立的强大的概念基础。此外，世界正义工程与《政府概览》的合作也将有利于数据交换和测量以提高其准确度。事实上，经合组织建立指标的方法重在从政府渠道直接收集数据，而非世界正义工程所采用的人口调查和专家判断的方法。这两种数据集的并列对证实两者的数据和提高其质量都有帮助。

指标的呈现方式

正如 2009 年版一样，每一个指标都有两页的内容。第一页是文字，解释了该议题的相关性并突出在经合组织国家当中观察到的一些主要差异。“方法和定义”部分提供了理解数据所需的重要信息。“延伸阅读”部分引用了一些有用的背景文献，为展示的数据提供了相关背景。第二页则显示了数据。这些图表反映了当前的水平，并在可能的情况下反映未来的趋势。

政府的定义

《政府概览》审视的是政府绩效，但这个词的含义可能有多种。一般情况下，本书中涉及的公共财政方面的数据是以国民经济核算系统（SNA）中“一般政府”部分的定义为基础的。在这些用语中，政府包括部/部门，署，局和中央、各州和地方的一些非营利机构以及社会保险基金。关于收入和支出的数据有中央和下级（州和地方）政府的，也有（如适用）社会保险基金的。另一方面，有关公共管理措施和程序的数据仅指中央这一级的政府。最后，有关就业的数据指公共部门，这就将政府的定义扩大到了将公共企业也包括在内，如国有银行、港口、机场等。

数据的局限性

正如书名的含义，《政府概览》选择性地提供了一些有关政府活动的各个方面的关键指标，这些指标通常是在更为深入的研究分析的基础上得到的。个别的来看，本书中的指标为认识政府绩效的各个方面提供了一个窗口，或许还可成为进一步关注和分析的出发点。然而，对绩效的衡量最好要从一个更广泛的角度出发，把若干项数据都考虑进去。

数据在可比性方面的局限在“方法和定义”部分以及图注中都有说明。虽然所有的经合组织成员国都被要求为这些指标提供相关的信息，但有时候因为没有得到回应或提供的数据质量不符合要求，这些国家就未能包括在本书当中。如未能从经合组织成员国家获得数据，会在图注中说明。

数据来源和收集方法

《政府概览 2011》当中的大部分数据都是经合组织收集的。不过，也有一些数据来自国际劳工组织（ILO），国际货币基金组织（IMF）和欧洲统计局。数据来源都会在每一指标的“方法和定义”部分详加说明。

经合组织的数据都通过由成员国代表/政府官员填写的标准化调查收集。照这样看，这些数据或者代表了政府官方统计数据，或者是该国自己对当前做法和程序的评估。本书中的唯一例外是国际学生评估项目（PISA）的数据，其代表的是成员国学生完成的标准化测试的结果。我们已尽一切努力确保政府官员们提供的信息是准确的。只要有可能，经合组织数据收集工具都使用标准化定义和度量衡的常用单位。我们在设计问卷时会征求成员国的意见，并在向所有成员国收集到数据之前带领他们进行调查。调查的结果由秘书处的专家进行核实，有些调查还会启动同侪审议程序（如有关规范治理的数据）。初步结果会提交给经合组织的各个委员会的工作组和专家小组并由其进行详细讨论，之后才能发布在《政府概览》上。

第一章　经济合作与发展组织 50 年
杠杆治理：避免裂痕，争取成果

作者：Allen Schick

50 年来，经合组织始终是一个以政府为中心的组织。来自成员国的代表们批准其预算、工作方案、准则和标准及政策声明等。在每年由经合组织主办召开的 1 000 多个会议上，代表们就广泛的经济和行业部门问题表明其政府的立场。经合组织的专家编撰各国的统计报告，对国家政策定期进行同侪评审，并就政府政策和行为展开多种分析研究。收录本文的标志性出版物的书名叫做《政府概览》是恰如其分的。

因此，负责政府管理的经合组织理事会被认为是有关“公共治理”的或许有些令人吃惊。虽然“治理”一词由来已久，但最近十分流行，在很多组织中都作为涵盖公共导向的政策和活动的一个口袋术语代替了“政府”一词。经合组织 1996 年召开的关于公共管理的部长级会议是从“关系的角度来看待治理，因此其所包括的不仅仅是公共管理和管理的制度、方法和工具”。貌似细微的措辞变化标志着政策和管理方面的两项实际或预期的进展：（1）政府并不能垄断公共权力和资源；（2）当代政府只有与他人协力才能进行最有效的管理。这些进展有时被视为是对事实的陈述——政府对权力的控制减弱了——有时又被视为应有的立场——政府应当有目的地与其他公共的、志愿的乃至私人的权力拥有者进行合作。更多时候，这些进展指的是趋势和倾向，是一个有着与过去相比更为分化的公共图景的未来。

当经合组织在 10 年前将其“公共管理服务局”（PUMA）重组成“公共治理局”（GOV）时，它就承认了这种趋势的重要性。虽然它（和其他组织）仍在努力适应这个治理时代，但经合组织已然认识到，一个开放的、可接近的政府，在制定政策和提供服务方面允许多方参与的政府，一个利用更广泛的工具来引导社会的政府，能够运作得更加有效。

这样做的并非只有经合组织。目前，许多大国已经普遍认可，治理国家就是主要和合作伙伴、但有时也要和对手分享权力、理念和信息。国家政府要通过借助其他的力量来发动民众并回应他们的期望，确定问题和选择并转化为可行的政策以及将公共服务提供给不同的接受者来扩展其影响力或弥补自身不足。从政府的优势角度看，治理就是一种杠杆借力；从合作者的角度来看，则更多地与开放、包容有关。这两种观点并不相同，但也不见得要对立起来。根据经合组织的作用和结构，本文的重点是杠杆政府实现公共目的。

杠杆有很多种形式：让非政府方面的参与者参加从前的内部会议；将收入转移给地方各级政府并授权提供有关服务；参与地区或国际的决策论坛；和商业公司签订提供公共产品的合同；建立起类似公私合作这样的正式合作关系来从事基础设施项目和其他公共事业的融资、建设和运营。虽然合作关系并不正式属于政府的一部分，这些合作关系的另一方也是政府治理行为中积极而且往往是有影响力的参与者。

一个政府间结成网络并分享权力和资源用以治理国家的世界，其有关迹象随处可见。它们在非政府组织地位的上升中可以见到：非政府组织现正越来越多地被称为公民社会组织，以前的说法指出的是它们不是什么，而现在的称呼赋予非选举产生的权力拥有者以合法地位；在当代的全球化和权力分散化趋势中也可以见到：国家政府被夹在这些强势的力量当中。它们在能够不顾国家界限、随意移动资金、企业和产品的跨国企业的巨大能力中也可以见到；在由互联网及其无缝链接的搜索引擎、社交网站和即时消息所培育起来的网络治理的新形式中可以见到；在那些一天 24 小时、一周七天、哪怕在政府部门休息时也一刻不停地发布消息的新闻机器中也可以见到；在现代个人提高到所有集体机构之上，而对政府和领导人的信任和信心已经收回的情形下，也可以见到。

政府面对当代的这些强大力量所能做出的一个合乎逻辑的回应，就是通过将外部人员拉入治理的轨道来为其统治借力。但是，就像在市场中一样，如果对他们的预期或委以的责任超过其负担的能力，就会有借力过度的风险。一个明显的风险是，政府的合作伙伴会有其自身的利益，因为他们有了更高的合法地位、有更多的渠道获得信息这样的优势以后，就会去寻求自己的独立道路。

在杠杆治理中，国家政府仍然是强有力的公共权力中心，拥有大量的财务和其他资源。以最标准的尺度衡量，经合组织成立半个世纪以来，政府足迹范围的扩大是相当可观的。1960年，即经合组织成立第一年，成员国的政府花费平均不到GDP的30%；如果不把新增的成员国计算在内，如今的平均水平也已远超过40%。事实上，现在没有一个成员国的开支（或收入）占GDP的比例会低于30或50年前。虽然面对经济大萧条，大部分国家扩张的脚步已经放慢，有些国家甚至相对缩减了政府的规模，大政府始终存在。不过，扩张后的政府本身也证明了其对杠杆更加依赖。自经合组织成立以来，大部分公共开支的增加都属于社会保险和其他收入转移方面。在部分国家，大量增加的医疗卫生开支大约占了增加的总开支的一半。在国家治理中，医院、医生和其他服务提供者都是重要的环节，尽管在很多国家中他们是在政府以外的。

政府的扩张使其在为公共政策调动支持和满足民众水涨船高的期望方面更加依赖于其他力量。欧洲最大的福利国家中出现的社团政治模式为主要的社会和经济机构在与政府合作时制定国家政策创立了准正式手段。各种不同政治立场的政府倾向于更加依赖于市场化的机构，主要是为了提供服务，而非制定政策。不过，杠杆政府的推广主要还是由于政治领导人和政府的管理者解决问题的务实态度而非一致的理念。杠杆借力是对政府能力局限性的一种实际的回应。政府借力的原因是他们不具备运作高度发展的国家经济所要求的全部信息技术技能，或者他们不想自己运作复杂的医疗卫生体系。许多政府都在寻求合作伙伴以减轻其预算压力或提高公共服务的效率或质量。国际组织对于分权化的促进，以及前面提到的全球化的深刻影响和其他趋势，都激励了政府借力。

虽然主要是出于一些实际的考虑，杠杆政府也从企业管理的平行发展和民众信任的严重滑坡中得到了促进。市场和公共部门从未被完全互相隔离，通用的观念和做法在两者之间流动。在20世纪的上半叶，当垂直整合被认为是产业组织的典型的时候，功能整合也被认为是称职政府的模范。正如垂直整合是与在一个单一公司里将所有部件装配到最终产品里的生产过程结合在一起的，功能整合是将为了同一个公共目标的一切活动融合进一个单一的部或部门里。然而，到了上个世纪的最后几十年里，整合又被视为妨碍了企业效率，各大公司纷纷将生产外包，分散经营，由此也将企业的最高管理层重塑成了确定企业目标以及实现这些目标的手段的战略部门。

换言之，大型的成功企业转型成了杠杆实体，充分利用与他人的关系来生产和营销其产品。

将这一新概念运用于政府是由于 Peter Drucker 的推动。Peter Drucker 是 20 世纪最具影响力的管理学大师。1969 年，当战后经济繁荣和政府扩张已接近尾声，Drucker 在其发表的一篇文章中指出："大量证据表明，政府虽大，却并不有力，扁平软弱而毫无威力；成本极高，却收获很少。"

不过，Drucker 并没有敦促政府进行收缩，而是要求其学习现代企业的做法，从根本上进行转型："政府的目的是要作出根本的决策，而且是有效的决策……换言之，政府的目的，是管理。这一点，正如我们在其他机构中学到的那样，跟'做'是不相容的……如果将此种经验应用于政府，社会的其他机构将自然成为'做的人'……利用社会的非政府机构——从医院到大学，从企业到工会——来实际去'做'将成为一种系统的政策"。

"杠杆政府"和"治理"这样的用词并没有出现在 Drucker 的文章里，但这些的确正是他所主张的改革。他的论点在新公共管理指令所称的政府"应掌舵，而不是划船"中得到了推动，但要深入到政府的管理实践中去要困难得多。有几个经合组织国家，其中最引人注目的是新西兰，沿着新政治—管理的道路进行了改革，但大部分发现其公共管理成了一个异常坚固的"地窖"，受到法律、惯性和自身利益的重重保护。受到新公共管理启发的杠杆治理在英国、荷兰和其他几个国家在对政府运作进行重组的"机构化"运动中取得了最大进展。

然而，其他方面的压力促使许多国家采取了渐进式的改革，虽然离新公共管理的模型还差得很远，但在国家治理中引入了一些杠杆治理的元素。一方面是较低的经济增长速度促使许多经合组织国家寻求更有效率的手段提供公共服务，另一方面是民众对政府看法的严重滑坡。一个针对 16 个成员国进行的重要研究发现，从 20 世纪 60 年代晚期（有些国家还要早一点）到 90 年代中期，除了一个国家之外，其他所有国家中对政府或政治领导人的信任都减少了。著名的社会学家 Ralf Dahrendorf 在评论这一趋势时提出警告"政治民主历史性地、抑或是体制性地与民族国家联系在一起。因此，随着民族国家失去意义，民主本身也岌岌可危"。他的担心也可以表述为：当民主政府进行杠杆治理时，民众通过选举和其他传统手段施加的影响就减弱了。

然而，在这些趋势出现近20年来，国家政府既没有失去意义，也没有重获公众信任。成员国在法律责任和高企的期望之下更加扩张，并且受到对其执政能力疑虑重重的民众更多的质疑。来自“欧洲晴雨表”和世界价值观调查的最新数据显示，自1980年以来，经合组织国家间没有出现什么明显的趋势，只有15%～30%的受访者信任政党，以及40%～60%信任公务员队伍。

虽然低水平的信任度和杠杆治理之间没有什么明确的联系，仍然可以确定地说是这种趋势促使政府去跟合作者接触，或为提供公共服务，或为公共政策寻求支持。此外，被国际的、全球性的压力牵着走的政府也比以前更加依赖于超国家机构。

材料1.1 来自公共治理委员会2010年部长级会议的有关杠杆治理的证据

最近于2010年11月在威尼斯召开的公共治理委员会部长级会议是对杠杆治理的讨论最多的一次。正当人们对金融和经济危机记忆犹新而财政巩固计划又迫在眉睫之时，强调政府管理的重要性——尤其是在充满了不确定性和动荡的时期——是理所当然的。然而，部长们很快意识到，他们所面临的那些困难抉择（例如削减什么，怎么分配负担）并不是可以孤立做出的。对政府抱有更多的信任是非常重要的，因为为了确保经济复苏、恢复长期可持续增长而迫切需要进行的改革想要取得成功，要求民众、企业和整个公民社会的支持以及——更重要的是——积极参与和介入。部长们呼吁经合组织就加强信任度、开放性和诚信度提供进一步的指导，特别是如何让公民更多地参与进来。在部长级会议上达成承诺的《与公民社会组织对话的威尼斯倡议》邀请经合组织以面临挑战和改革机遇之时增进交流为目的与公民社会组织就最佳做法展开对话。

公共服务更多创新的需要也在该部长级会议日程上占据重要位置。事实上，也许此次部长级会议上最艰巨的挑战之一就是避免从“事半功倍”沦落到“事倍功半”，尤其因为政府和市场要重获增长和信任都部分取决于有效且高效率运作的公共部门。部长们一致认为，要实现这一点的一个关键在于推动更多创新，简言之就是“把事情做得更好”。经合组织被要求提供能够创造一个有利于创新的环境的最佳做法。此种创新应能在不增加成本的前提下取得更好绩效和更大生产率。部长们再次认识到这需要采取一种杠杆治理的做法，公共部门需要吸引私人和非营利部门的人才和创造力。有时候，正如合作生产和提供某些公共服务的例子显示的那样，政府需要在提供公共服务的某些方面考虑放弃一些控制和权力。

最后，杠杆治理的原则在威尼斯的抬头还表现在对加强全球治理的呼吁上。金融和经济危机（还有后来的财政危机）之所以造成重大影响，部分是因为冷战结束后人员、贸易和资本的流动日益增多而造成的国与国之间紧密的经济联系。全球化的浪潮给很多人带来了财富，同时也让世界变得更加脆弱。这从经济和财政困难横扫经合组织的速度和范围就可见一斑。因此该部长级会议的主要结论之一就是应在全球范围内推动良好的公共治理，非成员国也要包括在内。除了欢迎新成员（智利、爱沙尼亚、以色列和斯洛文尼亚）并与正在申请加入的国家（俄罗斯联邦）密切合作，公共治理与区域发展局正在更多地与其他主要经济大国开展合作（巴西、中国、印度、印度尼西亚和南非）。在同一种精神的指导下，《政府概览》也抓住机会扩展“最佳实践团体”并将有关提升公共部门绩效的讨论拓展到世界舞台的其他重要成员身上。

治理绩效：经合组织的风格

发表于 2000 年的经合组织报告《未来政府》（*Government of the Future*）的封面，用图片的形式展现了经合组织关于“治理”的概念。以地球为背景，近景中是一个巨大的舵轮，代表政府，“Governance”（治理）一词则出现在边上。其中所暗含的信息就是未来政府将成为社会的操舵机构。然而，值得注意的是，这个舵轮的位置是有些偏离了中心了；未来，政府也将不再占据所有的中心。该报告指出，政府“已成为许多试图代表和服务公众的力量中的一员。政府在公共服务方面失去垄断权意味着公共部门面临着更大的竞争。政府也面对着更多的外部势力……为了理解公众并为公众服务，国家政府需要扮演调停者、协调者、决策者和管理者的角色，并与其他权力中心合作，包括国际和国内各级地方政府，媒体，产业和非营利性团体。”

实施这一广泛的议程对公共治理局来说是一个挑战，因为经合组织始终是一个以政府为中心的实体。不过，得益于经合组织的运作文化，即促进成员国和伙伴国家间观点和经验的公开、积极交换，这一任务已大大减轻了。与此种风格相适应，公共治理局会提供建议，有时也会发布一些指导原则，但国家政府仍然保有根据本国国情对变化的观点作出回应的自由。例如，公共治理局于2002年发布了一个有关“预算透明度的最佳实践”的声明，并同时指出该声明“并不是要作为预算透明的正式‘标准’”。

杠杆治理给了政府完成公共管理职责的替代方式，他们在合作伙伴的选择、合作形式、职责分配和责任制模式等方面有着多种选择。因此他们需要一些标准来评估这些选择并与合作伙伴建立关系。根据一度用于界定其界限的“守夜人”职责，政府曾依赖于自己的行政管理机构和公务员来履行有限的责任。效率被认为是衡量政府绩效令人满意的标准。在当代福利国家，对民众和社会经济结果的影响是决定政府表现和为实现公共目标选择合适的包括合作伙伴在内的工具的关键因素。经合组织的工作也和这种转变一致。制度规范将企业和其他受影响的实体转变成了国家的代理人；国家预算将大部分开支转移给了外部接受者；现代管理学方法试图将国家变得更加敏锐、透明和负责任；电子政务将公共机关和民众、企业联系了起来。在这些领域当中的每一个早期的公共治理活动致力于具体的做法，中心目标是通过传播有关各成员国优良做法的信息和观念来实现政府系统和政策的现代化。随着时间的推移，公共管理局转向了一种整体政府的做法，开展国家评审并鼓励系统化的而非零敲碎打的改革。经合组织在公共治理方面的一些活动片段能够证明其积极拓展的工作范围。

公共诚信。在这些方面以及事实上在治理的所有层面上的良好表现都依赖于公共服务中的诚信。如果忽略了这一支柱，出现公共资金滥用、公共官员问责制形同虚设、公务员队伍士气低下等问题的风险就会大大增加。经合组织长期关注打击欺诈、腐败和利益冲突的问题，但如果政府与合作伙伴签订合同购买产品和提供公共服务，建设和运营公共服务设施，或设计和管理复杂的信息系统，渎职的风险将会升级。在 19 个同时也属于欧盟国家的经合组织成员国中，公共采购平均占 GDP 的 17%。

两条主线贯穿了经合组织为加强公共诚信而提出的许多举措。一是让政府和外部各方之间的关系更加透明；二是激励成员国建立起管理这些关系的综合体系和制度框架。本书中列举的数据揭示了过去十年中这些关系在开放性方面的取得的重大进步。和十年前相比，有举报不当行为的法定程序的国家多了将近一倍，而且现在几乎所有国家都有规范公共信息公开和监察机构的法律。更为宽泛的做法则是协助各国根据经合组织在道德、诚信和采购方面的原则建立并完善其自身的“诚信架构”。这些架构有助于确定那些“危险”领域以及适当的矫正行动。

由于杠杆治理带来了新的风险，维护公共诚信将继续是经合组织关注的一个核心问题。正如经合组织明确指出的那样，国家要培育一种诚信的文化，而公共官员则应将道德行为规范内化，这都是非常重要的。缺少这些支持条件，仅有新的程序恐怕是不够的。

电子政务。虽然是公共治理局最新关注的重点，电子政务与跟合作伙伴建立起合作网络有着最直接的关系。电子政务启动于本世纪之初，在大部分成员国（试探性地）迈出了最初的几步，有选择地将一些数据或行动公布于互联网之后，经合组织发布了一个政策摘要——《电子政务规则》（2003），让各国有充分的理由积极探索这一新技术。由提出基于互联网的电子申请能够在批量数据处理和行政管理操作中极大地提高效率的论点开始，这一政策摘要预见到了公共服务和政策结果方面的进步。虽然对更多使用互联网的要求集中于内部操作，其也承认了互联网在改变民众和政府之间的关系、促进政府公开方面的潜力。

现在回头来看，这是一个正确的论点。互联网，包括宽带和搜索门户的迅速蔓延，成为了政府以电子形式公布大量以前被保密信息的足够诱因。然而，对经合组织来说，电子政务通常只是新瓶装旧酒而已。民众和其他利益相关者得到了更多信息，管理工作得到了更高效率的执行，但政府的业务还是经由前互联网时代的同样机制和关系来完成的。在其发布最初的政策摘要六年之后，经合组织将重点从“政府中心”的做法转向了“民众中心”的做法用以积极推动使用，简化信息获取手续和重新组织服务的提供。与此重心相一致，经合组织发展了一套基本指标以监测和衡量每个国家整合电子政务的进展。它还发布了七八份国家评论，检视了电子政务的使用、效率、服务和其他结果。

虽然有一些明显的例外，这一新的电子技术的意义主要还是在于传播信息，而非在外部各方与政府之间建立起互动的关系。电子政务高度发达国家的民众能够很方便地从网上下载表格并获得很多信息，但在参与治理方面仍然是被动的。也许50年后，跟将要来临的社会政治变革相比，今天的电子政务将被视为原始的初级阶段，对此我们也不应感到惊讶。

规范政策。规范的问题在经合组织经历了相似的道路，从刺激改革的清单开始，继而转向国家评论。但和电子政务不同，规范政策本身就更具有杠杆效应，因为其效果很大程度上取决于受这些规范管制的对象的行为。这方面目前的最先进成果就是“规范影响分析”，它经由经合组织的成功倡导，现已被大部分成员国适用。“规范影响分析”可被当作是“有效率的杠杆”，其中政府喜欢那些能够给予企业和其他受到影响的各方以激励和灵活性的政策，使其能够以一种具有成本效益的方式进行遵守。

经合组织有关规范的第一个主要声明是一个有关规范问题的清单（1995），其中包括了10个问题，以“是否正确界定了问题?”开始，包括“是否所有的利害关系方都有机会表达自己的观点?”两年以后，经合组织从提问题转向建议，要求成员国采取综合性的改革战略。它坚持认为：“所有政府都有审查自己的规范和规范结构、程序的持续性责任以保证其能有效地、高效率地促进人们的经济和社会福祉。”在时代的背景下，改革意味着放宽管制，除去那些会妨碍市场效率的规定和要求。规范改革是包括私有化、打破贸易壁垒、在公共部门使用市场化的工具等在内的更大范围的打开市场举措的一部分，

但是这一时期也被认为是“规范的黄金时期”。受到新的环境、消费、卫生、安全和其他方面规定的刺激，“自1980年以来经合组织国家里没有哪方面的政府活动比政府的管制功能发展更迅速了”。这两方面的倾向是互相增益的。政府规范管制得越多，放宽管制的要求就越强烈；而随着放宽管制，要求新限制的压力又会更大。因此，要进行改革，经合组织不得不平衡各种理论和利益。如其在1997年声称的那样，改革“意味着放宽规范和更多规范”。

“规范影响分析”是经合组织等推广的，用以平衡自由市场和限

制性规定的主要工具。“规范影响分析”从受影响一方——需要遵守规定的实体和整体经济条件——的角度对管制规范进行评估。虽然各国对“规范影响分析”的具体执行各不相同，他们通常要求管理者从净效益的角度来说明制定某种规定的正当性，评估其他那些成本较低的替代做法，以及估算对各个部门或利益的不同影响。虽然通常被用于尚在拟定中的规则，在某些创新型国家里，“规范影响分析”也被用于现存的各种规定。经合组织在其做出的国家评论里积极鼓励了这种工具使用范围的拓展。

“规范影响分析”已成为规范政策中的黄金标准，但其并没有扭转规范量稳步上升的势头。规范管制的倾向更多地取决于政治条件而非经济分析。为对抗“规范膨胀”，或许有必要将规范看成若干政策工具中的一种而非一个独立的进程。

管理和预算。在政府中，管理和预算是互相交织在一起的：政府如果不能为某种结果而做出预算，那么它也不能为某种结果而进行管理。因此，经合组织使预算工作现代化的努力在过去三十年里始终和广义的行政改革联系在一起就是合乎逻辑的。当然，公共管理的触角已经远远伸展到预算工作之外而涉及到人力资源、内部控制的可靠性、一个组织学习和适应的能力，以及很多其他方面。这种扩展曾经使得在现有的资源范围内建立一个始终如一的工作方案比较困难。多年来，经合组织对公共服务改革和使用市场化工具来提供公共服务投入极大，但其一贯的重心还是在于将公共行政管理和预算定位于绩效和结果。

当经合组织成立之时，集中控制开支、人员和其他行政行为被认为是良好的公共管理。几乎所有的成员国都有项目预算具体指明需要购买的投入，有一个中央公务员管理机构负责公务员的雇佣和确定薪酬，以及其他中央机构负责管理采购，差旅，办公场所和其他行政需要。一个成功管理者的工作就是严格按照详细的规则和程序行事。在其全盛时期，即 20 世纪的上半叶，以控制为核心的公共行政管理确实取得了了不起的成绩——建设现代化的民族国家，实现普遍扫盲，延长了人口寿命，建起了高效率的道路和运输系统，以及其他很多很多。

政府的扩张，民众期望的上升和信任度的下降，伴随着财政压力的缓慢的经济增长，企业管理中的变革以及其他一些因素，导致了大家在 20 世纪最后几十年里对定位于控制的公共行政管理产生了怀疑，而与新公共管理（NPM）相联系的概念则传播开来。虽然有相当一部分的成员国，包括一些最大的国家，依然保留了传统公共管理的关键特色，但是许多国家已沿着新公共管理学倡导的路线走上了定位于结果的管理道路。他们接受了新公共管理学的核心论点，即只有从大部分程序控制中解放出来从而能够将其专业技能和公共伦理运用到创造结果中去的时候，公共行政管理者和组织才能对结果负责。

在经合组织开始确立其预算研究和创新的国际中心地位后不久，新公共管理学就开始扎下根来。虽然经合组织（还有很多其他组织）被能够带来更好的治理的承诺所迷惑，它还是从未成为新公共管理学的俘虏。原因之一是，经合组织的管理和预算议程囊括了许多跟新公共管理学无关的问题和做法；另一个原因是，经合组织体现了成员国对于行政管理定位的多样性。新公共管理学带来的最有力、最持久的影响就是经合组织对结果而非具体做法的重视。因为各种原因，包括经合组织对经济和财政问题的强烈兴趣，预算工作始终居于其管理议程的中心位置。

从1980年的高级预算官员年度会议默默开始，经合组织与预算有关的工作现已扩展成一个地区性的、基于解决问题需要的广泛的会议网络，还有国家评论和专门的报告和研究。这些都发布在经合组织的《预算通讯》上。

在刚开始时，经合组织在建立高级预算官员会议程序中遇到的最大挑战是克服预算官员那种孤立、戒备的作风。这些人工作于政府内线，整天审查机密的拨款申请，为内阁提供咨询意见，与其他部门的同行秘密谈判开支问题。他们很少人有一种公众形象。这种与世隔绝的风格与我们前面讨论的公共治理方面的趋势有点格格不入。杠杆治理意味着预算制定者这个小圈子以外的许多人都跟有关开支的决策有利害关系。高级预算官员会议拓展了预算的讨论，尽管大部分还是在政府的范围以内。

当预算官员们于20世纪80年代初期碰到一起开会的时候，他们发现有很多可谈论的话题：共同的问题和目标，成功与失败的故事，关于预算机制需要革新的一种同感，以及把分配建立在实质性结果的基础上的努力。三十年过去，大家关心的内容和问题仍然差不多：财政压力的影响，目前的预算决策和中长期预期的联系，在预算中为新的政策留出空间，将绩效考量整合到预算中去，等等。

这些主题的循环再现，部分是因为对于什么是良好的预算措施的标准提高了。融入了预算实践的创新做法包括财务规则、中期框架、基于绩效的预算和财务风险分析。这些技术都显著改善了预算工作，但并没有使政府财政绝缘于经济失调或政治压力。此外，预算方面的有些问题是长期的，仿佛是预算过程中固有的：资源与需求之间的不平衡，根据过去来决定未来的支出，时间压力，以及应了解更多再做决定的普遍感觉。

高级预算官员会议极大地拓展了预算专业人员和专家团体内部的讨论。至于其对“外部人员”的开放程度，则可大部分归结于媒体、国际组织（包括经合组织）和利益团体对预算事项的密切监督。不公开内部预算审议或许是有正当理由的——程序的公开化很可能引起更多的冲突并使平衡需求和资源的任务更加复杂化。但随着杠杆治理变得更加普遍，预算官员们也将面临扩大参与者范围的更大压力。

结论

杠杆治理给政府和经合组织都带来了新的挑战和机遇。当政府把舵轮转向这个方向，其合作伙伴却把船划向另一个方向，这时就出现了对政府来说最关键的挑战。认为政府及其合作者有一样的利益和观点是十分错误的，两者罕有相同利益和观点。然而，政治领导人却要为其能够施加的控制极其有限、有时几乎可以忽略不计的其他各方的表现负责。更糟糕的是，一国政府有着成百上千的利益不同甚至对抗的合作伙伴。政府通过政治和行政管理的种种雷区的过程也就是一个分裂破碎的过程——分成部门、地区、社会经济团体，等等。

经合组织也面临着分裂的风险，如果仅仅因为其组成单位分存于不同的部门和问题，每一个都有其自己与政府和部委的联系。在经合组织内部，正如在很多复杂的组织中一样，各理事会内部和之间都存在着分隔现象。这种常见的情况有几种好处，跟政府和政策团体中的同行减少矛盾、加强联系是其中之一，而这并非是最不重要的。不过，从杠杆治理的优势角度看，其中还是有一个显著的不利之处。从管理上说，进行杠杆治理的理由在于通过给予政府更广泛的政策和提供服务途径的范围来改善治理结果。假如分裂阻碍了替代选择的产生和评估，那就损害了这一点。

杠杆治理的工具组合包括政府提供的服务，拨款、合同、贷款、抵押、规定、税务减免和罚款、转移支付、实物福利和代金券。虽然它们看上去似乎可以互相代替，但不同的工具会产生不同的结果，也有着不同的分配影响。对工具的选择不仅仅是一个分析决定，也是一个政治决定，因为这决定着谁获得利益，谁承担成本。将工具分化到不同的行政管理实体中去，这一做法将损害以结果为基础的决策，因为那样的话重心就从谁受益变成了每个实体都做什么、想什么、需要什么。

公共治理局权限内的政策工具范围要比国家政府的小。但其仍然能说明分裂过程是如何介入到结果定位中去的。例如，假设一国政府旨在改善医疗卫生行业的成果。一种做法是使用更多的通信技术向民众发布有关服务和需要医疗救护的情形的信息；另一种做法是规范医院和其他机构提供的服务；第三种做法是政府通过公共预算给服务提供方贷款或拨款；第四种做法是重组公共行政管理，由一个政府机构来提供医疗卫生服务。这里的每一种做法都在不同的政府主管部门的职权范围内，大部分也属于公共治理局的不同部门。每一方的守卫者在政府里都有其支持者；大部分都在经合组织里有自己的组织归属。

然而，请注意，这些工具中有一部分是互相补充而非互相替代的。为了加强医疗卫生方面的成果，政府可以投资于通信技术的现代化建设，规范服务提供者的行为并为其服务提供资助，以及经营政府医院。这些工具的互补性使得政府能够获得具有成本效益的结果。而分裂的过程只会将互补的因素相互之间孤立开来。

因此，杠杆治理的政府既扩展选择的范围又使整合公共政策和服务的任务更加复杂。虽然经合组织并非此种困境的始作俑者，但其组织结构不应让事情变得更糟。要找到解决的办法并不容易，因为每一种工具都需要骨干专家在充分了解的前提下作出判断和建议。经合组织的电子政务专家和预算专家不能互换，规范制定专家和公共管理专家也不行。我们经常听说跨学科工作的好处，但每个组织首先需要强大的学科力量才能进行学科间富有成果的互动。当然经合组织有着本文所讨论的治理的各个层面的重要专业人才。

因此，当此经合组织成立50周年之际，公共治理局启动结合了通信技术、规范管制、行政管理和预算的跨学科国家评论是非常恰当的。这样做的目的并不仅仅是拓展这些评论，而是将其更好地集中在实质性的成果上。例如，综合国家评论不仅仅审查规范管制框架，还要将规范管制与其他政策工具进行比较并研究如何将它们融合在一起。这是不小的挑战，但在一个进行杠杆治理和有着越来越多的选择的世界里，这是最值得努力的方向。

第二章　巩固财政：循证决策的必要性

概　述

在过去三年里，各国政府在国内和国际战线上果断行动，以避免全球性的金融和经济灾难。虽然政府都留意到了行动的呼声，但他们的工作还远没有结束。尽管推行了各种政策创造就业机会，发展经济，促进公平，减少不平等现象和重建信任，还有许多政府需要进行改革以对付经济危机引起的不断上升的负债水平。

巩固财政已成为整个经合组织国家中当前政策辩论的基石。不断上升的负债水平让人对现状的可持续性产生了怀疑，而普遍的看法是政府必须巩固财政以保证未来的发展。然而，巩固财政本身并不是一种政策。应该说，它和各个部门存在的基本问题和不平衡有关，如福利、养老金、医疗卫生和教育，巩固财政是对付这些其他问题的关键工具。

经合组织的政治家们正在就财政巩固进行讨论和辩论，而许多政府已经开始宣布他们的计划。在经合组织最近的《恢复公共财政》（*Restoring Public Finances*，OECD，2011b）的基础上，并使用《政府概览 2011》中的数据，本章着手评估这些改革计划的质量。必须要批判的眼光来看待政府所宣称的改革是否能够实现巩固的目标，并且找出存在的风险和错过的机会。《政府概览 2011》中的数据为什么样的做法有效、什么样的做法无效、如何强化和更好地推行各种政策提供了证据，能帮助政府找到最佳办法。有关公共行政管理做法和安排的国际标准和数据收集相对来说才刚刚起步并在发展当中，经合组织正和成员国一起努力，扩大我们的实证基础。

大多数经合组织成员国
都在计划进行改革以巩固财政

需要巩固财政以把债务降低到可持续的水平

政府为拯救金融部门、刺激经济，并为工人和失业人员提供安全网而采取的种种措施避免了一场严重的全球性灾难。与急剧减少的收入结合在一起，这些措施也为政府带来了规模可观的赤字。由于许多经合组织国家在经济增长时期有结构性赤字，经济危机加重了公共财政方面原有的不平衡。2010 年经合组织成员国的平均赤字是 5.6%，2007 年时是 1.3%（指标 12）。这些赤字和经济低增长一起，使许多国家的债务水平急剧上升。平均而言，经合组织国家的债务占 GDP 的比例从 2007 年的 55.6%上升到了 2010 年的 74.2%（指标 13）。

对有些国家来说，高负债水平已导致了对财政偿付能力的担忧，表现在对主权债券的大规模加息和被评级机构降级。高负债水平可带来负面的长期影响，因为收入不再用于可创造经济和社会价值的政策和方案而被用于支付利息。相似的，高负债水平带来的高利率可妨碍未来的经济发展，令公共财政在变动的市场情绪面前更易受到损害并将私人投资挤出局。此外，政府通过财政政策应对未来经济衰退的能力也受到了阻碍。这也意味着民众今天所享有的各项福利是要由子孙后代来负担。

经合组织的规划显示了随着经济开始恢复增长，在许多成员国里，仅靠那些自动稳定器（如增加的收入和失业保险方面减少的支出）不足以减少赤字或缓和负债占 GDP 比例的增长。经合组织创设的财政可持续性指标显示，平均而言，为了到 2026 年时将债务比例稳定下来（指标 15），政府需要在今后 16 年里将潜在 GDP 提高 3.6%以拉动财政平衡。如果想要将债务对 GDP 的比例降到危机发生前的水平，政府则需要更多的盈余。要做到这一点要求政府采取政治上非常困难的措施来恢复财政纪律并朝巩固财政的方向努力。

巩固财政要求对于政府功能达成共识

各国财政巩固需求的规模与政府让收入与支出相匹配的能力相关——不是政府的总体规模与经济相关。例如，比利时（2009 年其政府开支占 GDP 的 54.2%）和新西兰（2008 年其政府开支占 GDP 的 41.9%）也显示了类似的财政巩固需求。

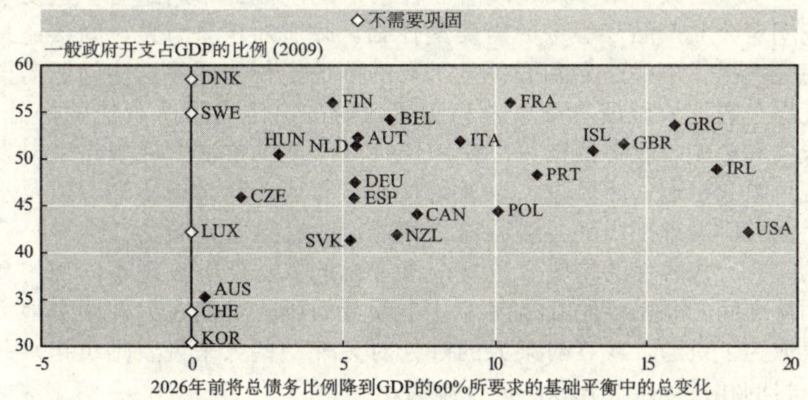

图 2.1　巩固财政的各项要求与政府的规模无关

注：无智利、爱沙尼亚、以色列、墨西哥、斯洛文尼亚和土耳其的数据。澳大利亚和新西兰的一般政府开支的数据是 2008 年的。日本和挪威的数据没有列出。

来源：经合组织经济展望，第 89 号（初步版本），2011 年 5 月（*OECE Economic Outlook*，No. 89〔Preliminary Version〕）；经合组织国民经济核算年鉴（*OECD National Accounts Statistics*）。

StatLink http：//dx. doi. org/10. 1787/888932389284

实现财政巩固引发了一场关于政府应当在社会和经济中发挥什么样的作用的公开讨论。尽管政府为减轻金融和经济危机所带来的影响而做出的努力得到了赞赏，但由于正是这些努力使政府债务占 GDP 的比例上升，许多国家都掀起了激烈的辩论。在经合组织各国，公众成员要求政府巩固财政，尤其是要针对政府运作中那些可能是浪费或低效率的方面。由于许多国家的失业率急剧上升，公共部门职位的多少，其工作的相对稳定性和工资都成了众矢之的。但是，在许多国家，民众同时也显示出对公共服务的更高要求，他们对服务质量的期望也越来越高。因此，只有当政府、民众和企业就政府应该提供什么样水平的服务（以及向谁提供）和公众应该如何支付的问题达成一致意见时，才能得到稳固的、可持续发展的公共财政。

政府在压力下进行改革的能力

循证改革更具持久性

实现财政巩固涉及到政府在社会上的功能的重新组合。这要求问明对公共产品和服务的需要是什么，政府对于是直接、间接还是完全不提供这些产品和服务是否有准确的定位。回答这些问题需要证据和数据。循证决策审查和衡量政府的决定有哪些可能的好处、成本和影响。收集证据可以使用一种 360 度的方法：展望将来以发现风险和机遇，回顾过去以评估什么行得通，什么行不通，以及水平比较以发现部委和各级政府之间能产生什么样的合力。一种公开的、具有包容性的将整个政府全盘考虑的方法能够发现不同部门和团体之间的联系（尤其是因为一个领域的风险可能在另外一个地方就成为了机遇，或者对某人的好处对另外一些人来说就是负担）并对目的和目标按优先顺序进行排列。

在 20 世纪 90 年代时实行了一些巩固方案的国家，包括加拿大和瑞典，其发现方案评审、等值评估和成本/收益分析有助于决策者找到产生节余的最好办法（材料 2.1）。但这需要有关于花费了多少、生产了什么（生产了多少）、实现了什么、改革会给社会的不同领域带来什么样的影响的详细信息。

材料 2.1　加拿大的方案评审动议

在 20 世纪 90 年代中期，加拿大推行了方案评审动议，联邦政府方案的开支减少 10%，公务员队伍裁员超过 55 000 个全时当量，由此带来了之后十年中债务对 GDP 比例的下降超过一半。在财政部和国库委员会秘书处历年收集的数据和信息，以及各部门和机构进行自我审查的结果的基础上，开支的削减得到了政府中心（方案评审内阁特别委员会）的确认。加拿大的方案评审对一个部的所有方案一次性进行审查；这样大的规模有助于平衡单一利益和集体利益。它让公众去评判有关提案在不同地区、团体和收入等级间的相对公平性。

来源：Blöndal，J.（2001），《加拿大的预算》（Budgeting in Canada），经合组织预算通讯（OECD Journal on Budgefing），巴黎。

政府有能力进行循证决策吗？

公共行政管理在循证决策方面的作用在于找出和咨询关键知识领域的人员并与之接洽，然后对有关知识进行分析和整理用以为政策选择提供信息。尤其是，许多经合组织国家要求的那种程度的赤字削减是一个社会工程，需要采取一种更加开放、包容的方式，而不是正常的预算方法。

可惜的是，有关政府循证决策能力的比较性数据很不够，这显示了经合组织未来需要发展的一个领域。不过，现有数据显示仍有改善空间，各国也可以学习那些先进国家的最佳做法。

在把循证决策纳入其日常运作方面，经合组织各国有着不同的经验。虽然与控制成本的努力无直接联系，各国在利用循证决策方面取得进步的一个领域是在制定法律法规的程序上。“规范影响分析”，即用于审查和衡量新的或原有规定可能带来的利益、成本和影响，已被所有经合组织成员国采用。然而，“规范影响分析”体系的深度各有不同，其分析也可能无法为做出决定所需要的各种权衡提供一个全面的看法。例如，虽然 2008 年有 24 个国家报告说对规范的成本进行了系统的量化，但只有 16 个国家报告说量化了利益。此外，经合组织国家还可以做得更多些来关闭这个政策循环：事后评估有助于监督质量和符合程度，并评价这些评估方法本身。就 2008 年而言，只有 6 个国家在所有政策领域要求进行事后评价：澳大利亚、希腊、匈牙利、日本、韩国和挪威（指标 47）。

作为循证决策的一个重要方面，与利益相关者进行磋商在经合组织国家的各政策领域中各有参差。与通过非政府组织为中介相比，信息和通信技术使得政府能够直接从个人、家庭和社区获得信息，扩大了能够获取的意见的范围，以便为政策选择提供信息。例如，经合组织的国家评论显示，在电子政务的帮助下，新规范提案的磋商过程有了改善。其他领域如采购中的磋商就不是那么普遍。大约有三分之一的经合组织国家允许公民参与采购过程中的某个阶段，主要是监督授权过程的公正性（通过邀请公众参加开标仪式）或者监督合同的履行（指标 41）。

日本发现信息和通信技术有助于建立公众对财政巩固计划的支持。日本实行了一系列的公开预算听证会，这些听证会是流动的，并进行电视转播，成为了人们收看和讨论最多的事件。需要花钱的各部和财政部长必须就预算的每一个方面在一个由国会议员和学者组成的“交叉质询”委员会面前进行答辩。

政府是否有制度保证坚持改革?

强大的预算机构可以加强财政纪律

一个强大的决策机构框架有助于保证政府坚持改革。尤其是，一个跨年度的财政方案，如一个中期开支框架，与限制支出的财务规则相结合，能帮助决策者坚持走一条合适的财政道路，并让投资者和企业对政府管理公共财政的能力产生信心（Schick，2010)。例如，20 世纪 90 年代初期，瑞典在一次财务危机后成功地巩固了其财政，部分就是因为采纳了一个中期目标（周期内产生 2%的 GDP 的盈余）并实施了基于支出目标的财务规则。

危机发生之前，经合组织成员国已经逐步采用了引入财务规则的预算方法，许多国家的债务对 GDP 比例是稳定的或呈下降趋势（指标 13)。虽然机构框架在很大程度上已经有了，但仍需要加强。在许多国家，中期开支框架将规则放到了一个 3～5 年的时间跨度中，并减少刺激手段以把收入或支出转到今后的年度中去，从而避开规则所施加的约束。就 2007 年而言，在当时的 30 个经合组织国家中，除了 6 个以外，其余各国均运用了财务规则以限制债务、总收入或开支，或其他集合。然而，财务规则上的经验表明，规则的设计非常重要；开支规则（2007 年时有 15 个经合组织国家使用）将赤字和债务削减及支出限制相结合，既易于向选举出来的官员和公众进行说明解释，也更加难以规避。

此外，设立独立的财政委员会或国会预算办公室，通过对作为预算基础的假设和预测进行一种制度性的检查，可以加强财政纪律。在不到十年的时间里，专门预算研究单位的数量翻了一番还多，有些情况下其规模也扩大了。2000 年时，只有七个经合组织国家的立法机关有专门的预算研究办公室。到 2003 年，这一数量增加到了 10 个，2007 年时增加到了 14 个（指标 35)。

最后，一个包容性的预算形成程序能够建立起所有权和买进，这对做出和承担艰难的选择是很关键的。作为其 20 世纪 90 年代中期财务巩固过程的一部分，瑞典进行了自上而下的预算，即在政治的层面上确立优先顺序，把财务资金分配给各部，授权给部长和管理层在所分配的资金范围内对其做最终的分配。在经合组织成员国

当中，授予管理者为各种目的使用预算资金的灵活性的水平和类型有很大的不同。（见《政府概览 2009》中的指标 21）

信心推动合法性

信任是有效治理的一个关键因素。尤其是，如果公众对政治机构和政治领导人有信心，他们就更容易支持改革的进行。虽然整个经合组织地区信任的总体水平不同，对国家政府的信任和对领导层的信任是紧密相连的（$R^2=0.82$），这意味着民众在评判政府的可信赖度时想到的往往是政治领导人。因此，从某种程度上说，强有力的领导是改革成功的必要条件（OECD，2010c）。重要的是行政管理领导层被看作是为了公共利益行事，正如正式当选的政府解释的那样，并且是与该国的法律保持一致。

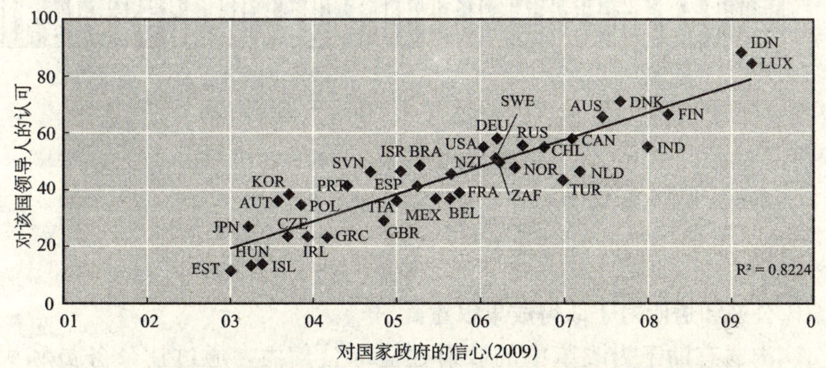

图 2.2　对国家政府的信心和对其领导的认可密切相关

注：数据显示的是对以下问题给予肯定回答的受访者的比例：在这个国家里，你对国家政府有信心吗？你对这个国家的领导人的工作表现认可吗？无斯洛伐克共和国和瑞士的数据。捷克共和国的数据是 2007 年的。澳大利亚、奥地利、比利时、丹麦、芬兰、冰岛、日本、荷兰、新西兰、挪威、葡萄牙、瑞典和土耳其的数据是 2008 年的。

盖洛普世界民意调查大约在全世界的 140 个国家进行，采用的问卷都是同一份，翻译成各国的主要语言。除了个别例外，所有样本都以概率为基础并能代表整个国家 15 岁以上的居民人口（包括农村地区）。虽然这样做保证了不同国家间高度的可比性，但结果仍可能受到抽样误差和非抽样误差的影响。每一国家的样本规模都控制在 1 000 人左右。

来源：盖洛普世界民意调查。

StatLink http：//dx. doi. org/10. 1787/888932389322

不同党派的联合能够带来更可持续的改革

考虑到大部分改革的时间跨度长达好几年，超过了政府的平均任期，由政党联盟规划和支持的改革或许更容易持续下去。改革方向的逆转有两个原因：或者是政治上对改革的关注减少，或者是新当选的一届政府作出政治决定要逆转前一任进行的改革。对有着财政和养老金改革经历的经合组织国家的实例研究表明，在规划改革时让多个党派参与其中的政府更容易取得可持续的巩固成果。经合组织中的有些国家政府比起别的政府来更具形成联盟的传统。

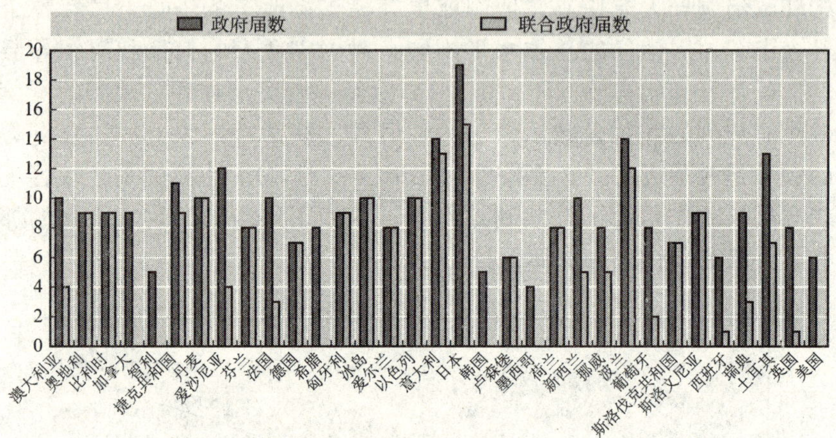

图 2.3　联合执政的频率（1990～2010 年）

注：瑞士的数据未列出。

来源：经合组织成员国政府网站。

StatLink http：//dx. doi. org/10. 1787/888932389341

公开和透明对于取得成果很重要

沟通有助于为改革中的政府建立起公信力，通过让公务员和民众了解有关信息而增强其对于改革的归属感，并通过让每一个利益相关者都能获得信息而减少信息不对称。此外，决策和改革结果的透明有助于公众让政府担负起责任，坚持改革，取得成果。

成员国的政府正在采取措施以变得更加透明和公开。各国正在积极地把更多有关其活动、成绩和决策的信息公开给民众。虽然几乎所有经合组织国家都有关于信息公开的法律，很多还是要求发布或常规性地公开预算文件、审计报告和受有关规范和招标文件潜在影响的政府评估（指标 38，41，45）。政府越来越多地向公众公开其管理数据，希望这些信息能够被企业和公民社会以创新的方式再度利用，以改善目前政府的服务或创造出新的服务方式。

虽然经合组织地区的趋势是积极公开更多的信息，政府是否正以一种促进信任和可靠度的方式在这样做呢？许多政府想尽办法通过使利益最大化、成本最小化的途径将信息公开。有些信息或许对公众并没有什么用处。政府是否应该提供一个界面以进行互动和对信息进行解释，还是仅仅提供原始的数据？在某些情况下，透明性会成为可问责性的对立面。以无法利用的形式提供的大量信息会使公众不知所措并阻碍对其的积极利用和审查。这样，参与率将下降，随之而来的就是对政府失去信任。此外，特殊利益团体也可以利用有关信息保护某些开支不被削减。

为使透明的利益最大化，许多成员国政府积极地把重点放在信息的可获得性以及质量上。例如，许多政府网站都有搜索功能，以便于找到关键的文件和数据。超过半数以上的经合组织国家制定了法律规范或政策，要求电子信息以可以被再次使用和处理的格式发布（指标 38）。

评价改革计划的质量：关键问题和风险

除了看有多少证据，有关改革过程质量的关键方面还包括其规模、速度以及与其他公共政策目标的接合。例如，如果以一种可预测的、渐进的方式进行，允许管理者和利益相关者去适应，那么改革的效果就会更好。与此相似的是，在高质量的改革方案当中，实现财务目标的有效性并不是以其他优先的公共政策为代价得来的——或者是仅以最小的代价。随着经合组织国家的政府将设计和实行改革作为其财政巩固计划的一部分，一个关键的挑战是要做到事半功倍（或至少取得一样的效果）。最大的风险是政府最终落得事倍功半。

此外，政府实施周密的改革计划的能力有可能被财政会计和政治之间的相互作用所歪曲。例如，将削减支出适用于单项项目（通常是工资、交通费用、投资等运营开支）往往比用在方案层次上在政治上更让人愉快，因为那样对提供服务的影响不太明显。公众当中很多人可以支持削减交通费甚至工资报酬，但如果削减的目标更加明确地针对方案计划的某些方面，如取消学校的课后托管，就会遭到更多的反对。但是，在政治和证据之间找到一个交点还是可能的。例如，在方案层面上，削减最没有效果或优先次序靠后的方案的改革或许更容易获得支持。此外，大规模的计划通常在政治上更为可行，因为越多的人感受到改革带来的痛苦，这样的改革就会被认为是越公平。事实上，经合组织的研究表明，最成功的巩固计划都会经历大规模的多年的调整。

财政巩固计划的关键特征

到 2010 年 12 月底，大约有半数的经合组织成员国宣布了巩固政府财政的中期计划（OECD，2011b），以下分析就是以此为基础的。* 巩固财政计划宣布对市场和公众来说是一个重要的信号，表示政府将要采取措施应对可持续性发展的问题。行动计划的透明有助于建立起信任并能够让公众去评判这些计划在地区、团体和收入水平上的相关效果和公平性。

本书中，财政巩固被定义为旨在减少政府赤字和债务累积的具体政策。这些巩固计划和详细的措施是以名义和潜在 GDP 的百分比给出的。仅仅宣布一个雄心勃勃的中期赤字目标却没有与之配套的有关如何实现该赤字目标的巩固计划在本分析中是不被当作一个巩固计划来看待的。有关财政巩固计划的量化的更多信息，可参考《恢复公共财政》（OECD，2011b）一书。

财政巩固计划强调削减支出而非增加收入

实证研究表明，削减开支，包括削减政府工资和社会转移支付，在实现长期巩固方面比收入措施更加有效（虽然实证联系可反映出那些更有决心采取巩固措施的政府也更愿意削减开支）（Guichard 等，2007）。相对于增加收入，大部分财政巩固计划更依赖于削减支出。平均三分之二的财政巩固都是关于削减开支的，还有三分之一是关于提高收入的。虽然从长远来看更加有效，要充分实施基于开支的措施通常需要一定的时间，而增加税收能立即带来收入。

大部分支出的削减集中在项目领域

在大部分国家，巩固计划的重心主要放在减少项目开支上。削减开支集中于两个主要的领域：（1）减少包括了除薪酬成本外的一切开支的项目上的开支（如医疗卫生，社会福利体系的改革，养老金，资本基础设施和官方发展援助）；（2）通过削减薪酬成本（裁员

---

* 不包括截止日期后决定的措施，额外的财政巩固措施可能导致国家的重新分类。

或降低工资或福利）、重组政府或实行全面降低效率来减少运作开支。有些国家宣布了其他类型的削减，如总体消费冻结。虽然国民经济核算体系中按功能将薪酬成本纳入了开支当中（与项目领域广泛关联。见附件 B），这些在图 II. 4 当中是作为运作方面的削减的。

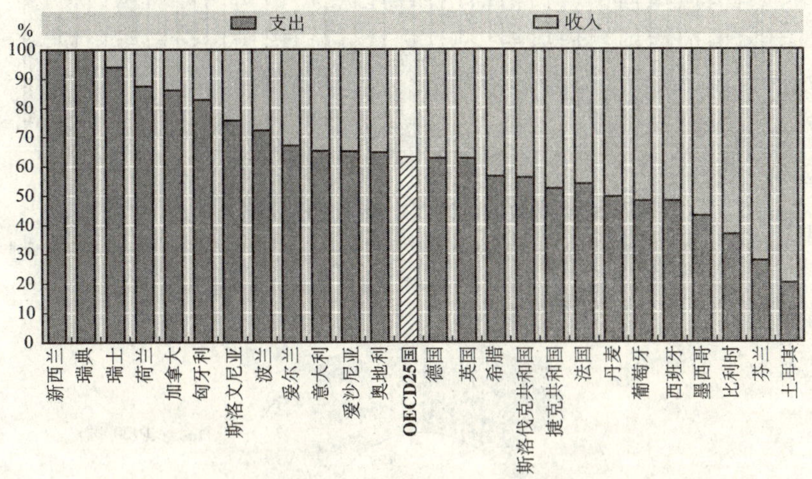

图 2. 4　财政巩固计划中支出措施和收入措施的对比（2010）

注：图表表示的是支出手段和收入手段在巩固措施中占的比例，以每一报告年度的巩固增加量为加权。

来源：经合组织（2011）的《恢复公共财政》中所列的 2010 年经合组织财政巩固调查。

StatLink http：//dx. doi. org/10. 1787/888932389360

削减的目标是大小项目

许多经合组织国家的政府削减了对那些需要最多资源的项目的资助，尽管这些削减没有深入到足以恢复财政可持续性的程度。平均而言，经合组织成员国政府将最多的钱花在了社会保护项目上（如失业救济、福利和养老金），其次是医疗卫生项目，一般公共服务（包括支付债务利息），教育项目和经济事务（包括在农业、交通和通讯上的支出）。大部分财政巩固计划都将重点放在这些“占大头”的领域的结构性改革上以使今后的开支能够减少，从来带来财政可持续性的增强。有几个国家，尤其是那些处于改革的市场压力之下的，计划的是可立即减少赤字的一次性或短期的调整，却在对付开支增长的长期驱动因素方面甚少作为。（OECE，2011b）。

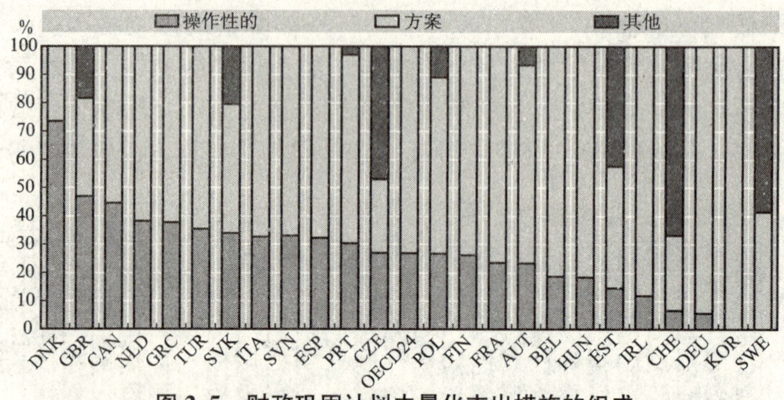

图 2.5　财政巩固计划中量化支出措施的组成

来源：经合组织（2011）的《恢复公共财政》中所列的 2010 年经合组织财政巩固调查。

StatLink http：//dx. doi. org/10. 1787/888932389379

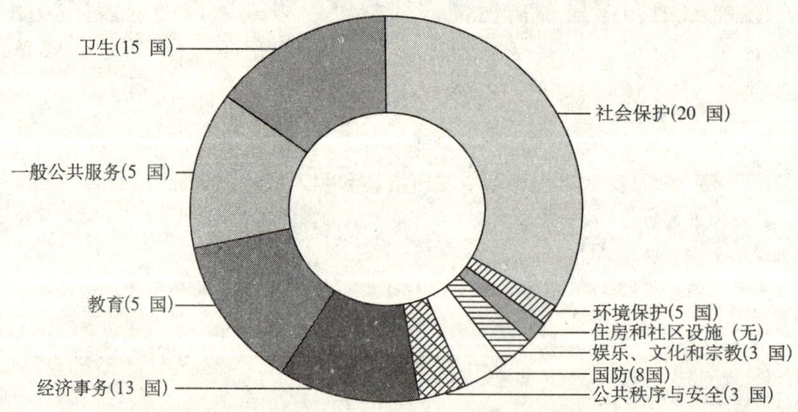

图 2.6　按功能分类的政府开支结构和致力于削减这些领域开支的国家数目（2008 年，经合组织 29 国的平均数）

注：平均数中不包括澳大利亚、智利、墨西哥、瑞士和土耳其。13 个国家已经计划削减的基础设施开支，在上图包括在经济事务内，但有可能涉及其他功能领域的支出如住房和社区设施、卫生和教育。重点削减社会保护开支的 20 个国家中，6 个国家削减福利，2 个削减养老金，另外 12 个两者皆削减。一般公共服务类中的 5 个国家都将重点放在削减发展援助项目上。

来源：经合组织国民经济核算年鉴；经合组织（2011）的《恢复公共财政》中所列的 2010 年经合组织财政巩固调查。

StatLink http：//dx. doi. org/10. 1787/888932389398

此外，有些国家把重心放在只在总的公共开支中占相对较小部分的领域。例如，作为五个国家的目标领域的环境保护，平均只占支出的 1.7％或 GDP 的 0.7％。类似的，有三个国家的目标放在只占支出的2.7%或GDP的1.2%的娱乐、文化和宗教上。八个国家的目标放在平均占支出的3.7%或GDP的1.6%的国防上。虽然一般公共服务占到了开支的13%，但以该领域为目标的五个国家，其重点是只占该领域5%的开支（或GDP的0.3%）的外国援助。

养老金改革旨在应付上升的成本

鉴于以人口变化为基础的经合组织的预测显示，大部分国家的养老金成本将会继续上升，在这一领域的改革对于更长期的可持续性发展是非常重要的。14个国家正把改革其养老金体系作为财政巩固计划的一部分。在这当中的有几个国家，如意大利、波兰和葡萄牙，养老金开支占GDP比例很高且还在不断上升。但是，其他那些开支超过平均水平并不断增长的国家还没有开始着手于该领域的改革。

大部分改革的重点放在为将来的退休人员减少养老金成本上，不会影响目前已经在领取养老金的人。一定程度上因为民众的寿命延长了，有8个国家宣布将退休年龄提高2～5年，或因年长者在劳动力当中占有更大比例及潜在需求（和消费）增加将对经济增长产生积极影响，因为退休后的年限缩短，则需要存的钱也就减少了。从1990年到2007年间，新西兰政府通过将领取养老金的年龄从60岁提高到65岁以及在1992年到1994年间冻结养老金的基本价值部分地控制住了一般政府养老金开支的增长。但是，劳动力中的年龄歧视会阻碍较年长的员工找到工作，这会在一定程度上抵消上述效果。经合组织最近的研究表明，年龄歧视仍然存在，尽管立法上已作出种种努力打击这种歧视（OECE，2011a)。此外，较年长的员工也需要在维持和提高其技能和知识方面得到帮助，以令其更容易找到工作。有证据表明年轻的员工比年长的员工更受青睐，部分是因为以工龄为基础的工资结构，使得雇用年长的员工成本较高。另外，严格的就业保护规定或也会鼓励雇主利用提前退休的途径来调整其劳动力。

有8个国家宣布了削减养老金福利。这其中有7个国家的养老金占老年人收入的比例在平均水平以上。虽然削减福利能够为政府带来潜在的节余，但也会出现需要政府处理的风险。例如，在这些国家，政府资助的减少将会影响这一部分人口的贫困率，假如民众不通过增加个人储蓄来进行补偿的话。老年人的收入和老年福利的公共开支之间有一定的关系，尤其是考虑到不同国家之间人口的不

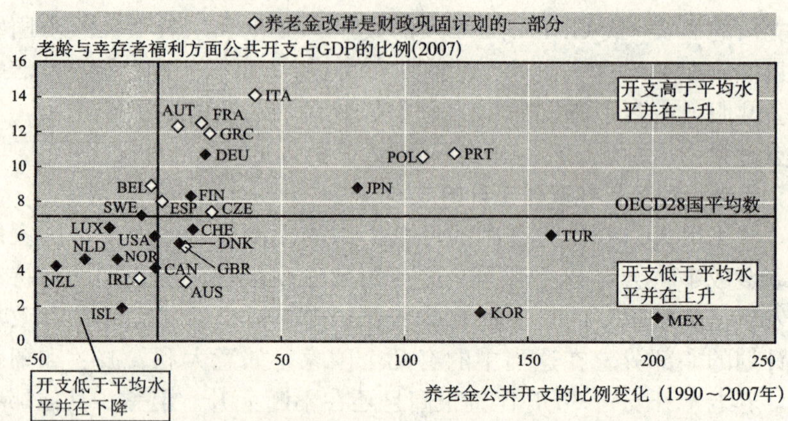

图 2.7　一些人口急剧老龄化的国家没有进行养老金改革

注：无智利、爱沙尼亚、匈牙利、以色列、斯洛伐克共和国和斯洛文尼亚的数据。匈牙利把养老金改革作为了其财政巩固计划的一部分。

来源：经合组织社会开支数据库（SOCX）；经合组织主要经济指标数据库；经合组织（2011）的《恢复公共财政》中所列的2010年经合组织财政巩固调查。

StatLink http：//dx. doi. org/10. 1787/888932389417

同情况时。公共养老金支出上 10％的增加带来老年人相对收入 1.5 个百分点的增加（OECD，2009c）。退休收入体系的精确设计也有一定作用。在奥地利、法国、卢森堡和波兰，与收入相关的公共养老金很高，这些国家的老年人也是收入最高的之一。

拥有最大健康储蓄潜力的国家未在财政巩固计划中涉及这一领域

在经合组织国家中，医疗卫生项目占政府支出的比例很大且在不断增加。平均而言，经合组织国家将一般政府总开支的 15％投入到医疗卫生上，且自 2000 年以来这一比例上升了 1.7 个百分点（指数 5）。但是，在将医疗卫生项目作为部分财政巩固计划目标的 15 个国家中，医疗卫生支出并不一定是在经合组织平均水平之上的，2000 年以来也未以超过平均水平的速度增长。此外，除了把医疗卫生改革的重点放在药品开支上的希腊和土耳其以外，医疗卫生开支上的节约并不构成巩固计划的主要部分，其平均只占 GDP 的不到 0.4％（OECD，2011b）。

斯洛伐克共和国和爱尔兰是两个计划进行医疗卫生改革的国家，其投入了相对较大比例的一般政府总开支到医疗卫生当中，且这一比例自 2000 年以来不断增长。尽管美国和日本还没有宣布多少财政巩固措施，这些国家的医疗卫生也占政府支出的较大比例且不断增

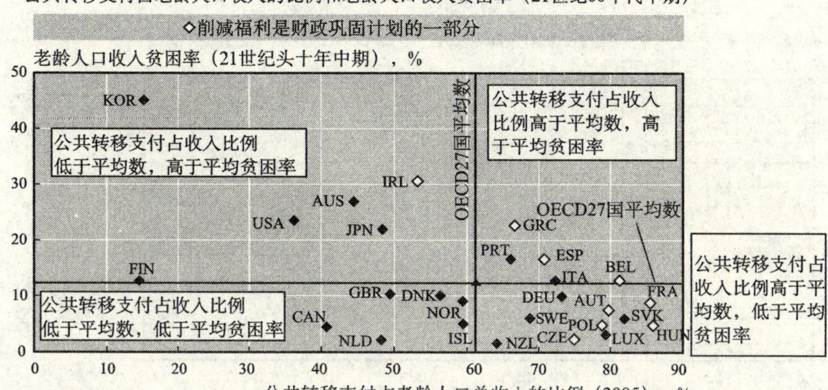

图 2.8　在许多经合组织成员国里，公共养老金有助于解决老年贫困的问题

注：贫困率是指收入不到同样人群中等收入一半的65岁以上人口的比例。公共转移支付包括退休、家庭、失业、住房和残疾救济金。在芬兰，强制性的职业计划是包括在资本收入当中的，而国民经济核算和《养老金概览》中将这些计划作为公共部门的一部分。在韩国，来自公共转移支付的老龄人口收入的比例很低，因为其公共养老金计划是1988年才开始有的。

来源：经合组织（2009），《养老金概览2009》（*Pension at a Glance 2009*）；经合组织（2008），《越来越不平等？经合组织国家的收入分配和贫困》（*Growing Unequal? Income Distribution and Poverty in OECD Countries*）；经合组织（2011）的《恢复公共财政》中所列的2010年经合组织财政巩固调查。

StatLink http://dx.doi.org/10.1787/888932389436

加。由于数据是2008年的，其不反映美国2010年开展的医疗卫生改革。政府在医疗卫生上支出的减少可将成本转嫁给家庭。家庭的医疗卫生支出目前在经合组织国家中平均占医疗卫生支出的三分之一（指标10）。

经合组织对医疗领域效率的估算显示出还有改进的空间。医疗卫生服务效率的国际研究相对来说开展的时间不长，正在进一步发展中。效率是通过比较投入和产出（或成果）的比例计算出来的。效率的提高既可以通过以较少的投入得到同样多的产出而实现，也可以通过以同样多的投入得到更多的产出而实现。

经合组织利用医疗开支和人口寿命数据，在评估提高公共医疗事业开支的效率所带来的潜在节余方面，进行了探索性的工作。经合组织预计，通过提高医疗卫生系统的效率，到2017年时能够带来平均约占潜在GDP2%的公共开支节余（OECD，2010b）。在希腊和爱尔兰这两个将医疗卫生作为其部分财政巩固计划目标的国家，到2017年效率的提高可超过潜在GDP的3%。目前，澳大利亚、冰

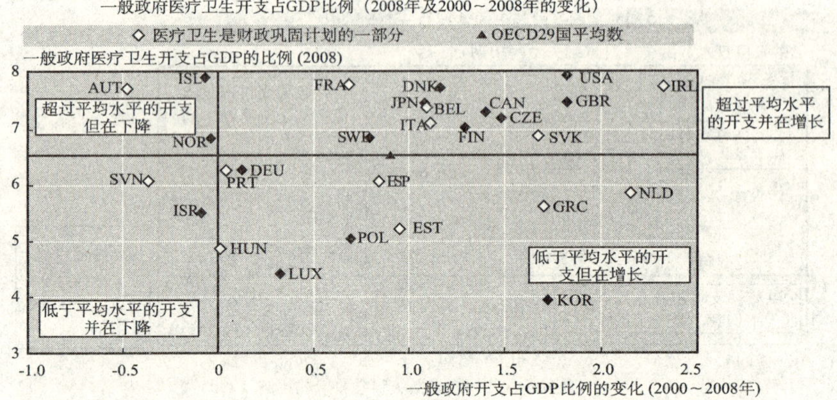

图 2.9　大部分经合组织国家的一般政府健康支出都很多并持续增加

注：无澳大利亚、智利、墨西哥、新西兰、瑞士和土耳其的数据。新西兰和土耳其将医疗卫生作为了其财政巩固计划的一部分。加拿大的数据是 2006 年的。

来源：《经合组织国民经济核算年鉴》；经合组织（2011）的《恢复公共财政》中所列的 2010 年经合组织财政巩固调查。

StatLink http：//dx.doi.org/10.1787/888932389455

岛、日本、韩国和瑞士在将开支转为医疗成果方面做得最好。为了在不牺牲质量的前提下在这一项目领域实现效率增长，还需要每一项目的成本和收益的详细数据。

财政巩固计划一般未涉及教育支出

尽管此前的经合组织研究显示，在教育项目上也存在着提高效率的空间，但好学校对于保证劳动力的竞争力、确保未来经济增长和社会福利有着至关重要的作用。只有很少几个国家将教育项目作为削减开支的对象：有 5 个国家确认将教育作为削减项目开支的目标，而另有 3 个国家将教育领域隔离出来，不对其进行开支削减（OECD，2011b）。不管是以教育领域为削减目标的国家还是将其隔离不进行削减的国家，人口都在老化：除爱沙尼亚、瑞典和斯洛文尼亚之外，所有经合组织国家学龄人口（15 岁以下）占总人口的比例在 2010 年到 2025 年之间都将下降。未来 15 年里学龄人口比例下降最多的国家是墨西哥、土耳其和韩国（超过 4 个百分点），紧随其后的是智利、日本和新西兰（在 2～4 个百分点之间）。新西兰是这些国家中唯一一个将教育项目作为开支削减对象的国家。在其他 4 个削减教育开支的国家当中，荷兰和丹麦的学龄人口下降速度将超过经合组织平均水平，而奥地利和瑞士的学龄人口下降速度则低于经合组织平均水平。

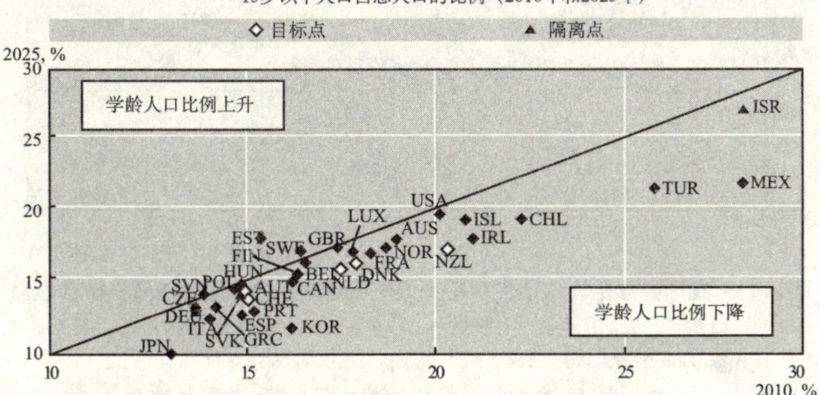

图 2.10　经合组织国家的学龄人口在减少

来源：经合组织人口年鉴

StatLink http：//dx. doi. org/10. 1787/888932389474

在荷兰和瑞士这两个将教育作为开支削减对象的国家，2009 年的国际学生评估项目（PISA）中的阅读得分高于平均分而其政府在教育上的开支则低于平均水平。这两个国家所面临的挑战是确保开支削减不会影响学生的成绩。相比之下，同样以削减教育开支为目标的丹麦，开支高于平均水平但学生分数只有平均水平，其所面临的挑战是以较少的资源提高成绩，从而实现效率的提高。

有些以削减基础设施开支为目标的国家已经在该领域减少了投资

虽然与社会保护、教育和医疗相比，基础设施支出在政府支出中所占比例较小，其在很多经合组织国家中仍是一个重头项目，2009 年平均占到了 GDP 的 4.5%。维护交通和通信网络，建设学校、医院和社区住宅，这都是生产经济的重要基础。虽然减少基础设施开支是省钱的简便方法，但如果不对维修或升级一国的公共基础设施的关键性投资进行投入的话，将最终影响经济的发展和国际竞争力。在计划将削减基础实施作为财政巩固计划的一部分的 13 个国家当中，爱尔兰、捷克共和国、爱沙尼亚和斯洛文尼亚目前的开支超过平均水平，并在过去十年里进行了大量的基础设施建设投资，

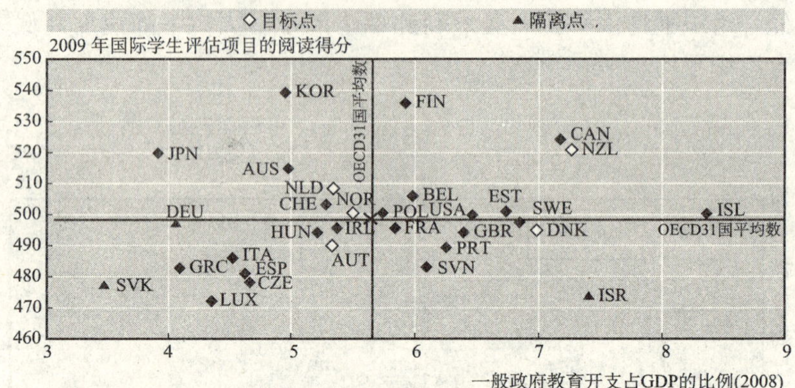

图 2.11　在国际学生评估项目中得分低于平均水平的未削减教育开支的国家

注：无智利、墨西哥和土耳其的数据。加拿大的开支数据是 2006 年的。新西兰的开支数据是 2005 年的。奥地利的国际学生评估项目阅读得分是 2006 年的。

来源：《经合组织国民经济核算年鉴》；国际学生评估项目（2009）；经合组织（2011）的《恢复公共财政》中所列的 2010 年经合组织财政巩固调查。

StatLink http：//dx.doi.org/10.1787/888932389493

意味着这些国家已建立起基础设施。另一方面，瑞士、奥地利和葡萄牙等国 2009 年的基础设施开支低于平均水平且占 GDP 的比例从 2000 年开始就在下降。这些数据显示这些国家在过去十年里没有进行那么多的新建或维护基础设施的投资，或许是因为它们已建成了高水平的基础设施。但是，如果通过延缓必要的维修和升级来进一步削减投资，也会导致基础设施的退化。

运作改革是针对那些可能实现效率和生产率提高的领域的吗？

关于何种公共行政管理改革带来了效率的提高只有极少的经验证据

尽管过去十年里各国已经进行了太多的改革，目前关于何种公共行政改革带来了效率和生产率的提高只有极少的经验证据。这种证据的稀缺是因为政府内部缺乏进行评估的资源，没有在改革前衡量政府绩效以作为测算进步的基线，衡量公共部门效率的复杂性以及将具体的机构改革对效率的影响跟其他外部影响区分开来的困难性（Curristine 等，2007）。此外，这些改革的短期和长期影响也可能有很大的不同，如效率的提高会随着时间的推移而消失。

在经合组织国家过去十年中实施的常见公共行政管理改革中，经验证据指向三项可能改进公共部门绩效的制度因素：

- 将政治权力和开支责任分配给地方各级政府。

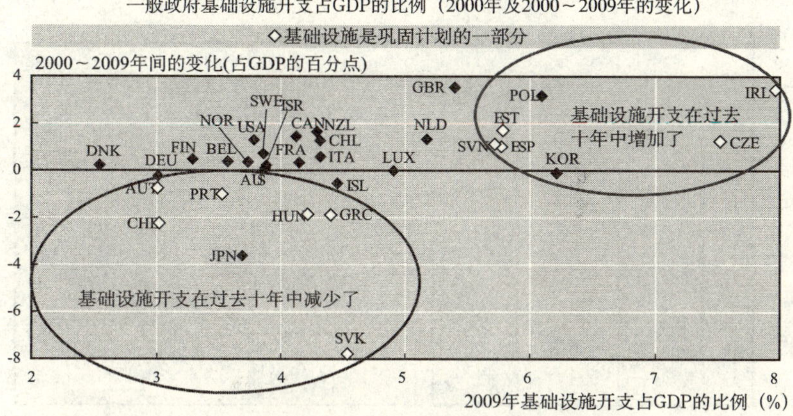

图 2.12　近年来基础设施支出大部分是增加的

注：基础设施开支由所有项目领域中固定资本形成总额和资本转移上的政府开支计算而来。澳大利亚、智利、日本、韩国和新西兰的数据是2008年的。墨西哥和土耳其没有2000年的数据，这两国也没有列入上图。基础设施是土耳其的财政巩固计划的重心。

来源：经合组织国民经济核算年鉴；经合组织（2011）的《恢复公共财政》中所列的2010年经合组织财政巩固调查。

StatLink http：//dx.doi.org/10.1787/888932389512

● 提升了员工满意度和士气的人力资源管理办法。

● 调整运作以使规模经济最大化（尤其在教育和医疗领域）(van Dooren 等，2007)。

有关所有权（如私有化）、竞争（包括外包）和独立行政法人化改革的影响调查结果具有不确定性。私有制并不是效率的保证，公有制也不一定导致效率低下。同样的，也并不是所有的服务都可以从对价格以及成本和质量都有影响的竞争中获益。考虑到公共服务的异质性，从垃圾收集到市政巴士，提供服务的本质（如低资产专用性和低信息成本）对于在公共服务竞争中获得成功非常关键。至于独立行政法人化改革，有一些证据表明减少投入控制跟结果导向、经济激励和竞争结合在一起，能够带来效率的提高，但是对于服务质量和政策有效性的影响还不清楚。独立行政法人化改革也不是没有风险，可能会影响财政和人力资源并增加政治庇护和腐败的机会。

削减运作开支的重点在于降低薪酬成本

大部分运作开支的削减都集中于降低薪酬成本（图 2.13）。薪酬成本在政府开支中大约占 24%（占 GDP 的 11%）。平均而言，经合组织国家政府雇用人员占劳动力的 15%。在大部分国家，政府雇员包括老师、医生和警察，其中有许多是地方政府雇用的（指标 22）。

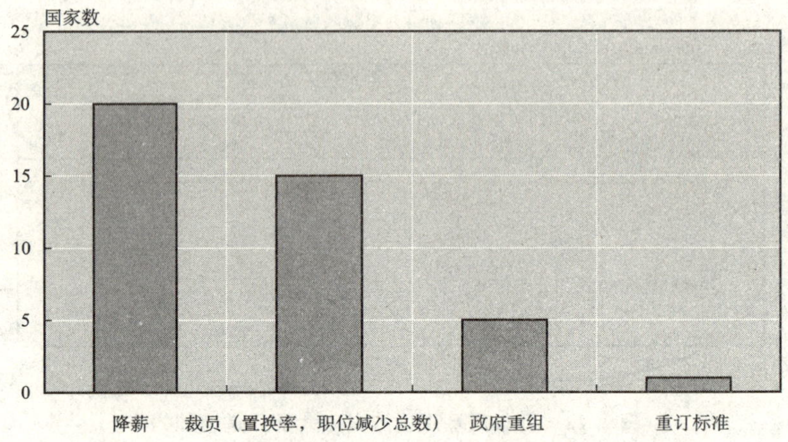

图 2.13　财政巩固计划中降低运作开支的措施（2010）

注：有些国家宣布的削减计划超过一个类别。数据来自 2010 年 12 月时 29 国的巩固计划。

来源：经合组织（2011）的《恢复公共财政》中所列的 2010 年经合组织财政巩固调查。

StatLink http：//dx.doi.org/10.1787/888932389531

可以通过缩小劳动力规模和/或降薪来降低薪酬成本。尽管政府就业一般不太灵活，在过去十年里保持了稳定，但超过半数的经合组织国家政府已经宣布了削减劳动力措施和/或降低工资和福利以降低成本（指标 21 和 24）。薪酬成本占 GDP 比例最高的北欧国家未宣布这一领域的削减计划。

11 个经合组织国家确定了置换率以填补因中央政府员工退休而导致的空缺。这些政策可能会对意大利的中央政府劳动力规模造成很大影响，因为其接近退休的员工比例很高（53%的中央政府员工的年龄在 50 岁以上）而置换率很低（5 人里只有 1 人将被置换）。考虑到西班牙和希腊的低置换率和老龄化的员工队伍（例如，西班牙只打算对每 10 个离职员工置换 1 个），类似的严重影响也可能会在这些国家出现。其他尚未宣布有关计划但年长员工占中央政府员工 40%以上的国家也可利用置换率的办法，如比利时，德国，瑞典和美国。

有 20 个经合组织国家宣布了冻结或削减公共部门工资的计划。降薪可能会影响政府吸引和留住员工的能力，因为好的人才会离开（或放弃）政府职位而去私人公司寻求报酬更高的工作。

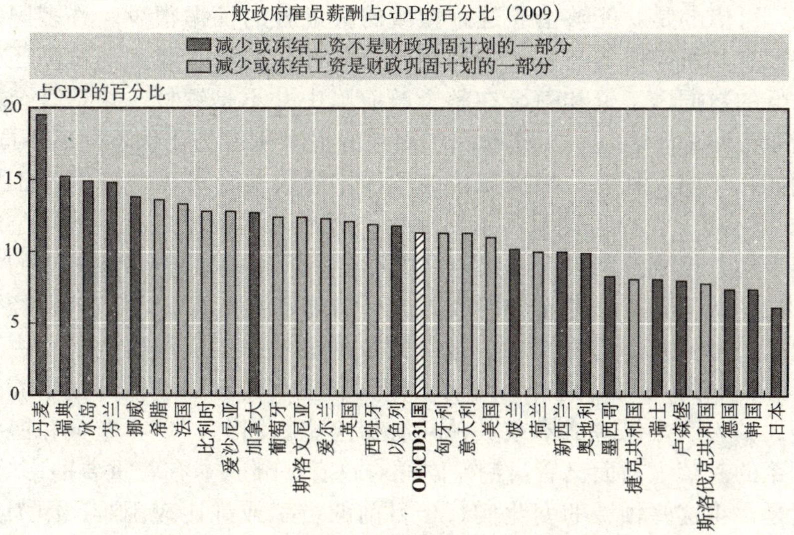

一般政府雇员薪酬占GDP的百分比（2009）
减少或冻结工资不是财政巩固计划的一部分
减少或冻结工资是财政巩固计划的一部分
占GDP的百分比
20
15
10
5
0
丹麦
瑞典
冰岛
芬兰
挪威
希腊
法国
比利时
爱沙尼亚
加拿大
葡萄牙
斯洛文尼亚
爱尔兰
英国
西班牙
以色列
OECD31国
匈牙利
意大利
美国
波兰
荷兰
新西兰
奥地利
墨西哥
捷克共和国
瑞士
卢森堡
斯洛伐克共和国
德国
韩国
日本

图 2.14　薪酬成本在政府开支中占相当比重

注：无澳大利亚、智利和土耳其的数据。土耳其计划将降薪作为其财政巩固计划的一部分。

来源：《经合组织国民经济核算年鉴》；经合组织（2011）的《恢复公共财政》中所列的 2010 年经合组织财政巩固调查。

StatLink http：//dx. doi. org/10. 1787/888932389550

中央政府中50岁以上员工的比例(2009)
60
50
40
30
20
10
ITA
ESP
GRC
AUT
PRT
FRA
ISR
KOR
ISL
FIN
POL
SWE
BEL
DEU
USA
DNK
SVK
HUN
NOR
NLD
CAN
IRL
CHE
MEX
GBR
AUS
EST
JPN
CHL
SVN
NZL
10%
20%
50%
80-100%
其他
调查中未给出
预设比率
置换率（2010）

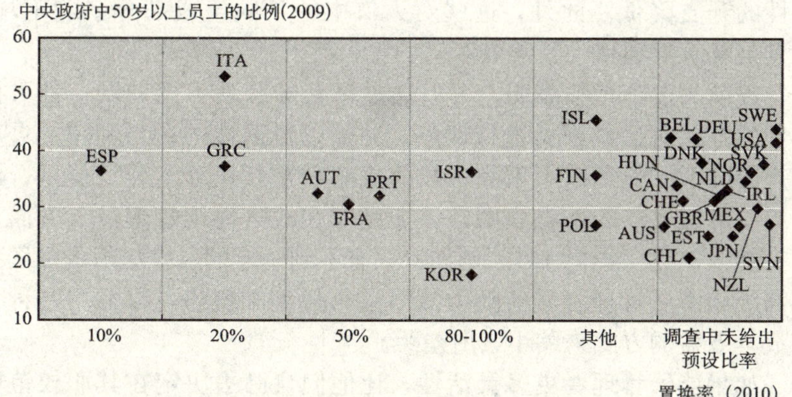

图 2.15　政府劳动力正在老龄化

注：捷克共和国和土耳其也设定了置换率（在这两国都是少于 50% 的离职员工将被置换），但因缺少劳动力年龄的数据而未列入上图。

来源：2010 年经合组织关于政府战略人力资源管理的调查。

StatLink http：//dx. doi. org/10. 1787/888932389569

可惜的是，能够指导这一领域的决策者的证据很少。许多国家并没有其所需要的与私人公司相比公共部门的员工收入是过高还是过低的数据。工资和薪金在整个政府当中并不是铁板一块：其会因为职位和基于表现、工作时间和福利的报酬所占的比例不同而不同。例如，在澳大利亚，根据职位的不同，绩效奖金可以占到基本工资的 20%以上，也可以只占不到 10%。虽然不同国家之间某些职位的年平均总报酬差别很大（见第六章），大部分国家的教师和护士的收入往往低于具有大专学历的成人的平均工资（指标 25 和 26）。经合组织关于公共部门主要职位报酬的数据显示，工资和薪金平均占到了总报酬的 80%。此外，政府（作为雇主）还缴纳退休计划、养老金、私人医疗保险成本或其他社会保险金。因此，对养老金和医疗体系的改革（前面已有讨论）同样对政府薪酬成本有着重要的影响。但是，将这些领域的变化实行于目前的员工或许比较困难，因为这要涉及到对长期合同的变更。

此外，此前改革的经验表明，行政重组、降薪和自愿退休机制（迄今为止各国宣布的财政巩固计划中常见的三项改革）在带来财政节余方面的表现并不尽如人意，甚至还产生了反作用。工资冻结可能带来相反效果，因减少工资和压缩不同工资等级之间的差距而降低公共部门的效率。全面削减开支的效率很低，也不太可能带来永久性的开支降低。此外，这些对人口中的不同组成部分影响不均，尤其是从政府项目中受益最多的妇女和孩子。

以前的改革经验表明，可以通过精密的劳动力规划以一种可持续性的方式对运作开支进行调整，并辅以对退休的适当利用、自动生产力降低、长期政策审查、技能战略和重新设计工作。但是，经合组织最近收集的数据表明，许多政府在战略性地管理员工方面还可有更多作为（指标 16）。例如，只有不到一半的经合组织成员国要求高级和中层管理者就劳动力战略进行规划和报告，以及用一种具有成本效益的方式来缩小素质差距。

如果能给管理者更多灵活性，让他们自己去决定在其职权范围内如何削减运作开支，这样可能会更有效果，因为跟不参与低效率的日常运作的决策者相比，管理者可能有更好的想法。此外，让员工或员工代表参与制定重组计划，能让他们更好地接受改革并减少改革对士气的负面影响。尽管工会常常参与有关薪酬的谈判，经合组织数据显示他们对劳动力重组计划参与较少（指标 33）。

有必要揭示生产成本上升的驱动因素

政府利用自己的员工（48%）、私人承包商（43%）和资本（9%）来生产产品和服务（指标 8）。从 2000 年到 2009 年，政府对外包（与私人或非营利性部门签订合同）的利用从占 GDP 的 8.7% 上升到了 10.3%（指标 48）。由于其在政府开支中占了很大的比例，有必要弄清这种增长背后的原因，外包是否为纳税人产出了金钱的价值和提供高质量的服务，是否能从这些私人承包商那里产出更多的生产力节余（直接或通过改善政府与之互动的方式）。即将发布的经合组织关于美国联邦采购系统的评论中确认，可以通过更好地利用市场中的知识来获得潜在的生产力增长。例如，与潜在的产品与服务供应商接触有助于政府了解市场上的趋势和创新以及如何利用这些来促进公共服务。通过把重心放在结果上而不是投入和过程上，基于绩效的采购有助于政府发挥市场和供应商的作用，为政府期望的目标提出创新的解决办法。目前正在进行的如何衡量不同经合组织国家中公共服务质量的工作也可为外包的好处和/或坏处提供更多见解。

此外，有些国家已不限于传统的合同外包，而将重点放在让民众和用户参与服务的设计、生产和提供（指标 50）。例如，英国宣布的“大社会”计划就是以这样一个理念为基础的：可以给社区更多的权力，并鼓励公民个人、合作社、慈善机构和志愿者在服务中承担更多的责任。这种政府和民众间关系的重新平衡把提供服务放到了市场和政府规定之间的一个比较模糊的地带。虽然有些政府希望这些新形式的合作能为政府节约成本，但也在提供这些服务的过程中带来了责任承担、透明度、效率和效果方面的问题。应形成一些商业案例，包括将重点放在这些新关系带来的风险的管理上。

信息和通信技术带来的效率提高

虽然不是财政巩固计划的具体部分，信息和通信技术的发展和支持对协助所有政府部门以协作的方式工作、降低运作成本、提高后台效率是很关键的。信息和通信技术有助于提高批量处理任务和公共行政管理运作的效率。网上申请能节约信息收集和传递、信息提供和与用户沟通的成本。通过政府内部和政府之间分享更多的数据，未来的效率可能更高。如果政府机构能够以用户为中心分组合作，共用基础设施，确保交互操作性，将执行效率最大化并避免重复，这样的电子政务是最有效的。

虽然在经合组织国家中通过信息和通信技术在提供服务方面与民众和企业进行接触已经比较普遍，但形成了增加内部效率的政策或战略的国家还比较少。例如，在经合组织调查的 23 个国家里，只有 6 个有关于知识管理的法律或政策（指标 20）。在政府当中跨部门、跨界限地以电子方式广泛分享信息对于促进创新和减少行政管理负担很关键。将部委或机构内部以及整个政府的知识管理办法标准化能够改善沟通并减少重复，从而节约时间和金钱。可惜的是，在通过使用信息和通信技术而节约了成本的证据方面，国际性的具有可比性的数据还很少，虽然经合组织计划将来发展这方面的数据。随着经合组织政府对云计算和其他新技术的广泛使用，监测其成本和收益将对更好地了解信息和通信技术带来的潜在的效率上的提高非常关键，也有助于找到一些好的办法。

此外，政府越来越多地使用信息和通信技术以改善服务，为民众和企业减少繁琐的程序，节约了时间和金钱。大部分国家都建立起了一个促进民众和企业广泛使用电子政务的法律框架（指标 20）。例如，所有国家都有关于承认和使用数字签名和保护个人数据隐私和安全的法律或政策。越来越多的民众和企业上网浏览：平均而言，2010 年，有 75％的企业和 35％的公民表示有通过互联网跟政府当局

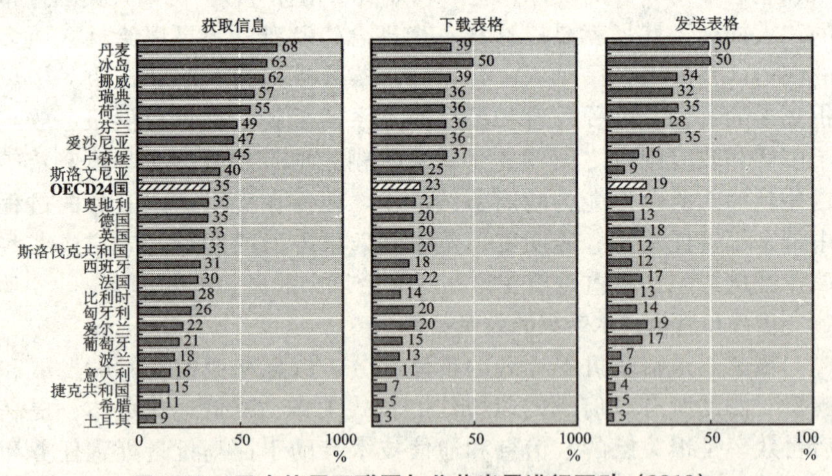

图 2.16　民众使用互联网与公共当局进行互动（2010）

注：无澳大利亚、加拿大、智利、以色列、日本、韩国、墨西哥、新西兰、瑞士和美国的数据。冰岛的数据是 2009 年的。

来源：欧洲统计局。

StatLink http://dx.doi.org/10.1787/888932389607

进行互动。但是，改进的空间仍然存在。数据显示，大部分的民众和企业上政府网站寻找信息，但利用网站完成交易的就比较少。例如，平均而言有 51％的企业表示会使用在线的全案处理，而只有 23％的公民表示有下载表格，发送表格的就更少了（19％）。

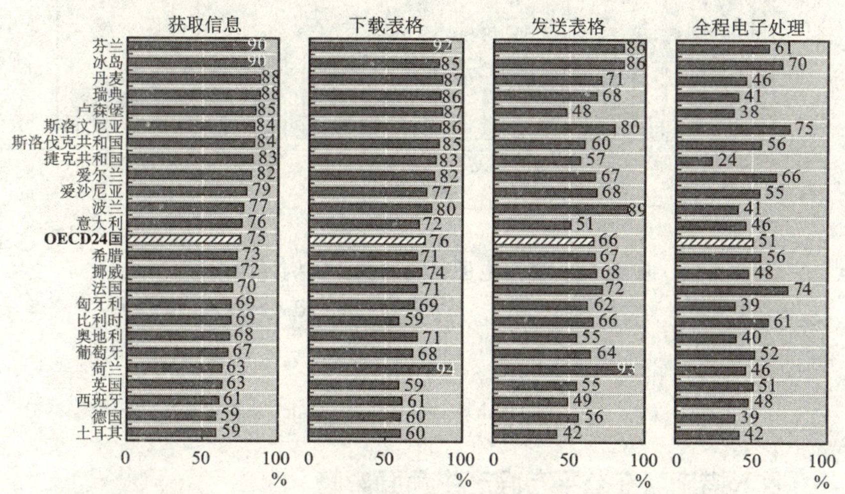

图 2.17　企业使用互联网与公共当局进行互动（2010）

注：无澳大利亚、加拿大、智利、以色列、日本、韩国、墨西哥、新西兰、瑞士和美国的数据。

来源：欧洲统计局。

StatLink http：//dx.doi.org/10.1787/888932389626

电子采购是政府使用信息与通信技术以改进服务、降低交易成本、提高沟通的及时性和透明度的领域之一。经合组织国家中 60％的采购网站允许政府官员、投标人和一般公众之间的双向沟通，50％以上的网站允许在线投标。一半以上的经合组织国家通过其门户网站提供合同管理工具，如跟踪合同结果或与往期采购有关的统计数据。电子支付系统（如电子发票）还不太普及（指标 42）。

此外，新技术还可能带来思维转换，即完全从以用户为中心的角度对提供服务进行彻底的重新思考（如围绕公民和企业的生活事件）。但是，虽然很多经合组织国家（23 个受访国家中有 20 个）的确认为电子政务在加强公共服务设计和提供方面的创新上是一个核心的工具，但较少国家（23 国中有 11 国）把这种创新看做是来自于让用户更直接地参与服务的设计与提供（指标 20）。

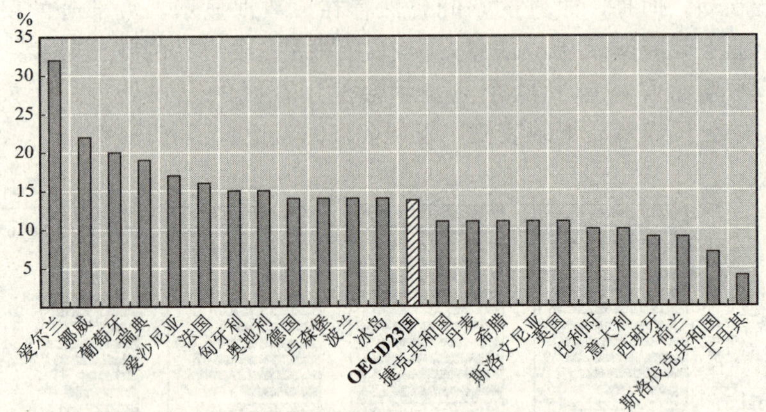

图 2.18　使用电子采购的企业比例（2010）

注：无澳大利亚、加拿大、智利、芬兰、以色列、日本、韩国、墨西哥、新西兰、瑞士和美国的数据。

来源：欧洲统计局。

StatLink http：//dx. doi. org/10. 1787/888932389645

收入措施可在公平方面产生负面影响

在财政巩固计划中被用到最多的税务措施就是提高消费税，然后是减少税收支出和提高所得税（OECD，2011b）。与之相对照的是，只有三个国家采用了提高财产税的办法。税收措施的效果取决于它们是如何影响生产和收入分配的。一般而言，经合组织的研究表明，应增收的是那些最不扭曲的税种：财产税（尤其是不动产税）似乎是最有益于增长的（最不扭曲），其次是消费税，然后是个人所得税。公司税似乎是对增长危害最大的。

就对税收来源的相对依赖性而言，经合组织成员国之间的差别很大，收入组合对不同社会部门为政府运作提供资金的责任有着重大的意义（指标 2）。虽然消费税相对有益于经济增长，它是逆向的且对服务部门有着不相称的影响，会加重对于家庭成员在这一领域工作的低收入家庭的负面影响。首先，由于消费税（如增值税）是加于特定商品和服务的一种平头税，其在低收入家庭的工资中占的比例要比在高收入家庭中高。其次，公众会因为税的问题减少消费，这会对就业产生连锁效应。例如，如果因为税的原因对某种服务的需求减少了，那么这一领域的公司就可能会降低员工工资。

结论

虽然各国宣布的财政巩固计划代表了找出政府开支中需要节约的领域并向民众和市场发出将有改变发生的信号的第一步，对有些国家来说，他们做的还远远不足以实现财政的可持续性。政策制定者们在设计和施行计划时面临着进退两难的境地：虽然一般公众都支持巩固计划，但一旦涉及到具体开支的削减或提出增加税收时就会遇到阻力。虽然医疗领域消耗了很大一部分的政府资源，但这一领域的改革却不一定能产生足够的节余以平衡预算。基础设施相对而言占政府开支的比例较小但有很多国家将其作为巩固计划所针对的对象。虽然保护教育领域不削减开支对于确保将来的经济增长或许很重要，但有些国家财政巩固的巨大需要使得这样做并不可行。此外，如果将必不可少的改革推迟直到在市场压力之下才被迫做出改变的话，则意味着开支的削减不得不急剧出现，那就不太可能有多少证据为基础了。

实行战略洞察力能够帮助政府确定什么时候以及什么地方需要更多的改变。在这里，战略洞察力是一种认识和平衡政府价值、社会偏好、当前和未来的成本和收益以及专家知识和分析的能力，也是一种在计划、设定目标、决策和排定优先顺序时有条理地使用这种认识的能力。战略洞察力建立在评估和管理风险，将循证决策纳入到政策的制定和执行中去的基础上。它要求政府中央有着强有力的领导，采取一种整体政府的方法，融合来自多方的意见以协助设立优先目标和尽量减少意外后果。几乎所有的经合组织国家都制定了长期财政规划，对在人口变化和其他因素的影响下继续目前的开支可能带来的后果进行了评估。然而，虽然在关键政策领域的政府绩效方面有国际性的数据——如教育和医疗——决策者们并没有利用这些数据来做出有关项目削减的战略决定。政府还需要了解其支出的效率如何，并对被确认为低效率的领域做出削减或改变。为实现这一点，政府需要成本（投入）、产出和结果方面的数据。

经合组织的职责之一将仍然是利用政府开支、收入、程序和绩效方面的数据来监测改革的质量、实施和成功度。将来的新版《政府概览》旨在通过构建绩效指标来进一步扩大证据基础，包括那些关于服务质量的，并且从衡量是否存在某一法律转向对其施行情况进行评估。此外，实行改革为政府提供了一个采用能够有助于跟踪和监测政府行为的有效性的新绩效标准，以及向民众报告进展情况的机会。随着政府打造新职责，其面临的一个关键挑战将是衡量和监测公共看法以确保改革沿着正确的轨道进行并捕捉选民的情绪。

参考文献

Blöndal, J. (2001), "Budgeting in Canada", *OECD Journal on Budgeting*, Vol. 1(2).

Curristine, T. *et al.* (2007), "Improving Public Sector Efficiency: Challenges and Opportunities", *OECD Journal on Budgeting*, Vol. 7, No. 1.

Guichard, S. *et al.* (2007), "What Promotes Fiscal Consolidation: OECD Country Experiences", *OECD Economics Department Working Papers*, No. 553.

OECD (2003), *The E-government Imperative*, OECD Publishing, Paris.

OECD (2008), *Public Private Partnerships: In Pursuit of Risk Sharing and Value for Money*, OECD Publishing, Paris.

OECD (2009a), *Government at a Glance 2009*, OECD Publishing, Paris.

OECD (2009b), *OECD Public Governance Reviews: Finland 2010 – Working Together to Sustain Success*, OECD Publishing, Paris.

OECD (2009c), *Pensions at a Glance 2009*, OECD Publishing, Paris.

OECD (2010a), *OECD Economic Outlook*, Vol. 2010/2, OECD Publishing, Paris

OECD (2010b), "Health Care Systems: Getting more Value for Money", *OECD Economics Department Policy Notes*, No. 2, OECD Publishing, Paris.

OECD (2010c), *Making Reform Happen: Lessons from OECD Countries*, OECD Publishing, Paris.

OECD (2010d), *Regulatory Policy and the Road toward Sustainable Growth*, OECD Publishing, Paris.

OECD (2010e), *Restoring Fiscal Sustainability: Lessons for the Public Sector*, Paris.

OECD (2010f), *Risk and Regulatory Policy: Improving Governance of Risk*, OECD Publishing, Paris.

OECD (2011a), *Pensions at a Glance 2011*, OECD Publishing, Paris.

OECD (2011b), *Restoring Public Finances*, Paris.

OECD (2011c), *OECD Public Governance Reviews: Estonia 2011*, OECD Publishing, Paris.

OECD (forthcoming), *OECD Public Procurement Review of the United States*, OECD Publishing, Paris.

OECD (forthcoming), *Partnering with Citizens and Civil Society for Innovative Service Delivery*, OECD Publishing, Paris.

Schick, A. (2010), "Post-Crisis Fiscal Rules: Stabilising Public Finance while Responding to Economic Aftershocks", *OECD Journal on Budgeting*, Vol. 2010/2, OECD Publishing, Paris.

Van Dooren, W. *et al.* (2007), "Institutional Drivers of Efficiency in the Public Sector", GOV/PGC(2007)16/ANN, OECD, Paris.

第三章 公共财政与经济学

政府的传统职能包括提供商品和服务（如教育和医疗）并对收入进行再分配（如社会福利和津贴）。此外，政府还要应对全球化和各种风险，努力实现社会公平，打击腐败和保护环境。为给这些活动提供资金，政府必须以财政收入的形式（如税收）和/或通过借贷来筹钱。开始于 2008 年的金融和经济危机导致了大部分经合组织国家政府赤字和债务严重恶化，因为一方面政府收入减少了，可由于要扶持金融业以及加强运作社会安全系统如失业救济，政府开支在急剧增加。此外，政府的刺激消费行为，虽然原本是为了缓解经济危机的打击而设计，却也直接或间接地提高了政府总开支，因为债务融资的增加导致了更多的利息支出。刺激措施之后，许多国家现在都跟着开始采取财政巩固措施。

本章描述了各成员国在公共财政与经济学领域的几个关键指标上的变化，意在揭示各国政府是如何应对财政压力的。本部分内容评估了政府收入和支出的规模与结构的变化趋势，提供公共服务和商品的成本及政府在其中的作用，以及政府投资的多少。此外，有关政府赤字/盈余和债务的指标也包括在内。考虑到创新对于未来发展的重要性，本章也同样提供了政府在研发方面开支的最新数据。为了让读者能够深刻理解长期趋势以及经济危机带来的影响，大部分指标都包含了 2000 年（基础年）、2007 年（经济危机开始前一年）和可获得最新数据的最近一年（大部分情况下是 2009 年）的数据。

1. 一般政府收入

政府要有收入为其提供的商品和服务投入资金并完成其再分配

的任务。政府能够获得的收入主要取决于历史的和当前的政治决策，但也会受到经济波动的严重影响。

从只占不到国内生产总值（GDP）四分之一的墨西哥，到约占 GDP 的 60%的挪威，经合组织成员国政府收入的多少相差很大。北欧国家的收入一般高于其他任何国家，这部分反映了在这些国家个人和家庭得到的大部分社会收益都需要纳税的事实。但在很多其他国家并非如此。

对大部分国家来说，政府收入占 GDP 的比例通常都比较稳定，但在 2000 年到 2009 年间经合组织国家的这一比例平均稍有下降。只有少数几个国家在这段时间里政府收入占 GDP 的比例有较大的变化：由于税收体系的变化，以色列和斯洛伐克共和国分别下降 6.6 和 6.3 个百分点；爱沙尼亚上升了 7.5 个百分点，韩国上升了 5.5 个百分点。爱沙尼亚政府收入占 GDP 比例的上升是因为 GDP 的减少、税收改革以及来自欧盟援助的增加，而在韩国则主要是因为社会保障体系的变革。

全球性的金融和经济危机对大部分经合组织成员国的政府收入占 GDP 的比例都产生了严重的负面影响。从 2007 年到 2009 年，经合组织成员国的政府收入占 GDP 的比例平均下降了 0.7 个百分点，而从 2000 年到 2007 年平均只下降了 0.1 个百分点。2007 年到 2009 年，下降最多的是冰岛和西班牙，各自下降了 6.7 个百分点和 6.4 个百分点。同时期上升最多的是爱沙尼亚（6.5 个百分点）。

人均收入是比较各国政府收入规模的另一个途径。经合组织国家中，卢森堡和挪威的人均政府收入是最高的，2009 年时的人均收入都超过 30 000 美元，反映出跨境工人和企业税在卢森堡的重要性和石油收入对挪威的重要性。与大部分经合组织国家相比，中欧国家的人均收入相对较少。平均而言，在 2000 年到 2009 年间，经合组织成员国的人均政府收入每年增长 1.4%。两个国家（爱沙尼亚和韩国）在这一时期的人均政府收入实际年增长超过 6%。相比较之下，5 个经合组织成员国的人均实际政府收入是下降的，其中美国的下降幅度最大（约−1%）。

方法和定义

政府收入的数据来自《经合组织国民经济核算年鉴》。这些数据以国民经济核算体系（SNA）中的一整套各国均认同的用于国民经济核算的概念、定义、分类和规则为基础。根据 SNA 的术语，一般政府包括中央政府，州政府，地方政府和社会保险基金。收入包括社会保险税，除社会保险税以外的税收，拨款和其他收入。GDP 是一段时期之内一个国家生产的商品和服务价值的标准量度。

人均政府收入是使用经合组织/欧洲统计局用于换算 GDP 的购买力平价，将总收入换算成 2009 年的美元然后除以人口数计算出来的。对那些数据来源于国际货币基金组织的《经济展望》的国家，使用的是隐式的购买力平价换算率。购买力平价是指要在甲国买到与乙国同样多的商品和服务，所需要的乙国货币的数量。

延伸阅读

OECD（2011），*National Accounts at a Glance* 2010，OECD Publishing，Paris.

图附注

澳大利亚、日本、韩国、新西兰和俄罗斯联邦的数据是 2008 年的而不是 2009 年的。墨西哥的数据是 2003 年的而不是 2000 年的。俄罗斯联邦的数据是 2002 年的而不是 2000 年的。

1.1：缺少土耳其 2000 年的数据和智利 2000 年、2007 年的数据。这些国家未包括在平均数之内（OECD32 国）。

1.3：缺少智利和土耳其的数据。

有关以色列数据的信息：http：//dx. doi. org/10. 1787/888932315602.

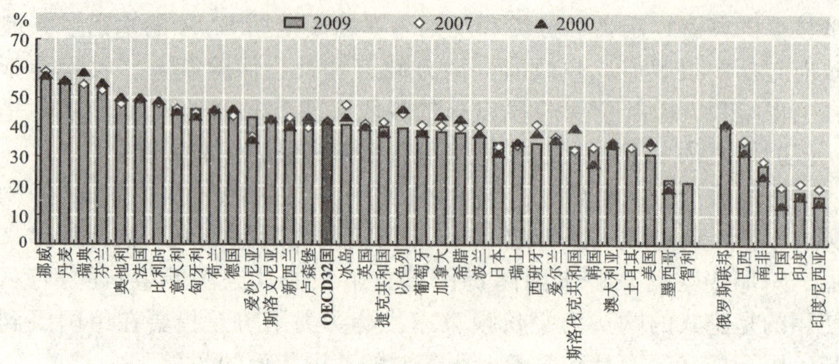

1.1 一般政府收入在国内生产总值中所占的比例（2000 年，2007 年和 2009 年）

来源：经合组织国家：《经合组织国民经济核算年鉴》。其他主要国家（除俄罗斯联邦）：国际货币基金组织（2010），2011 年 4 月版《经济展望》（*Economic Outlook*）。

StatLink http：//dx. doi. org/10. 1787/888932389664

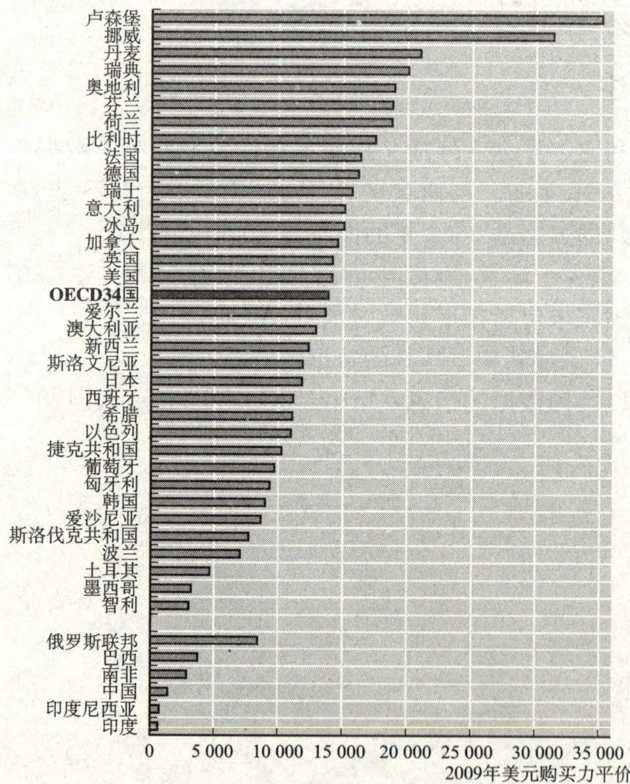

1.2 人均政府收入（2009）

来源：经合组织国家：《经合组织国民经济核算年鉴》。其他主要国家（除俄罗斯联邦）：国际货币基金组织（2010）2011 年 4 月版《经济展望》。

StatLink http：//dx. doi. org/10. 1787/888932389683

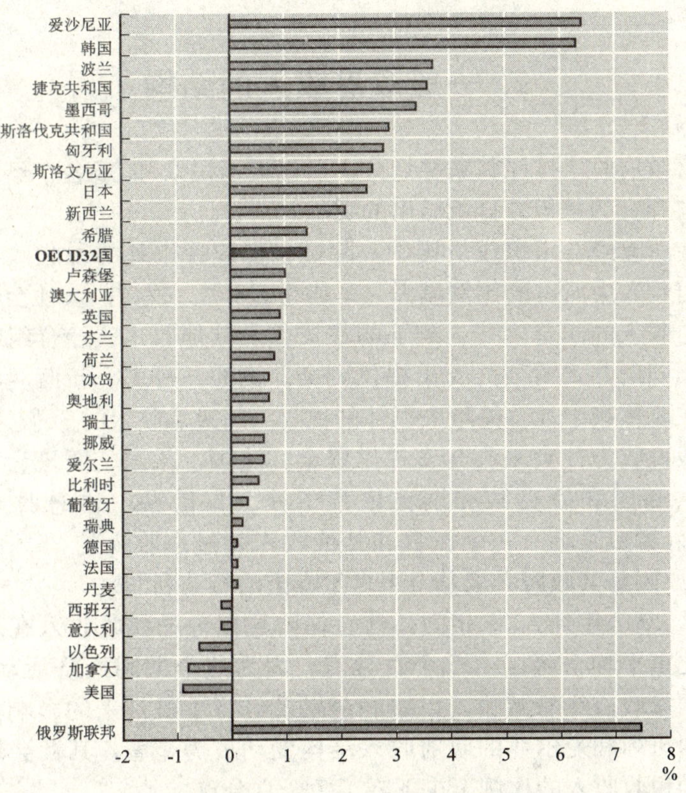

1.3 人均一般政府收入年度变化百分比（2000～2009 年）

来源：《经合组织国民经济核算年鉴》

StatLink http：//dx. doi. org/10. 1787/888932389702

2. 一般政府收入的结构

将政府收入按照其来源划分，可以揭示民众和/或各个经济部门为公共开支的承担各自所做出的贡献。

在所有经合组织成员国中，除社会保险税以外的税收收入在一般政府收入中所占的比例最大（平均为五分之三左右）。社会保险税约占总收入的四分之一，剩下的是拨款和其他收入。经合组织成员国以不同的方式为公共支出提供资金。例如，丹麦、新西兰和澳大利亚主要依赖于社会保险税以外的税收（超过总收入的 80%），并通过一般税收为社会福利开支提供资金。法国、德国、西班牙、斯洛伐克共和国和捷克共和国更依赖于社会保险税（占总收入的约 40%）。挪威是唯一一个拨款和其他收入超过总收入的 25%的国家（主要原因是其政府养老基金来自于本国的石油利润）。

从 2007 年到 2009 年间，社会保险税以外的税收收入在总收入中的比重平均下降了 2.5 个百分点，因为这个期间经济活动衰退，许多国家政府纷纷减税，以缓和金融及经济危机带来的影响。墨西哥、西班牙和爱尔兰的政府收入结构变动最为显著，其社会保险税以外的税收收入的比例至少下降了 7 个百分点。

平均而言，从 2000 年到 2008 年，经合组织成员国的税收收入结构是相对稳定的。但是，由于在不同国家不同税种的重要性不同，各国之间还是有相当的差异。一般而言，来自收入和盈利的所得税在税收收入中占的比例最大，其次是商品和服务税（这当中的主要部分是增值税）。最近的研究（经合组织，2008）显示，商品和服务税对经济增长的不利影响似乎小于收入和盈利的所得税。

方法和定义

收入数据来自《经合组织国民经济核算年鉴》。这些数据以国民经济核算体系（SNA）中的一整套各国均认同的用于国民经济核算的概念、定义、分类和规则为基础。根据 SNA 的术语，一般政府包括中央政府，州政府，地方政府和社会保险基金。收入包括除社会保险税以外的税收（如消费税，所得税，财富税，财产税，资产税），社会保险税（养老、医疗和社会保险税），拨款（来自外国政府或国际组织）和其他收入（销售，收费，财产收入和津贴）。这些数据集不能从经合组织国民经济核算中直接得到，而是用各个子项目（见附件 A）构造出来的。2.3 中的数据来自《经合组织收入年鉴》。

经合组织收入年鉴和国民经济核算体系中使用的税收收入的定义有一些不同之处。在国民经济核算体系中，税收是一种强制的无偿支付，以现金或实物的形式，由单位机构支付给一般政府。社会保险税则是一种支付到社会保险系统的实际或估算的款项，为社会保障提供资金准备。社会保险税可以是强制的也可以是自愿的，可有政府资助，也可能没有政府资助。经合组织收入年鉴将强制性的社会保险税作为税收对待，而国民经济核算体系将其单列为社会保险税，因为在大部分国家中，社会保障福利的获得取决于一定社会保险税的缴纳，尽管获得福利的多少跟所交社会保险税的多少不一定相关。

延伸阅读

OECD（2008），“Taxation and Economic Growth”，*Economics Department Working Papers*，No. 620，OECD Publishing，Paris.

OECD（2010），*Revenue Statistics* 1965 - 2009，OECD Publishing，Paris.

图附注

2.1 和 2.2：澳大利亚的收入中无社会保险税这一部分，因其政府无社会保险系统。澳大利亚、日本、韩国和新西兰的数据是 2008 年的而不是 2009 年的。俄罗斯联邦的数据是 2008 年的而不是 2009 年的，且没有关于资本税的数据。

2.1：土耳其和智利没有 2000 年的数据，该两国也没有计算在平均数中（OECD32 国）。墨西哥的数据是 2003 年的而不是 2000 年的。俄罗斯联邦的数据是 2002 年的而不是 2000 年的，且没有关于资本税的数据。

2.2：没有智利的数据。

2.3：没有爱沙尼亚的数据。对于经合组织中的欧盟国家，总税收中包括了代表欧盟收取的关税。

有关以色列数据的信息：http：//dx. doi. org/10. 1787/888932315602.

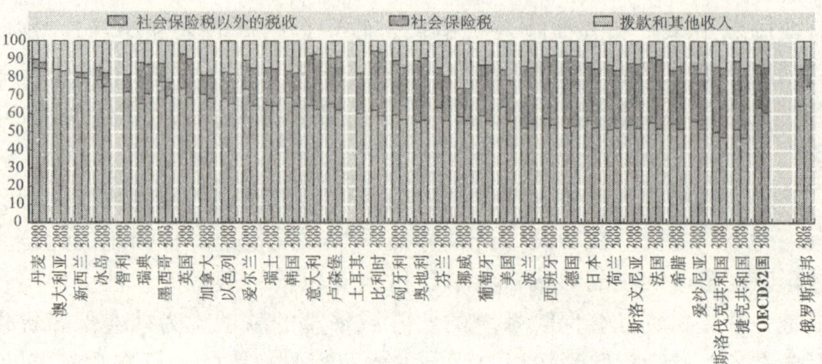

2.1 一般政府收入的结构（2000 年和 2009 年）

来源：《经合组织国民经济核算年鉴》

StatLink http://dx.doi.org/10.1787/888932389721

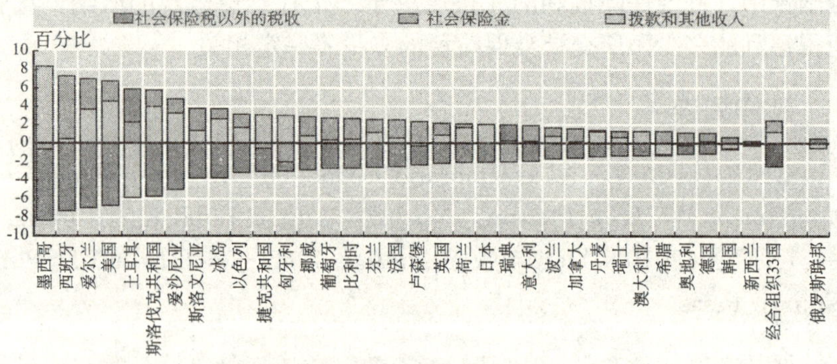

2.2 一般政府收入结构的变化（2007～2009 年）

来源：《经合组织国民经济核算年鉴》

StatLink http://dx.doi.org/10.1787/888932389740

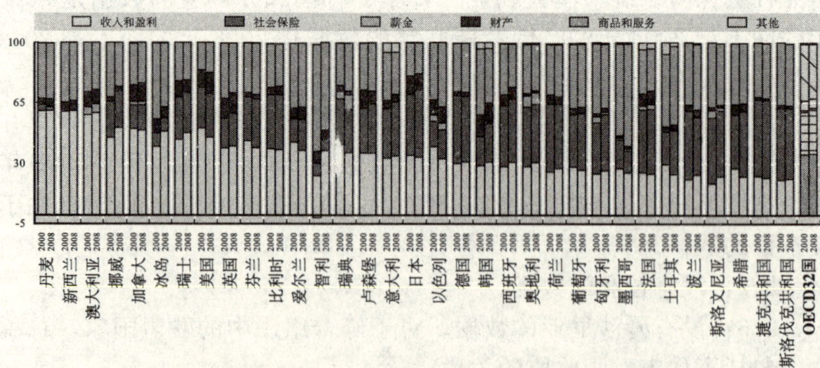

2.3 各项税收收入占总税收的比例（2000 年和 2008 年）

来源：OECD（2010），《收入年鉴》（*Revenue Statistics*），OECD 出版社，巴黎。

StatLink http://dx.doi.org/10.1787/888932389759

3. 各级政府收入结构

中央政府、州政府和地方政府征税和收取社会保险税的能力各不相同。各级政府之间的收入转移显示了不同层级的政府之间在财政上的相互依赖，而税款收入可被看作是各级地方政府的财政自治权的代表。

在大部分经合组织成员国中，中央政府取得一般政府收入中的大部分（平均约为60%），并且这一比例在2000年到2007年间一直比较稳定。然而，在2007年到2009年间，由于金融和经济危机的影响，中央政府获取的总收入的比例下降了1.8个百分点。除挪威外的北欧国家和日本则是通过地方政府获取的收入所占比例相对较高（占政府总收入的27%或以上，而经合组织的平均水平是15%）。

除社会保险税以外的税收是中央政府预算的主要资金来源，2009年时平均占收入的77%。在绝大部分国家，拨款和其他收入是中央政府收入的第二大来源，所占比例为5%到29%。主要因为受到金融和经济危机的影响，从2007年到2009年间，除瑞典和土耳其以外的所有经合组织成员国的除社会保险税以外的税收占中央政府收入的比例都有所下降，平均下降3个百分点。

与中央政府收入结构的相对同一性不同，州政府和地方政府的财政资源差别很大。在所有联邦制的经合组织成员国中，德国州政府的大部分收入通过除社会保险税以外的税收获得，所占比例超过州财政的70%。而墨西哥的州政府通过税收和社会保险税获取的收入只占总收入的不到6%。在大部分国家，地方政府财政主要依靠政府间的拨款和其他收入，其比例平均超过地方收入的61%。由于各级地方政府在设置地方的计税基础、税率和减免税方面受到诸多限制，因此也就削弱了其创造收入来源的权力，或许也将使其无法提供更符合实际需要的公共服务。

方法和定义

收入数据来自《经合组织国民经济核算年鉴》。这些数据以国民经济核算体系（SNA）中的一整套各国均认同的用于国民经济核算的概念、定义、分类和规则为基础。根据SNA的术语，一般政府包括中央政府，州政府，地方政府和社会保险基金。州政府只适用于经合组织成员国中的九个联邦制国家：澳大利亚、奥地利、比利时、加拿大、德国、墨西哥、西班牙（在国民经济核算数据中被看作事实上的联邦制国家）、瑞士和美国。除了澳大利亚和日本，3.1 和 3.2 中的数据（在线）不包括各级政府间的转移。图 3.2“各级政府间一般政府收入的分配（2007 年和 2009 年）”以及图 3.3、3.4 和 3.5（中央、州和地方政府收入的结构）可以分别在以下网址找到：

http：//dx. doi. org/10. 1787/888932389797

http：//dx. doi. org/10. 1787/888932389816

http：//dx. doi. org/10. 1787/888932389835

http：//dx. doi. org/10. 1787/888932389854

收入包括税收（如消费税，所得税，财富税，财产税，资产税），社会保险税（养老、医疗和社会保险税），以及拨款和其他收入。拨款可来自外国政府、国际组织或其他一般政府单位。其他收入包括销售，收费，财产收入和津贴。这些数据集不能从经合组织国民经济核算中直接得到，而是用各个子项目（见附件 A）构造出来的。

延伸阅读

OECD（2010），“OECD Network on Fiscal Relations across Levels of Government-Fiscal Policy across Levels of Government in Times of Crisis”，*OECD Working Paper*，OECD Publishing，Paris.

OECD（2010），“OECD Network on Fiscal Relations across Levels of Government-Tax Competition between Sub-Central Governments：Main Issues”，*OECD Working Paper*，OECD Publishing，Paris.

图附注

澳大利亚没有政府社会保险机制；中央政府指联邦和多重管辖权部门。美国的地方政府包括在州政府之内。新西兰、挪威、英国和美国的社会保险基金包括在中央政府内。没有智利、墨西哥和土耳其的数据。澳大利亚、日本、以色列、韩国和新西兰的数据是 2008 年的而不是 2009 年的。

有关以色列数据的信息：http：//dx. doi. org/10. 1787/888932315602.

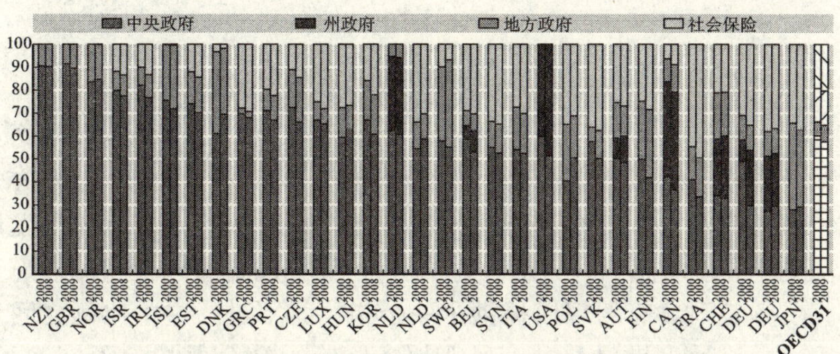

3.1　各级政府一般政府收入结构（2000 年和 2009 年）

来源：《经合组织国民经济核算年鉴》

StatLink http：//dx. doi. org/10. 1787/888932389778

4. 一般政府支出

政府开支用以提供产品与服务并对收入进行再分配。和政府收入一样，政府支出反映了历史的和当前的政治决策，但对经济发展状况也是高度敏感的。一般政府支出占 GDP 的比重以及人均政府支出为了解各国政府的规模提供了一个指标。不过，这些比例之间差异很大，显示出提供公共产品和服务、给予社会保护的不同途径，而不一定是所消耗资源的不同。例如，假如通过宽减所得税而非直接支出给予帮助，开支与 GDP 的比例自然会较低。此外，应当注意的是，开支的多少并不反映政府的效率或生产率。

2009 年，经合组织成员国的政府开支占到了 GDP 的 46%。一般而言，经合组织中的欧盟国家的这一比例要比其他经合组织国家高一些。丹麦、芬兰和法国的政府支出占 GDP 的比例最高，达到 56%或以上。而墨西哥、智利、韩国和瑞士的支出最少，占 GDP 的比例在 24%到 34%之间。

从 2000 年开始，大部分经合组织国家的政府开支都增加了，增加幅度平均为 GDP 的 4.3%。这种增长绝大部分出现在金融和经济危机开始之后。从 2000 年到 2007 年，经合组织成员国的政府开支占 GDP 的比例平均下降 0.6 个百分点。危机开始后，从 2007 年到 2009 年，经合组织国家的政府支出比例上升了 4.9 个百分点。这一上升只有部分是因为 GDP 的下降。另外一部分则反映了政府增加开支是出于稳定金融系统和危机来临时刺激经济的需要。在 2007 年到 2009 年间，政府开支占 GDP 比例的最大增幅出现在爱尔兰（+12.1 个百分点）和爱沙尼亚（+10.8 个百分点），而以色列则是唯一一个监测到这一比例下降的经合组织国家（−0.7 个百分点）。

经合组织各国之间人均政府支出的差异很大。卢森堡的人均支出差不多是墨西哥的 11 倍，尽管墨西哥的人均支出的增长速度一直超过平均速度。虽然从 2000 年开始除了以色列以外所有经合组织成员国的人均政府支出都增加了，国与国之间的差异仍然非常显著。从 2000 年到 2009 年，人均政府支出的最大增幅出现在韩国、爱沙尼亚和爱尔兰（超过 6%），而奥地利、意大利、日本和瑞士的增幅只有 1%或以下；以色列则完全没有变化。

方法和定义

政府支出数据来自《经合组织国民经济核算年鉴》。这些数据以国民经济核算体系（SNA）中的一整套各国均认同的用于国民经济核算的概念、定义、分类和规则为基础。根据SNA的术语，一般政府包括中央政府、州政府、地方政府和社会保险基金。

国内生产总值（GDP）是一段时期之内一个国家生产的商品和服务价值的标准量度。人均政府支出是用经合组织/欧洲统计局用于换算GDP的购买力平价将总支出换算成2009年的美元然后除以人口数计算出来的。对那些数据来源于国际货币基金组织的《经济展望》的国家，使用的是隐式的购买力平价换算率。购买力平价是指要在甲国买到与乙国同样多的商品和服务，所需要的乙国货币的数量。

延伸阅读

OECD（2011），*National Accounts at a Glance* 2010，OECD Publishing，Paris.

图附注

澳大利亚、日本、韩国、新西兰和俄罗斯联邦的数据是2008年而不是2009年的。墨西哥的数据是2003而不是2000年的。俄罗斯联邦的数据是2002而不是2000年的。

4.1：土耳其无2000年的数据，智利无2000年和2007年的数据。这两个国家没有计算在平均数之内（OECD32国）。

4.3：没有智利和土耳其的数据。

有关以色列数据的信息：http：//dx. doi. org/10. 1787/888932315602.

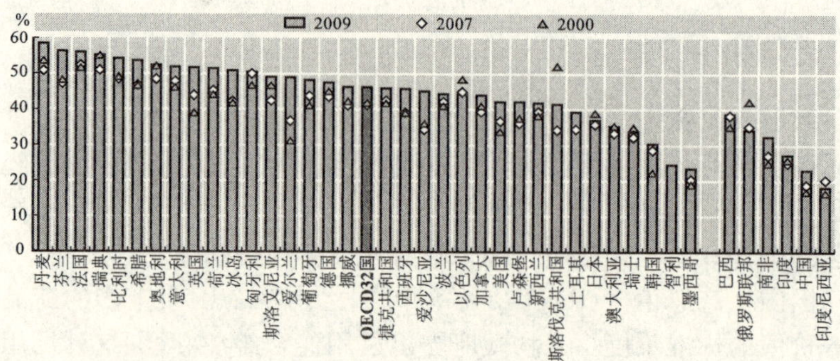

4.1 一般政府支出在国内生产总值中所占的比例（2000 年，2007 年和 2009 年）

来源：经合组织国家：《经合组织国民经济核算年鉴》。其他主要国家（除俄罗斯联邦）：国际货币基金组织（2010）2011 年 4 月版《经济展望》。

StatLink http://dx.doi.org/10.1787/888932389873

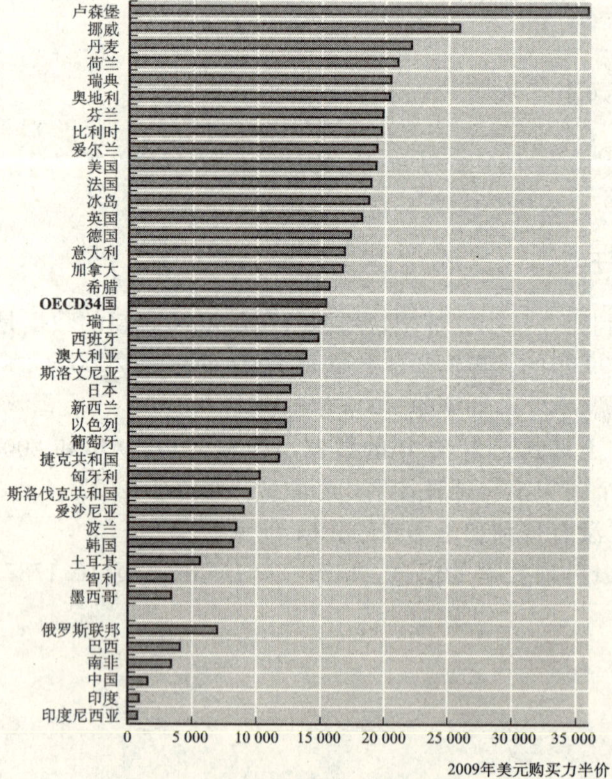

4.2 人均一般政府支出（2009）

来源：经合组织国家：《经合组织国民经济核算年鉴》。其他主要国家（除俄罗斯联邦）：国际货币基金组织（2010）2011 年 4 月版《经济展望》。

StatLink http://dx.doi.org/10.1787/888932389892

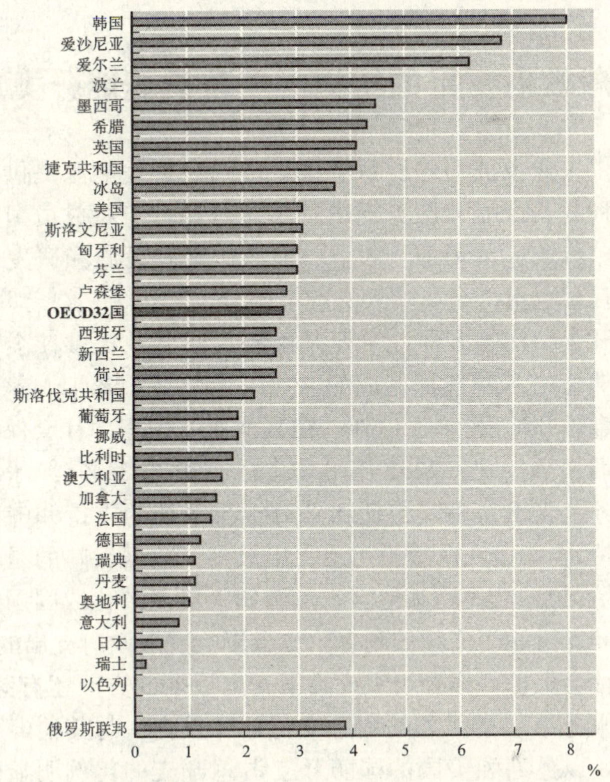

4.3　人均一般政府支出年度变化百分比（2000～2009 年）

来源：《经合组织国民经济核算年鉴》。

StatLink http：//dx. doi. org/10. 1787/888932389911

5. 一般政府支出的结构（按政府职能分类功能）

从提供失业救济到建设新学校，再到为替代能源提供补贴，政府要为各种公共产品和服务提供资金。对经合组织成员国中的欧盟国家来说，有关经济增加、农业、能源、基础设施和研发等的欧盟共同政策目标也可能会影响开支的结构。

各国开支结构的多样性主要是由有关政府在提供社会保护方面的再分配功能的不同选择造成的（如失业救济，老年人养老金和残疾人救济金）。除三个国家以外，在其他所有国家中社会保护都是支出里最大的一个类别（2008 年平均占总支出的 34%）：冰岛和韩国在经济事务上支出最多（包括冰岛对银行系统的支持和韩国对其他产业的支持）；美国在医疗卫生上支出最多（数据反映的是最近的改革之前的情况）。然而，其他因素，例如人口老龄化或因国家债务水平过高而需支付相当高额的利息，也会影响一般政府支出的结构。

除了社会保护，经合组织成员国支出最多的方面还有医疗卫生、一般公共服务（包括债务的利息支付）和教育。与其他经合组织成员国相比，以色列和美国的国防开支占总开支的比例明显较高。瑞士用于医疗卫生的支出比例相对较小（说明这一领域私人支出占较大份量）而希腊在教育方面的公共支出相对较少。总体来说，经合组织成员国在环境保护、住房和社区设施方面的支出最少（平均不到 2%）。

投入到不同的政策部门的资源比例自 21 世纪初以来有了变化。就 2008 年而言，与 2000 年相比，经合组织成员国将更多资源投入到了医疗卫生（＋1.7 个百分点）、经济事务（＋0.4 个百分点）和社会保护（＋0.5 个百分点）上。经济事务和社会保护方面支出增加的最主要原因或许是金融和经济危机的影响，而人口的老龄化则导致了将资源投入到医疗卫生方面。平均而言，分配到医疗卫生、经济事务和社会保护上的资金比例增加，与一般公共服务（－2.2 个百分点）和国防（－0.4 个百分点）上投入资金比例的减少正好能够平衡。这一时期冰岛和斯洛伐克共和国的政府开支结构变化最大，而卢森堡和斯洛文尼亚则维持了相对稳定的结构。

方法和定义

政府支出数据来自《经合组织国民经济核算年鉴》。这些数据以国民经济核算体系（SNA）中的一整套各国均认同的用于国民经济核算的概念、定义、分类和规则为基础。数据显示的是2008年的政府开支，即本文写作时能获得的大部分经合组织国家的最新数据。有关开支的数据根据政府职能分类（OFOG）进行分门别类，即将政府开支分为十个功能：一般公共服务、国防、公共秩序与安全、经济事务、环境保护、住房和社区设施、医疗卫生、娱乐、文化和宗教、教育，以及社会保护。有关每一类别中包含的开支类型的更多详细信息可参见附录B。一般政府包括中央政府，州政府，地方政府和社会保险基金。5.3（http：//dx.doi.org/10.1787/888932391830）和5.4（http：//dx.doi.org/10.1787/888932391849）中的数据显示了2008年按功能分类的一般政府开支占GDP的百分比以及从2000年到2008年的变化。

延伸阅读

OECD（2009a），*Health at a Glance* 2009：*OECD Indicators*，OECD Publishing，Paris.

OECD（2010），*Education at a Glance* 2010：*OECD Indicators*，OECD Publishing，Paris.

OECD（forthcoming），*Society at a Glance* 2011：*OECD Social Indicators*，OECD Publishing，Paris.

表附注

无智利、墨西哥和土耳其的数据。加拿大的数据是2006年的而非2008年的。

5.1 新西兰的数据是2005年的。

5.2 无新西兰和瑞士的时间序列数据。波兰的数据是2002年的而非2000年的。

有关以色列数据的信息：http：//dx.doi.org/10.1787/888932315602.

5.1　一般政府支出功能结构（2008）

	一般公共服务	国防	公共秩序与安全	经济事务	环境保护	住房和社区设施	医疗卫生	娱乐、文化和宗教	教育	社会保护
澳大利亚	10.1	4.2	4.8	11.4	1.9	2.4	18.1	2.2	14.1	30.8
奥地利	13.1	2.0	3.0	10.0	0.9	1.2	15.9	2.1	10.9	40.9
比利时	16.9	2.2	3.5	10.8	1.2	0.7	14.7	2.5	11.9	35.6
加拿大	18.6	2.6	4.0	8.6	1.4	2.3	18.7	2.3	18.3	23.4
捷克共和国	10.4	2.6	4.8	16.8	2.3	2.6	16.8	2.9	10.9	30.0
丹麦	13.1	2.9	2.1	5.2	1.0	1.1	14.9	3.1	13.4	43.3
爱沙尼亚	7.3	4.4	6.9	12.1	2.7	1.6	13.1	5.8	16.9	29.4
芬兰	13.4	3.0	2.7	9.5	0.6	0.9	14.3	2.3	12.0	41.3
法国	13.6	3.3	2.4	5.4	1.6	3.6	14.8	2.9	11.1	41.4
德国	13.6	2.4	3.6	7.6	1.0	1.7	14.3	1.4	9.3	45.1
希腊	19.8	6.2	3.4	11.4	1.3	0.7	11.4	1.2	8.3	36.5
匈牙利	18.8	1.8	4.2	12.0	1.8	1.8	10.0	2.9	10.7	36.2
冰岛	11.3	0.1	2.6	33.8	1.2	0.9	13.7	6.6	14.5	15.5
爱尔兰	7.9	1.2	4.3	13.8	2.9	4.7	18.3	2.1	12.6	32.3
以色列	12.7	16.4	3.8	6.1	1.5	1.2	12.4	3.8	16.7	25.5
意大利	18.3	2.9	3.8	7.8	1.8	1.5	14.6	1.7	9.3	38.5
日本	12.8	2.5	3.9	10.0	3.3	1.6	20.1	0.3	10.5	35.0
韩国	14.1	8.9	4.4	21.8	3.2	3.6	13.0	2.5	16.3	12.4

续表

	一般公共服务	国防	公共秩序与安全	经济事务	环境保护	住房和社区设施	医疗卫生	娱乐、文化和宗教	教育	社会保护
卢森堡	10.8	0.7	2.4	11.4	2.6	1.7	12.0	4.6	11.8	42.1
荷兰	16.1	2.9	4.0	10.7	1.8	2.1	12.7	2.9	11.6	35.2
新西兰	13.3	2.6	4.9	10.5	3.3	1.8	16.6	2.8	18.6	25.8
挪威	10.8	3.9	2.2	9.2	1.5	1.6	16.9	2.8	13.0	38.2
波兰	12.6	3.2	4.5	11.5	1.4	2.7	11.7	3.0	13.3	36.1
葡萄牙	16.1	2.8	4.5	6.5	1.5	1.6	14.4	2.4	14.3	35.9
斯洛伐克共和国	10.5	3.8	6.3	14.4	1.9	1.9	19.7	2.6	9.9	29.0
斯洛文尼亚	11.6	3.2	3.6	10.7	1.8	1.9	13.8	3.7	13.8	35.9
西班牙	11.3	2.5	4.9	12.6	2.2	2.6	14.7	4.1	11.2	33.9
瑞典	14.8	2.8	2.6	8.2	0.7	1.5	13.3	2.2	13.2	40.7
瑞士	12.0	2.6	5.1	12.8	1.6	0.6	5.4	2.3	17.1	40.7
英国	9.5	5.4	5.5	10.2	2.0	2.5	15.8	2.3	13.5	33.5
美国	12.7	11.9	5.8	10.6	0.0	1.8	20.5	0.8	16.6	19.4
OECD31 国	**13.1**	**3.8**	**4.0**	**11.4**	**1.7**	**1.9**	**14.7**	**2.7**	**13.1**	**33.5**

来源：《经合组织国民经济核算年鉴》。澳大利亚的数据基于澳大利亚统计局提供的政府财政统计数据。

StatLink http://dx.doi.org/10.1787/888932391792

5.2 一般政府支出功能结构变化（2000～2008 年）

	一般公共服务	国防	公共秩序与安全	经济事务	环境保护	住房和社区设施	医疗卫生	娱乐、文化和宗教	教育	社会保护
澳大利亚	−3.6	−0.1	0.4	−0.8	0.4	0.2	2.0	−0.3	−0.1	1.8
奥地利	−2.0	0.2	0.1	1.7	−0.1	−0.3	0.1	0.3	−0.4	0.4
比利时	−5.1	−0.3	0.4	1.4	−0.3	−0.1	1.9	0.5	0.4	1.0
加拿大	−5.5	−0.2	0.1	0.1	0.1	0.2	4.3	0.1	0.5	0.3
捷克共和国	0.5	−1.5	−0.8	−0.8	0.0	−0.1	3.1	0.5	1.0	−2.0
丹麦	−2.5	−0.1	0.3	−1.1	−0.1	−0.4	2.7	0.2	−0.3	1.3
爱沙尼亚	−2.9	0.5	−0.5	1.5	1.2	0.1	1.3	0.6	−1.6	−0.2
芬兰	−1.0	0.1	−0.1	−0.3	0.0	−0.1	2.4	−0.1	−0.2	−0.6
法国	−1.2	−0.7	0.1	−0.9	0.3	0.4	1.0	0.7	−1.2	1.5
德国	5.0	−0.3	−0.1	−1.6	−0.4	−0.6	0.7	−0.2	0.0	−2.5
希腊	−3.9	−2.4	1.9	−1.4	0.1	−0.1	3.0	0.6	2.2	0.0
匈牙利	−2.0	−0.6	−0.1	−1.5	0.4	−0.3	−0.4	−0.1	−0.3	4.9
冰岛	−3.3	0.1	−1.0	17.6	−0.6	0.0	−5.4	−1.1	−3.4	−2.9
爱尔兰	−4.7	−0.8	−0.7	1.1	0.3	0.1	0.8	0.2	−1.2	5.0
以色列	−2.8	−0.6	0.6	0.0	0.3	−0.6	0.9	0.2	1.0	1.0
意大利	−2.8	0.5	−0.5	1.9	0.0	−0.4	1.6	−0.1	−0.8	0.6
日本	−3.6	0.0	0.1	−4.0	−1.5	−0.8	3.5	−0.2	−0.2	6.6
韩国	0.5	−2.9	−1.4	−0.7	0.1	−0.4	3.1	−0.3	−1.1	3.3

续表

	一般公共服务	国防	公共秩序与安全	经济事务	环境保护	住房和社区设施	医疗卫生	娱乐、文化和宗教	教育	社会保护
卢森堡	−1.9	0.0	0.1	0.3	−0.3	−0.3	1.1	0.4	0.3	0.4
荷兰	−3.4	−0.8	0.8	0.9	−0.1	−0.1	4.3	−0.3	1.0	−2.4
挪威	1.4	−0.5	−0.1	−2.3	−0.3	0.2	0.6	0.3	−0.4	1.2
波兰	−1.0	0.5	1.1	3.5	0.1	−1.0	1.9	0.6	−0.5	−5.3
葡萄牙	1.9	−1.0	0.5	−4.6	−0.1	−0.8	−0.8	−0.5	−1.2	6.6
斯洛伐克共和国	−7.2	−0.5	1.1	−6.8	−0.7	−0.5	9.7	0.7	3.0	1.2
斯洛文尼亚	−1.2	0.8	−0.4	−0.3	0.4	0.5	0.0	1.0	0.4	−1.2
西班牙	−3.0	−0.3	0.5	0.5	0.4	−0.4	1.3	0.5	0.0	0.5
瑞典	−2.4	−1.4	0.3	1.5	0.2	−0.2	2.3	0.3	1.0	−1.4
英国	−2.2	−1.0	−0.2	5.3	0.3	0.6	1.3	−0.3	0.7	−4.4
美国	−3.5	2.5	−0.1	−0.3	0.0	0.2	2.3	−0.1	−0.9	−0.1
OECD29 国	**−2.2**	**−0.4**	**0.1**	**0.4**	**0.0**	**−0.2**	**1.7**	**0.1**	**−0.1**	**0.5**

来源：《经合组织国民经济核算年鉴》。澳大利亚的数据基于澳大利亚统计局提供的政府财政统计数据。

StatLink http://dx.doi.org/10.1787/888932391811

6. 各级政府支出结构

资助公共产品和服务并对收入进行再分配的责任由各级政府分担。例如，有些国家的警察队伍是地方政府投入资金，而在其他国家是由中央政府提供财政支持的。在某些情况下，中央、州和/或地方政府联合资助产品和服务的提供。

在经合组织国家当中，2009 年有 46%的一般政府开支属于中央政府。各级地方政府（州和地方）占 32%，其余的是社会保险基金。不过，财务分权的水平各国差别很大。例如，在新西兰（单一制国家），中央政府占了大约 90%的总开支。与之形成对照的是，瑞士的中央政府只占总开支的不到 15%，因为瑞士是联邦制国家，地区和地方政府在资助由其自行提供的公共产品和服务方面发挥的作用要大得多。

一般来说，和各级地方政府相比，中央政府的预算花在社会保护（如养老金和失业救济）、一般公共服务（如行政和立法机关、公共债务交易）和国防上的比例相对较高。超过半数的经合组织成员国中社会保护的开支占中央政府预算的比重最大。西班牙和比利时的中央政府将大部分预算分配给了一般社会服务，占到总开支的 50%以上。国防开支平均占中央政府开支的 6%。教育、娱乐、环境保护以及住房和社区设施大多由各级地方政府资助。

在过去十年中，有些国家的财务权力更加分散了。在 2000 年到 2009 年间，以下几个国家的各级地方政府所占的支出比例有所提高——加拿大，捷克共和国，丹麦，芬兰，波兰，斯洛伐克共和国，斯洛文尼亚，西班牙，瑞典和瑞士。例如，斯洛伐克共和国从 2002 年开始将执行某些政策和方案的权利从中央下放到了地方政府，2005 年实现了财政分权。

方法和定义

政府支出数据来自《经合组织国民经济核算年鉴》。这些数据以国民经济核算体系（SNA）中的一整套各国均认同的用于国民经济核算的概念、定义、分类和规则为基础。有关开支的数据根据政府职能分类进行分门别类，即将政府开支分为十个功能：一般公共服务、国防、公共秩序与安全、经济事务、环境保护、住房和社区设施、医疗卫生、娱乐、文化和宗教、教育，以及社会保护。有关每一类别中包含的开支类型的更多详细信息可参见附录 B。一般政府包括中央政府，州政府，地方政府和社会保险基金。只有实行联邦制的九个成员国有州政府：澳大利亚、奥地利、比利时、加拿大、德国、墨西哥、西班牙（在国民经济核算数据中被看作是事实上的联邦制国家）瑞士和美国。

6.1 和 6.2 中的数据（2007 年和 2009 年一般政府支出在各级政府间的分布）不包括各级政府间的资金转移，故其大致显示了每一级政府所承担的提供产品和服务的总体责任。但是，中央、州和地方政府支出的数据（6.3、6.4 和 6.5）包括了各级政府之间的资金转移，因此显示了在每一级政府每一项功能上的花费是多少。

图 6.2（http：//dx. doi. org/10. 1787/888932389949）、表格 6.3（http：//dx. doi. org/10. 1787/888932391868）、6.4（http：//dx. doi. org/10. 1787/888932391887）和 6.5（http：//dx. doi. org/10. 1787/888932391906）可以在网上看到。

延伸阅读

OECD（2011），*National Accounts at a Glance* 2010，OECD Publishing，Paris.

图附注

6.1：澳大利亚没有政府的社会保险机制；中央政府指联邦和多地域管辖部门。澳大利亚和日本的数据包括了各级政府之间的资金转移。美国的地方政府包括在州政府之内。新西兰、挪威、英国和美国的社会保险基金包括在中央政府内。无智利、墨西哥和土耳其的数据。澳大利亚、日本、以色列、韩国和新西兰的数据是 2008 年的而非 2009 年的。

有关以色列数据的信息：http：//dx. doi. org/10. 1787/888932315602.

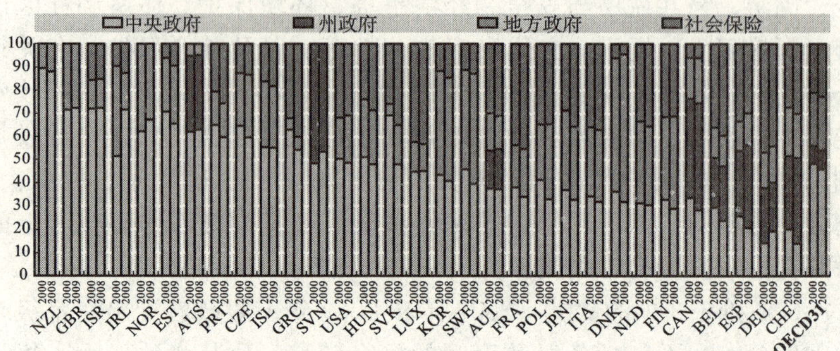

6.1 一般政府支出在各级政府间的分布（2000 年和 2009 年）

来源：《经合组织国民经济核算年鉴》。

StatLink http：//dx. doi. org/10. 1787/888932389930

7. 一般政府支出的类型

政府的传统职责是国防，维护社会秩序和安全，以及基础设施的建设和维护。政府在这些方面提供的产品被称为“集体产品”。随着福利国家的发展而崭露头角的政府职能，如医疗卫生、教育、社会服务和社会福利，被称为“个人产品”，并自20世纪50年代以来在大部分经合组织国家的开支中占了更大的比重。

现金转移、实物产品与服务是政府开支类型的另一种重要分类方法。例如，在社会援助的个人产品领域，政府可以用现金津贴的形式提供支持（失业救济金、老年人养老金等），也可以提供实物服务（如医疗服务、养老院等）。这种现金/实物分类法也适用于集体产品，其中的现金转移包括利息支付和外国援助。

不同国家提供服务的组织方式不同影响着一般政府支出的总体规模及其成分类型。例如，公务员养老金可以是有资助的（提高了现金集体产品上的支出）也可以是现收现付的。医疗卫生服务可以主要由政府医务人员和医院提供，也可以由私人医生和医院提供。对住房和产业的支持可以在税务开支方面（整体开支的较低水平），也可以通过补贴和转移支付。此外，有些国家相比之下在提供个人产品方面更加依赖于市场，或对有条件获得公共服务的民众以不同的标准进行区分。

在经合组织国家中，个人产品方面的政府开支要高于集体产品。个人产品的开支从占GDP的16%（韩国）到39%（瑞典），平均为30%。集体产品的开支从占GDP的9%（卢森堡和瑞士）到27%（冰岛），平均为15%。大部分集体产品（80%以上）都以实物的形式提供。只有那些公共债务较多的国家（导致高额的利息支出）其集体产品中的现金支出份额较高，但仍然低于实物支出的比例（如比利时、希腊、匈牙利和意大利）。根据教育和医疗卫生的组织形式（如私有部门参与的程度）以及社会保障发展（大部分基于现金转移支付）的不同，各国在以现金或实物形式提供个人产品方面也有不同程度的区别。

方法和定义

政府支出数据来自《经合组织国民经济核算年鉴》。这些数据以国民经济核算体系（SNA）中的一整套各国均认同的用于国民经济核算的概念、定义、分类和规则为基础。集体产品和个人产品的区分建立在经合组织国民经济核算中对于个人和集体消费支出进行区分的基础上。就消费支出而言，该区分与《经合组织国民经济核算》中的是一样的。就其他公共开支而言（财产收入、资本和其他货币转移、资本形成总额等），该区分或者以开支的性质为基础（例如，政府职能分类中的“一般公共服务”中的财产收入主要是利息，所以它是集体产品；政府职能分类中的“医疗卫生”中的资本形成总额主要是医院建设，所以它是个人产品），或者以跟消费支出的区分相应的方式（如自己最终使用的产出）。

现金/实物的区分建立在开支性质的基础上，例如，政府职能分类中的“一般公共服务”中的其他货币转移和资本转移主要是给国际组织的外国援助和捐款，因此被作为现金（集体），而实物社会转移之外的社会福利被看作现金（个人）。所有其他政府开支都被看作实物。

延伸阅读

OECD（2011），*National Accounts at a Glance* 2010，OECD Publishing，Paris.

图表附注

无土耳其的数据。新西兰的数据是 2005 年的。

7.1：无澳大利亚、加拿大、智利和墨西哥的数据。

7.2：澳大利亚、加拿大、智利和墨西哥没有包括在平均数内（OECD29 国），因为没有这些国家的实物类型的政府支出和集体产品的现金支出的数据。

有关以色列数据的信息：http：//dx. doi. org/10. 1787/888932315602.

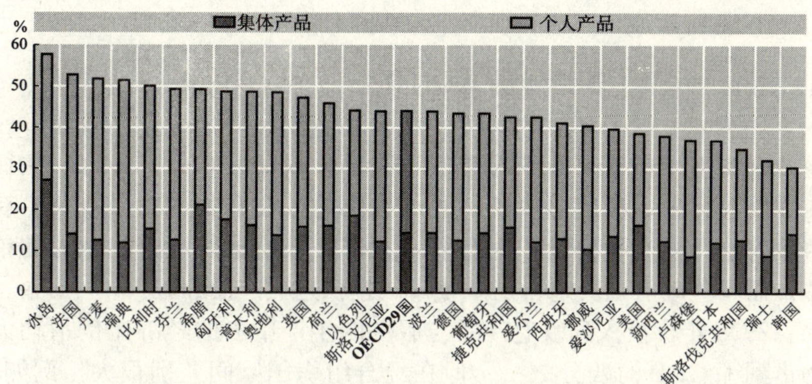

7.1　一般政府支出中的个人产品和集体产品占国内生产总值的比例（2008）

来源：《经合组织国民经济核算年鉴》。

StatLink http：//dx. doi. org/10. 1787/888932389968

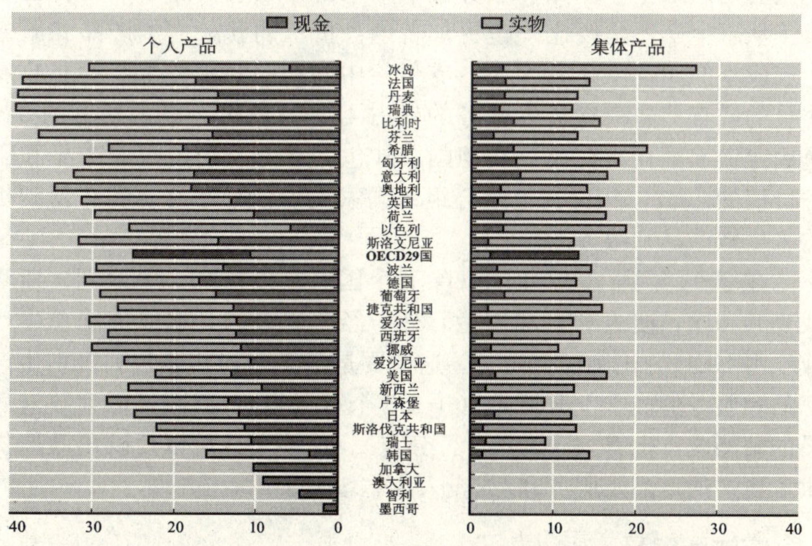

7.2　一般政府支出的个人产品和集体产品的现金转移和实物占国内生产总值的比例（2008）

来源：《经合组织国民经济核算年鉴》。

StatLink http：//dx. doi. org/10. 1787/888932389987

8. 一般政府的生产成本

有关生产产品和服务的类型和数量，以及怎样生产最好，往往在本质上属于一种政治决策，并与该国的社会和文化背景有关。有些政府选择将产品和服务生产的一大部分外包给非政府或私人的单位，而有些政府则决定自己来生产或提供这些产品和服务。

2008 年，投入到政府产品与服务的生产中去的经济比例平均大约占到了 GDP 的四分之一，但在经合组织国家间差别很大。例如，丹麦的政府服务与产品的生产成本占 GDP 的百分比几乎比墨西哥高三倍，部分反映了这些国家中政府的不同功能。

政府同时使用自己的员工、资本和外部承包商（非营利机构或私人公司）来生产产品和服务。平均来说，在成员国当中用自己的员工从事生产还是要比外包更加普遍：员工的薪酬占了产品和服务生产成本的 49%，相比之下，支付给中间产品和服务生产的非政府人员的或直接向家庭提供服务的只占 43%。总生产成本剩下的 9% 是固定资本消耗。在荷兰和德国，外包的部分大约占政府产品和服务价值的 60%，相比其他经合组织国家更加依赖于公司和非营利机构来生产产品和服务。

在 2000 年到 2009 年间，除五个国家（以色列，奥地利，斯洛伐克共和国，澳大利亚和波兰）外，经合组织的其他成员国总生产成本占 GDP 的比例都上升了。这主要是由于公司和非营利机构生产产品和服务的成本上升所致（+1.5 个百分点），其次是因为政府雇员的薪酬成本上升（+0.8 个百分点）。这些上升可以反映出政府提供了更多的产品及服务和/或投入成本增加了。

方法和定义

生产成本的概念和方法学建立在国民经济核算体系（SNA）中有关公共开支的现有分类的基础上。具体而言，政府生产成本包括：

- 一般政府雇员的薪酬成本，包括现金和实物报酬加上所有强制性的雇主（以及估算的）缴纳社会保险金和自愿代表雇员支付的保险金。各国间雇员养老金机制的资金来源不同可影响薪酬成本的比较。

●政府支付的由非政府单位生产的产品和服务的成本（包括提供给政府和民众的产品和服务）。在国民经济核算体系的概念中，这包括中间消耗（政府生产所要求的中间产品的采购，如会计或信息技术服务）和通过市场生产者的实物社会转移（包括首先由民众自己支付但最终由政府报销的部分，如由公共社会保险支付报销的医疗费）。

●固定资本消耗（资本折旧）。数据包括政府为自己使用的目的进行生产而发生的政府就业和中间消耗，例如道路和其他由政府雇员建设的资本投资项目。这里列出的生产成本不同于国民经济核算体系中的产出价值。

延伸阅读

OECD（2008a），*The State of the Public Service*，OECD Publishing，Paris.

Pilichowski，E. and E. Turkisch（2008b），"Employment in Government in the Perspective of the Production Costs of Goods and Services in the Public Domain"，*OECD Working Papers on Public Governance*，No. 8，OECD Publishing，Paris.

图附注

澳大利亚、日本、韩国、新西兰和俄罗斯联邦的数据是 2008 年而非 2009 年的。

8.1：土耳其无 2000 年的数据，故该国未包括在平均数（OECD33 国）中。智利无 2000 年的一般政府资助的产品和服务成本数据。墨西哥的数据是 2003 年的而非 2000 年的。俄罗斯联邦的数据是 2002 年的而非 2000 年的。

有关以色列数据的信息：http：//dx. doi. org/10. 1787/888932315602.

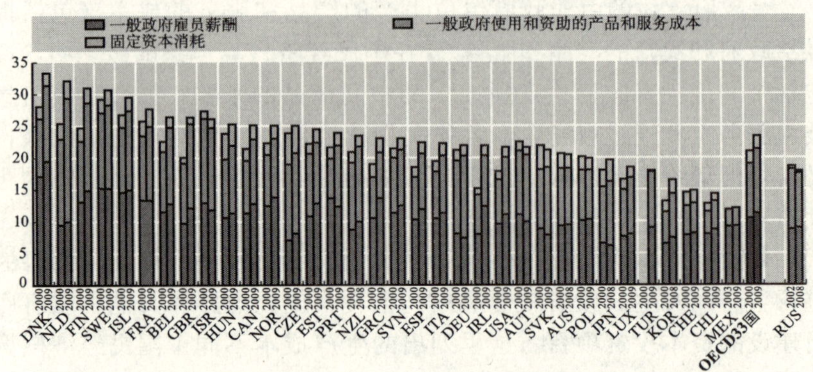

8.1　生产成本占国内生产总值的比例（2000 年和 2009 年）

来源：《经合组织国民经济核算年鉴》。澳大利亚的数据基于澳大利亚统计局提供的政府财政统计数据和国民经济核算数据。

StatLink http：//dx. doi. org/10. 1787/888932390006

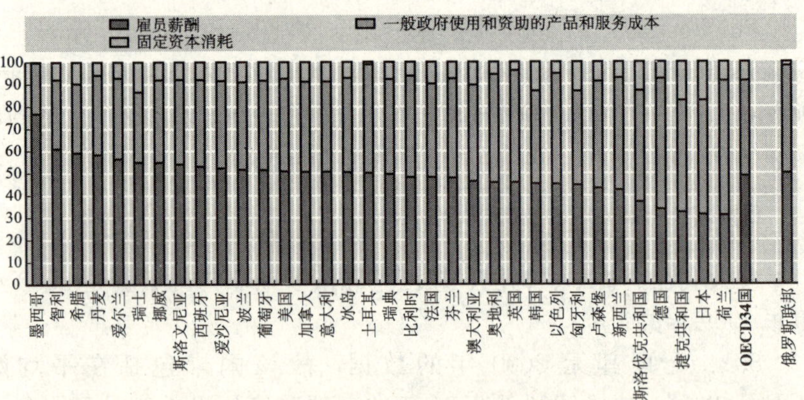

8.2　生产成本结构（2009）

来源：《经合组织国民经济核算年鉴》。澳大利亚的数据基于澳大利亚统计局提供的政府财政统计数据和国民经济核算数据。

StatLink http：//dx. doi. org/10. 1787/888932390025

9. 一般政府投资

政府投资建设公共基础设施，对于长期经济发展和民生幸福是非常关键的。政府出钱修建道路、住宅、学校和医院，以及通讯网络。此外，政府还可以向私人公司拨款（转移支付）以鼓励他们的投资活动。为应对经济衰退，许多经合组织国家在2008年时制定了刺激计划，其中心内容是通过对软、硬件基础设施的投资增加政府资本开支。

一般政府投资占一国经济中总的投资支出的比例正在上升。2009年时，经合组织成员国的政府投资平均占本国总投资的五分之一，比2000年时上升了3个百分点，比2007年时上升了超过4个百分点。

从2007年到2009年政府投资占总投资比例的显著上升表明了金融和经济危机在私人公司投资缩减和政府投资增加方面的影响。在爱尔兰，从2007年到2009年，政府在总投资开支中占的比例翻了一倍（从20%到40%），英国、美国和爱沙尼亚在这段时期的增长也很显著。波兰政府投资占总投资的比例在2000年到2007年之间增长最快。与此趋势相反，斯洛伐克共和国政府投资占总投资的比例从2000年的35%急剧下降到了2007年的10%，之后到2009年又翻了一倍达到20%。

对投资活动的投入占到政府总开支的比例各国之间差距很大。有的政府积极投资（如对投资活动的投入超过总支出的15%）兴建或升级其基础设施。一些其他国家的基础设施或已比较完善，或者是私人公司发挥了更大的作用。从2000年到2009年，斯洛伐克共和国的政府投资占一般政府开支的比例从24%显著下降到了11%。这一时期还有十个国家的投资也减少了：日本、韩国、瑞士、希腊、匈牙利、葡萄牙、冰岛、卢森堡、奥地利和德国。与之相反，在这9年当中，墨西哥和波兰的政府投资大幅增加（+7个百分点），英国的则翻了一番还多（从4.6%到10.3%）。墨西哥的此种增长是因为社会保障体系的改革，而波兰的增长部分是由于刺激计划的作用，并帮助其避免了2009年的衰退。

方法和定义

政府支出数据来自《经合组织国民经济核算年鉴》。这些数据以国民经济核算体系（SNA）中的一整套各国均认同的用于国民经济核算的概念、定义、分类和规则为基础。一般政府投资包括固定资本形成总额和资本转移，主要由道路基础设施组成但也包括办公楼、住宅、学校和医院等基础设施。资本转移包括政府支付的投资拨款和其他资本转移。一般政府包括中央政府，州政府，地方政府和社会保险基金。

总投资是指整个国家经济活动中的投资支出，包括一般政府、非金融公司、金融公司、家庭和非营利性机构的支出。

延伸阅读

OECD（2011），*National Accounts at a Glance* 2010，OECD Publishing，Paris.

图附注

澳大利亚、日本、韩国和俄罗斯联邦的数据是 2008 年的而非 2009 年的。墨西哥的数据是 2003 年的而非 2000 年的。俄罗斯联邦的数据是 2002 年的而非 2000 年。9.1 和 9.2 获得数据的不同是由于使用了《经合组织国民经济核算年鉴》中的不同数据表格造成的。

9.1：无冰岛和土耳其的数据。以色列和新西兰无 2009 年的数据，故这两国没有计算在平均数（OECD30 国）内。卢森堡和韩国的数据不包括资本转移。希腊和瑞士的数据是 2008 年的而非 2009 年的。以色列的数据是 2006 年的而非 2007 年的。爱尔兰和俄罗斯联邦的数据是 2003 年的而非 2000 年的。

9.2：土耳其无 2000 年的数据，智利无 2000 年和 2007 年的数据，故这两国没有计算在平均数（OECD32 国）内。新西兰的数据是 2008 年的而非 2009 年的。

有关以色列数据的信息：http：//dx.doi.org/10.1787/888932315602.

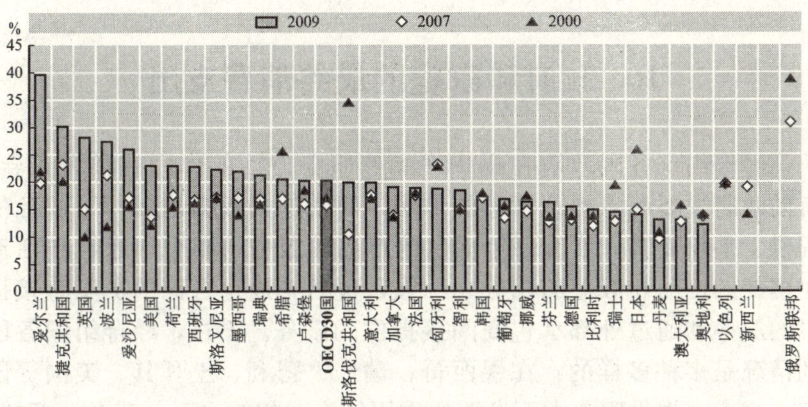

9.1　一般政府投资占总投资的比例（2000 年，2007 年和 2009 年）

来源：《经合组织国民经济核算年鉴》。

StatLink http：//dx. doi. org/10. 1787/888932390044

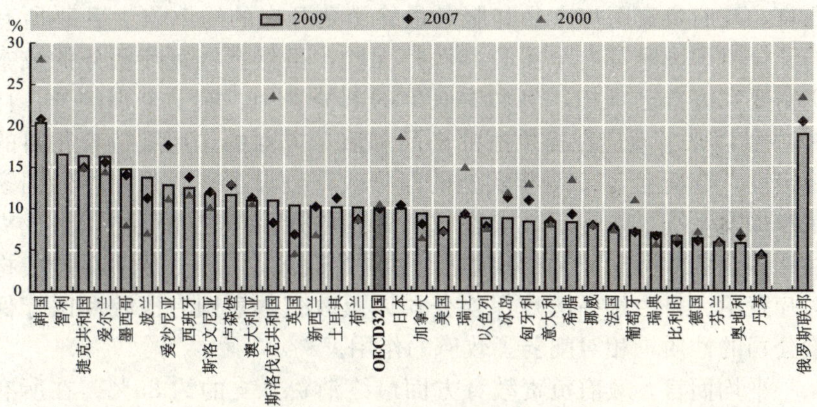

9.2　政府投资占政府总支出的比例（2000 年，2007 年和 2009 年）

来源：《经合组织国民经济核算年鉴》。

StatLink http：//dx. doi. org/10. 1787/888932390063

10. 政府和家庭的最终消费支出

经合组织各国政府在提供产品和服务方面的作用有很大差异：有的政府主要起着规范管理的作用，而其他则较多地参与了服务的提供。平均而言，政府每年提供的产品和服务占整个国家经济活动中消耗的产品和服务的四分之一强，包括其通过自己的员工直接提供的服务和通过外部承包商间接提供的服务。不过，经合组织各国的情况是多种多样的：在墨西哥、瑞士、智利、土耳其、美国等国家，政府在提供服务方面发挥的作用较小。相较之下，荷兰、挪威、瑞典和丹麦政府发挥的作用要大得多，这也反映在这些国家的开支和收入占 GDP 比例较高上。

政府在提供医疗和教育产品和服务方面发挥着重要作用。平均而言，政府负责医疗产品和服务最终消费开支的约 70%。几乎所有的经合组织国家都有全民公共医疗保险，虽然有些医疗服务的成本仍需要家庭自己承担，例如看医生的部分费用。除了个别例外，自 2000 年以来，政府在提供医疗产品和服务方面的作用维持着相对的稳定性。在荷兰，2006 年实施的医疗改革创设了一个强制性的国家医疗保险系统，强化了政府在这方面的作用。与之相反，斯洛伐克共和国在 2003 年、2004 年间通过的医疗改革，则通过引入共同负担医疗费用、自由选择医疗保险公司以及改变数家国有医院和医疗保险公司的性质，相对削弱了政府的作用。

平均而言，政府负责教育方面最终消费开支的约 85%。在所有经合组织国家，义务教育至少持续到 15 岁且大部分小学和中学学生都就读于政府开办的学校。因此，国与国之间的差别主要在于政府在多大程度上对学前教育和高等教育给予资助。例如，韩国在学前教育和大学阶段的私人教育机构入学率相对较高，使用私人辅导老师的也较多。

方法和定义

政府支出数据来自《经合组织国民经济核算年鉴》。这些数据以国民经济核算体系（SNA）中的一整套各国均认同的用于国民经济核算的概念、定义、分类和规则为基础。数据是指最终消费支出，是政府、非营利性机构和家庭当年在产品和服务消费上的支出。公司企业不发生任何最终消费支出，因为其只生产用于在市场上销售的最终产品。支出归于承担成本的机构单位（政府，非营利性机构或家庭）。例如，政府为特定产品和服务收取的费用（如办理护照的费用）被算作家庭支出的一部分。因此，政府最终消费支出代表的是每年生产的非市场产品和服务。与总支出相比，最终消费支出不包括当年没有消费的产品和服务上的开支，如投资，也不包括提供给家庭的、不与具体产品和服务相关联的社会福利，如养老金支出。有关医疗卫生和教育部门的最终消费支出的数据来自政府职能分类和按目的划分的个人消费分类。

图附注

10.2 和 10.3：无加拿大、智利、墨西哥和土耳其的数据。挪威和葡萄牙的数据是 2007 年的而非 2008 年的。匈牙利的数据是 2005 年的而非 2008 年的，且无 2000 年的数据。

10.2：新西兰的数据是 2005 年的而非 2008 年的，且无 2000 年的数据。美国的数据不反映 2010 年的医疗改革，且部分政府医疗开支被算作社会福利转移因而没有包括在本图中。瑞士的医疗保险和医院都是私营的。

10.3：无新西兰的数据。瑞士和波兰无 2000 年的数据。

有关以色列数据的信息：http：//dx.doi.org/10.1787/888932315602.

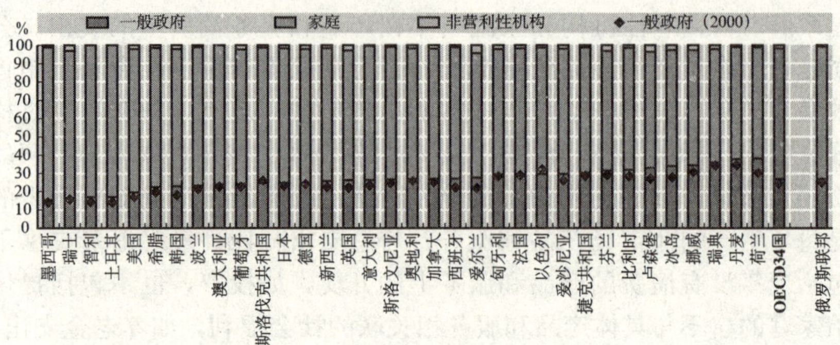

10.1 一般政府、家庭和为家庭服务的非营利性机构的最终消费总支出的比例（2000 年和 2009 年）

来源：《经合组织国民经济核算年鉴》。

StatLink http：//dx. doi. org/10. 1787/888932390082

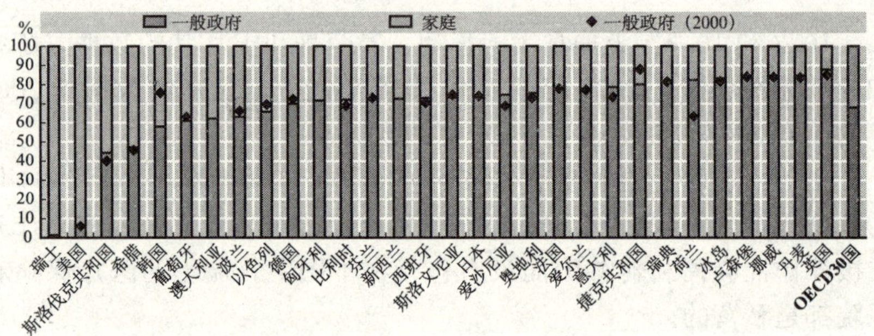

10.2 一般政府和家庭的医疗卫生最终消费总支出的比例（2000 年和 2008 年）

来源：《经合组织国民经济核算年鉴》。澳大利亚的数据基于澳大利亚统计局提供的政府财政统计数据和国民经济核算数据。

StatLink http：//dx. doi. org/10. 1787/888932390101

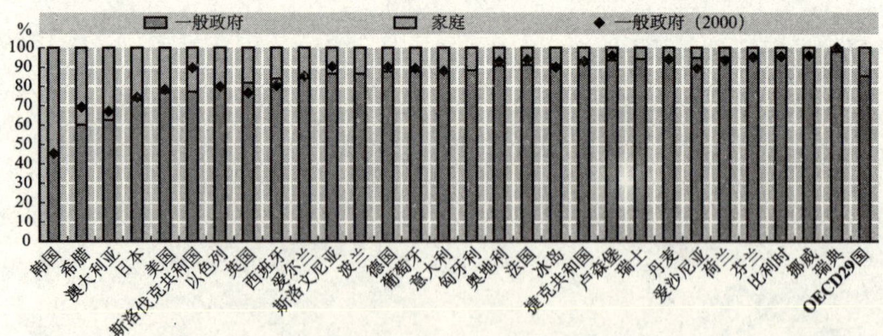

10.3 一般政府和家庭的教育最终消费总支出的比例（2000 年和 2008 年）

来源：《经合组织国民经济核算年鉴》。澳大利亚的数据基于澳大利亚统计局提供的政府财政统计数据和国民经济核算数据。

StatLink http：//dx. doi. org/10. 1787/888932390120

11. 一般政府金融资产及负债规模

像家庭和公司一样，政府既有金融资产（如累积的现金或货币）又有负债（欠款）。政府持有的金融资产和负债的数量跟一定时期内收入和支出之间的差别广泛关联：赤字由消耗储蓄（花费金融资产）或借钱（增加负债）填补。和其他指标一起，政府持有的资产和负债间的净余额可作为财政可持续性的一个关键衡量标准。一般来说，政府的负债越多，市场感觉到的政府拖欠贷款概率的风险就越大，因此市场就会要求更高的风险溢价，从而也就导致了欠债成本的提高。

政府持有的资产和负债相对于非政府角色（如公司和家庭）在国内经济中所占的比例也能为政府作为借方和贷方在金融市场上的影响提供一些指征。例如，较大份额的资产显示了一国政府在该国经济中拥有金融资源的主要份额。经合组织国家的政府平均拥有国家经济中 7%的金融资产；大部分资产由家庭、非营利性机构和公司持有。挪威政府拥有的资产比例很高（27%），那是以石油销售所得建立起来的财富管理基金。以金融资产和负债方面而言，大部分国家政府在 2000 年到 2009 年间都收缩了。与金融资产相比，政府在一国经济中所占的负债比例稍高一些（平均约 10%）。金融负债不包括无资金准备的养老金负债。

政府的金融资产净值（也被称为净金融负债）代表了其金融资产和负债之间的区别，并能提供一些有关政府履行其财政义务的能力的信息。一段时期内政府金融资产净值的减少意味着财政状况的恶化，以及当前支出中的相当一部分将由未来的几代人来承担。从 2000 年到 2009 年 11 个经合组织国家的金融资产净值占 GDP 的比例提高了，其中增幅最大的是挪威，由于其石油收入的价值的增加。2009 年，只有 7 个国家的金融资产净值是正数，意味着资产超过负债。自 2000 年以来大部分国家所经历的资产净值的普遍增加受到了全球性的金融和经济危机的冲击。除两个经合组织国家（丹麦、爱沙尼亚和挪威）外，在 2007 到 2009 年间经合组织中所有其他国家的资产净值都因为资产价值的下降及受财政刺激措施导致负债的增加而减少了。

方法和定义

政府支出数据来自《经合组织国民经济核算年鉴》。这些数据以国民经济核算体系（SNA）中的一整套各国均认同的用于国民经济核算的概念、定义、分类和规则为基础。国民经济核算体系将金融资产和负债分为七个主要的金融工具类别：货币黄金和特别提款权（仅指资产）、货币和存款、股票以外的证券、贷款、股票和其他资产、保险专门准备金（家庭的人寿保险和养老储备基金净资产），以及其他应收账款（资产）/应付账款（负债）。金融资产不包括有形资产如土地和房屋等。

资产和负债需在年末以市场价格进行估价。因此，价格的波动能够说明各年度资产与负债水平的不同。除澳大利亚和以色列以外，其他数据都是以非合并财务报表为基础的。

延伸阅读

OECD（2011），*National Accounts at a Glance* 2010，OECD Publishing，Paris.

Robinson，M.（2009），“Accrual Budgeting and Fiscal Policy”，*OECD Journal on Budgeting*，Vol. 2009/1，OECD Publishing，Paris.

图表附注

无智利、冰岛、卢森堡、新西兰和土耳其的数据。瑞士的数据是 2008 年而非 2009 年的。韩国的数据是 2002 而非 2000 年的。以色列和斯洛文尼亚的数据是 2001 而非 2000 年的。

11.1 和 11.2：爱尔兰的数据是 2001 而非 2000 年的。

有关以色列数据的信息：http：//dx. doi. org/10. 1787/888932315602.

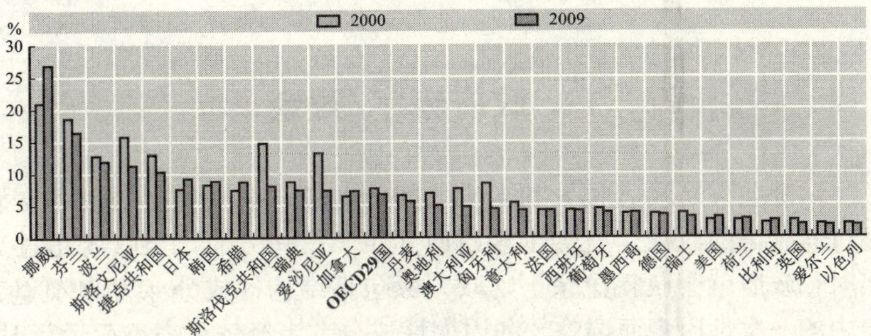

11.1　一般政府所有的经济总量中金融资产所占的比例（2000年和2009年）

来源：《经合组织国民经济核算年鉴》。

StatLink http://dx.doi.org/10.1787/888932390139

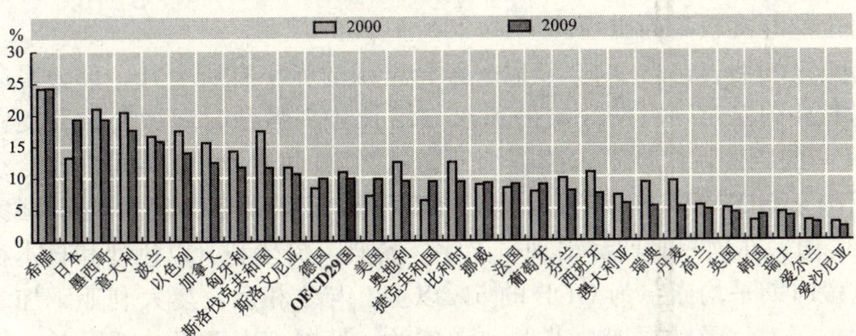

11.2　一般政府所有的经济总量中金融负债所占的比例（2000年和2009年）

来源：《经合组织国民经济核算年鉴》。

StatLink http://dx.doi.org/10.1787/888932390158

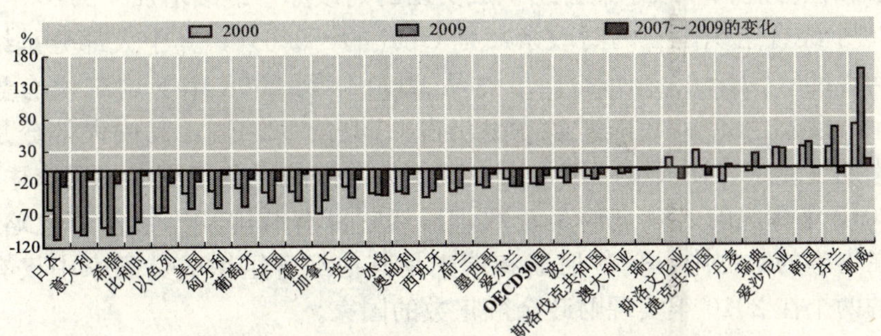

11.3　金融净值占国内生产总值的比例
（2000年，2009年，以及2007～2009年的变化）

来源：《经合组织国民经济核算年鉴》。

StatLink http://dx.doi.org/10.1787/888932390177

12. 政府赤字/盈余

财政差额是政府收入和支出之间的差额。某一年度的政府支出超过其获得的收入，就会出现财政赤字。另一方面，当收入超过支出时，政府就会获得盈余。财政差额包括结构性成分（为收入和支出中的一次性因素而调整）和周期性成分。当经济在满负荷运行时，政府的花费继续超过收入，就会出现结构性赤字。而周期性赤字则对经济周期敏感，产生于实际和潜在产出间的差异。例如，在一次经济衰退中，周期性赤字因为收入较低而在失业救济等社会保障项目上的开支较高而出现。

平均而言，自 2000 年以来经合组织的赤字有所上升，部分是因为某些国家对顺周期政策的追求（增长势头强劲时增加公共开支占 GDP 的比例，或“不未雨绸缪”)。从 2000 年到 2008 年间，经合组织国家 GDP 平均年增长 3%，然而平均而言大部分经合组织国家（21 国）在这一时期都出现了赤字。希腊、匈牙利、以色列和日本在这段时期平均赤字为 GDP 的 5%以上。与之相反，澳大利亚、加拿大、丹麦、爱沙尼亚、芬兰、爱尔兰、韩国、卢森堡、新西兰、挪威和瑞典在同一增长时期的平均财政余额是正数。

因为产出降低、税收收入减少和为恢复经济而增加了支出，金融和经济危机导致了经合组织成员国的财政赤字继续增加。2010 年，29 个经合组织国家的财政余额是 GDP 的－5.6%，其中大部分是结构性的（GDP 的 3.4%）。虽然从 2000 年到 2008 年平均来说有盈余，爱尔兰 2010 年的财政赤字仍占 GDP 的 32.4%，其中大部分是周期性赤字（GDP 的 25%）。在有相关数据的经合组织成员国家中，2010 年挪威的财政余额是正数，虽然它也有结构性赤字但可忽略。在得到的数据中，爱沙尼亚和瑞士是其他经合组织成员国家中仅有的两个在 2010 年实现财政余额正数的国家。

为加强财政纪律，许多国家采取了要求平衡预算的财政规定。此外，有的预算方法，如使用包括开支目标或封顶在内的中期支出框架，也有助于控制政府的过度开支。

方法和定义

有关一般政府财政差额和 GDP 的数据来自经合组织的《经济展望数据库》第 89 号（初步版本）。

财政差额包括了一次性的因素，如因为销售移动电话许可证而产生的，但不包括大部分金融交易。由于数据以国民经济核算体系为根据，有些欧盟国家的政府财政差额可能和根据“过度赤字程序”报告给欧洲委员会的数字不同。基础差额或结构性差额，根据周期和一次性因素进行了调整。更多详细信息可参见《经合组织经济展望》中的“来源和方法”（www. oecd. org/eco/sources-and-methods）.

延伸阅读

Anderson，B. and J. J. Minarik（2006），“Design Choices for Fiscal Policy Rules”，*OECD Journal on Budgeting*，Vol. 2006/4，OECD Publishing，Paris，pp. 159 - 208.

OECD（2010），*OECD Economic Outlook*，Vol. 2011/1（Preliminary Version），May 2011，OECD

图附注

无智利和墨西哥的数据。经合组织平均数未加权。

12. 2：无斯洛伐克共和国、斯洛文尼亚和土耳其的数据。挪威的数据以大陆的潜在 GDP 比例显示的。显示的财政余额经过了调整，不包括来自石油的净收入。

有关以色列数据的信息：http：//dx. doi. org/10. 1787/888932315602.

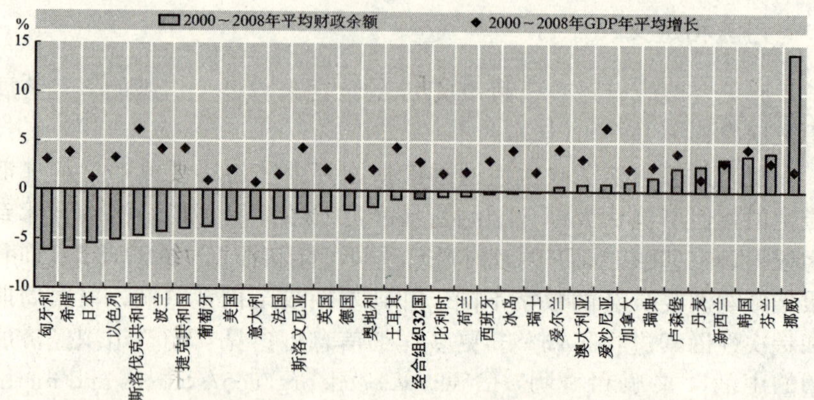

12.1 GDP 年平均增长率和平均财政收支余额占 GDP 的比例（2000～2008 年）

来源：《经合组织经济展望》，第 89 号（初步版本），2011 年 5 月。

StatLink http：//dx.doi.org/10.1787/888932390196

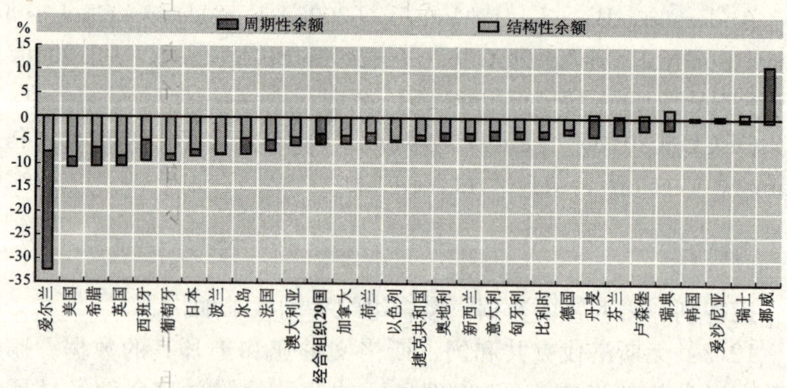

12.2 一般政府财政收支余额分解占 GDP 的比例（2010）

来源：《经合组织经济展望》，第 89 号（初步版本），2011 年 5 月。

StatLink http：//dx.doi.org/10.1787/888932390215

13. 政府总债务

政府负债代表了政府因通过借款弥补赤字的需要而产生的未清偿的债务。虽然从 2000 年开始，许多国家赤字增加，在 2000 年到 2007 年间，许多国家的负债水平占 GDP 的比例因为经济的增长而有所下降。不过，最近的经济危机又转变了这一趋势。因为 GDP 的低增长，较低的财政收入（由于为了刺激经济而实行减税和/或经济活动的衰退），以及经济刺激措施、社会转移支付或扶持金融机构而导致的支出增加，使得负债水平急剧上升。这导致了经合组织成员国的平均公共负债从 2007 年的占 GDP 的 57%上升到了 2010 年的 74%。

2010 年，日本、意大利和希腊的一般政府负债占 GDP 的比例最高，而爱沙尼亚和卢森堡等国的负债水平最低。通过财政盈余使用多余的收入偿付欠债，和/或因为经济增长速度超过负债，有些经合组织国家在 2000 年到 2010 年间的政府债务有所减少。例如，瑞典的债务负担从 2000 年占 GDP 的 64%降到了 2010 年的 49%，下降了 15 个百分点。各国的人均债务负担差别很大，少则如爱沙尼亚，人均 2 550 美元；多则如日本，人均 67 400 美元。平均而言，从 2007 年到 2010 年经合组织国家的人均负债上升了 39%。然而，不同国家政府负债的性质（如债权人和支付利息的时间）也不同。例如，在日本，大部分政府债务的债权人都是日本公民，因此违约风险（及风险溢价）被认为相对较低。2009 年，政府支付的利息平均为 GDP 的 2.4%（或一般政府支出的 5%），与 2007 年相比上升了 0.1 个百分点。

方法和定义

有关一般政府总债务和 GDP 的数据来自经合组织的《经济展望数据库》第 89 号（初步版本）。人口的估算数字来自《经合组织国民经济核算年鉴》。

“一般政府总债务”是指需要偿付本金和利息的一般政府总的财政负债。由于定义不同或对债务构成的处理不同，不同国家的数据不一定总是可比的。值得注意的是，有些经合组织国家（包括澳大利亚和美国）的这些数据包括了政府雇员养老金负债中有资金来源的那部分。相对于那些有着大量无资金来源的养老金负债的国家，以及没有记录在 1993 年国民经济核算体系的核心账户、而是被建议包括在备忘录项目里的国家，这些国家的债务地位被夸大了。对大部分国家而言，用于这类计算目的的总债务数据是指如国民经济核算体系中所定义的一般政府的债务（短期和长期的）。这一定义不同于用以评估欧盟财政地位的马斯特里赫特协定中对债务的定义。

这里之所以使用总债务而不是净负债是因为比较不同国家政府持有资产的价值有困难，而且就债务利息支付而言总债务更具相关性。更多详细信息可参见《经合组织经济展望》中的“来源和方法”（www.oecd.org/eco/sources-and-methods）。人均总债务是以经购买力平价调整的总债务除以总人口计算出来的。2010 年使用的是未经调整的 2009 年的人口数据。

利息支付是基于国民经济核算体系中的定义：根据双方协商一致的金融工具的有关条款规定，利息是在一段时间内，在不减少应偿还本金金额的情况下，债务人应支付给债权人的金额。

延伸阅读

OECD（2010），*OECD Economic Outlook*，Vol. 2011/1（Preliminary Version），May 2011，OECD Publishing，Paris.

Schick，A.（2009），“Budgeting for Fiscal Space”，*OECD Journal of Budgeting*，Vol. 9/2，OECD Publishing，Paris.

图附注

无智利、墨西哥和土耳其的数据。经合组织平均数未加权。

13.1：斯洛文尼亚和捷克共和国的数据是 2001 年而非 2000 年的。具体国家的附注参见 StatLink。

13.3：澳大利亚、日本、韩国和新西兰的数据是 2008 年而非 2009 年的。

有关以色列数据的信息：http：//dx.doi.org/10.1787/888932315602.

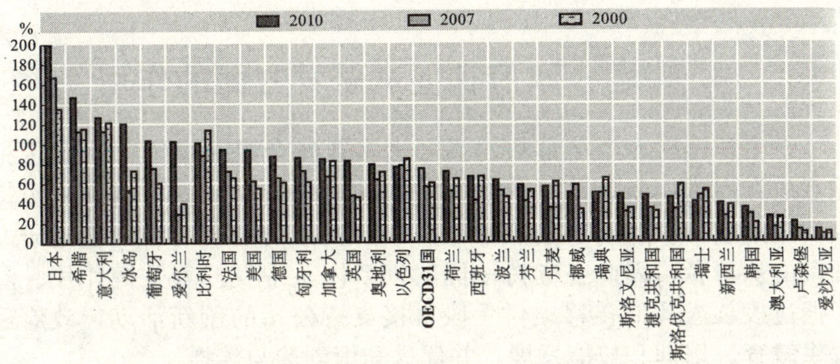

13.1 一般政府总债务占名义国内生产总值的比例（2000 年，2007 年和 2010 年）

来源：经合组织经济展望，第 89 号（初步版本），2011 年 5 月。

StatLink http：//dx.doi.org/10.1787/888932390234

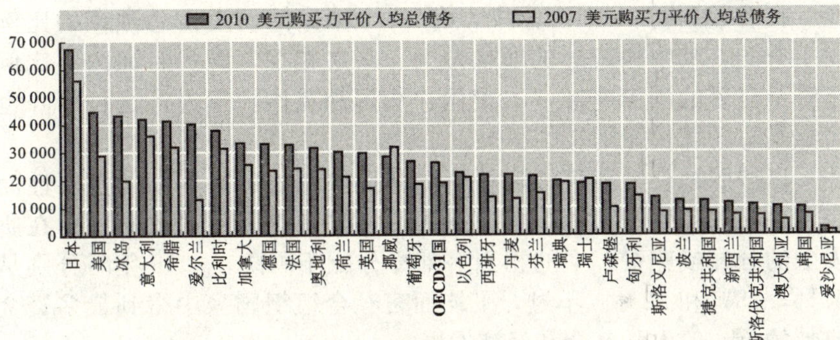

13.2 人均总公共债务（2007 年和 2010 年）

来源：经合组织经济展望，第 89 号（初步版本），2011 年 5 月。经合组织国民经济核算年鉴。

StatLink http：//dx.doi.org/10.1787/888932390253

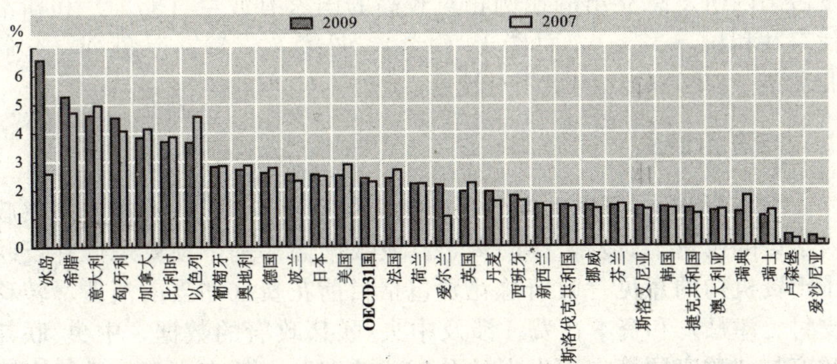

13.3 一般政府利息支出占国内生产总值的比例（2007 年和 2009 年）

来源：经合组织国民经济核算年鉴。

StatLink http：//dx.doi.org/10.1787/888932390272

14. 专题：政府在促进研发方面的作用

继全球金融和经济危机之后，大多数经合组织国家都制定了把重点放在促进创新和鼓励研发上的长期战略应对计划，以恢复可持续的经济增长。政府既是国家经济中研发活动的资助者，也是研发活动的从事者，因此在支持一国的创新体系中发挥着关键作用。除了通过拨款或其他转移支付手段直接支持公司的创新活动，政府还提供教育、培训和技能发展，并促进知识创造与传播。

经合组织创新战略强调了国家资助的研发活动的重要性，将其作为未来创新的关键基础之一。2008 年，经合组织国家的中央政府将其总预算的 1%到 6%投入到了研发活动中。从 2004 年到 2008 年，在有数据的 26 个国家中，有 15 个国家的研发占总预算的比例是上升的，其中西班牙的增幅最大。与之相反，同一时期内该比例下降最显著的国家有冰岛、美国、法国和英国。不过，这种下降也可能是总预算快速增长的结果。

以按照社会经济目标进行资助和按照绩效进行资助的重要性而言，各国的差别很大。例如，美国、法国和英国将“政府预算在研发上的分配或花费”中的相当一部分分配于国防，2008 年时分别是 57%，28%和 22%。不过，平均而言经合组织国家中得到最多资金支持的是一般大学基金和经济发展。

虽然在大部分经合组织国家里从事研发的主要是私人公司，政府在进行研发方面仍然发挥着重要作用。2008 年，政府部门从事研发占国内研发总支出的比例相对较高的国家有波兰（35%）和斯洛伐克共和国（33%），而瑞士（1%）、丹麦（3%）、以色列（4%）和瑞典（4%）的比例则相对较低。

方法和定义

“政府预算在研发上的分配或花费”（GBAORD）衡量着中央政府承诺的投资于研发工作的资金。该数据通常基于预算来源并反映了出资机构的意见。政府总花费包括目前花费（如当前消费、转移支付、津贴）和资本花费。涉及中央/联邦政府的数据，中央/联邦政府与“政府预算在研发上的分配或花费”中的定义相一致。对于在“政府预算在研发上的分配或花费”估算中包括了地区和地方的研发开支的国家（比利时、丹麦、德国、爱尔兰和英国），政府总花费包括了各级地方的总数。一般大学基金是估算的政府给大学的综合拨款中用于研发的部分。

预算花费和政府开支的不同之处在于其描述了政府的意愿。对这里列举的大部分国家而言，这些数字显示了议会通过的下一年度的预算分配。

从事研发的不同部门的开支数据来自于有关研发的问卷调查，目的是建立一个国家数据集：国内研发总支出。国内研发总支出是通过将同一地方的四个从事研发的部门（政府、高校、企业、私人和非营利）的支出相加而计算出来的，包括资金来自于国外但在国内进行的研发活动，但不包括在国外从事研发活动的资金。

有关此处使用的定义的详细信息，请参见 2002 年的《法城手册》(Frascati Manual)。

延伸阅读

OECD（2010），*Measuring Innovation：A New Perspective*，OECD Publishing，Paris.

OECD（2010），*OECD Science，Technology and Industry Outlook* 2010，OECD Publishing，Paris.

OECD（2010），*The OECD Innovation Strategy：Getting a Head Start on Tomorrow*，OECD Publishing，

图附注

希腊的数据是 2007 年而非 2008 年的。无智利和爱沙尼亚的数据。

14.1：澳大利亚的政府总花费的数据是指一般政府。无日本、以色列、墨西哥、新西兰、瑞士和土耳其的数据。韩国和葡萄牙的数据是 2007 年而非 2008 年的。加拿大的数据是 2006 年而非 2008 年的。匈牙利和意大利的数据是 2005 年而非 2004 年的。

14.2：日本的军事采购合同不包括在国防“政府预算在研发上的分配或花费”当中。在美国，对大学的一般支持是州政府的责任，因此一般大学资金未包括在总的“政府预算在研发上的分配或花费”当中。加拿大的数据是 2007 年的。墨西哥的数据是 2006 年的。无以色列、斯洛文尼亚和土耳其的数据。

14.3：奥地利、德国、匈牙利、日本、韩国、墨西哥、新西兰和土耳其的数据是 2007 年的。

有关以色列数据的信息：http：//dx.doi.org/10.1787/888932315602.

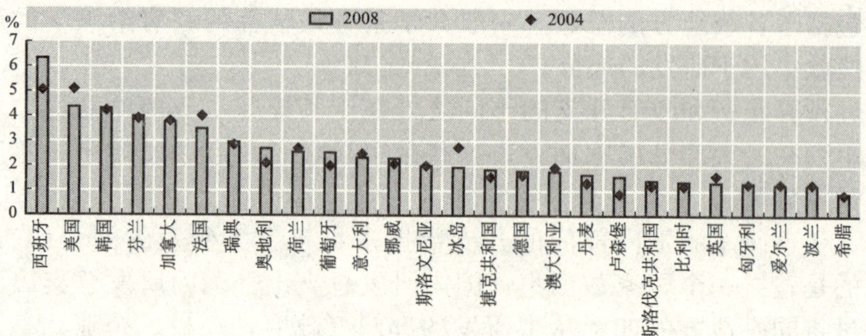

14.1 用于研发的政府预算拨款或支出占政府总开支的比例（2004 年和 2008 年）

来源：经合组织（2010），《测量创新：一个新的视角》（*Measuring Innovation*：*A New Perspective*），经合组织出版社，巴黎。《经合组织研发年鉴》，《经合组织国民经济核算年鉴》，2010 年 11 月。

StatLink http：//dx. doi. org/10. 1787/888932390291

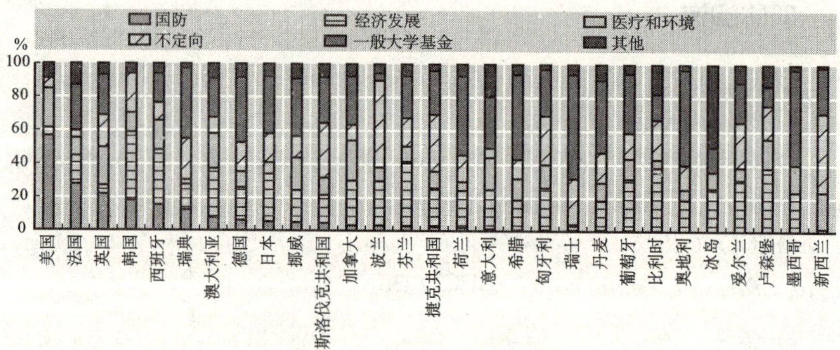

14.2 用于不同社会经济目标研发的政府预算拨款或支出（2008）

来源：来源：经合组织（2010），《测量创新：新的视角》，经合组织出版社，巴黎。经合组织研发年鉴，2010 年 12 月。

StatLink http：//dx. doi. org/10. 1787/888932390310

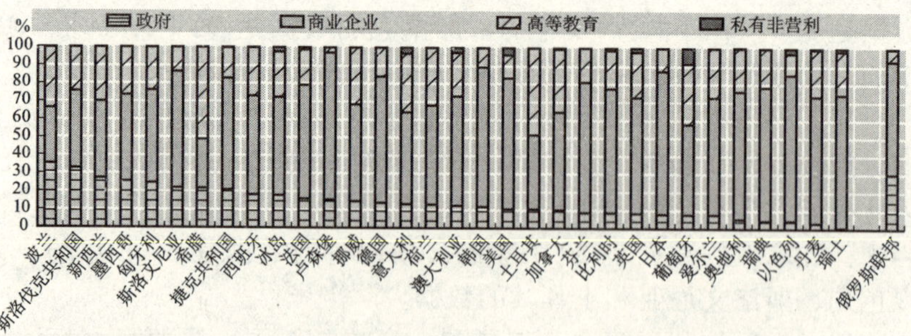

14.3 不同执行部门占研发方面的国内总支出的比例（2008）

来源：经合组织研发年鉴，2010 年 12 月。

StatLink http：//dx. doi. org/10. 1787/888932390329

第四章　战略远见与领导

在金融和经济危机期间，经合组织国家的政府纷纷起来应对挑战，防止出现更严重的经济衰退，并且通过相互合作以及与国内的各种利益共同体合作，寻求经济复苏。强有力的政府领导和管理令困难时期的果断行动成为可能。然而，经济危机也提出了新的问题，即政府应如何进一步发展其机构能力，从而通过更强的战略远见和计划性来避免或缓和将来出现这种规模的突发事件。在整个行政部门当中增强这种能力将有助于培养起政府对于可预见的破坏性事件未雨绸缪的责任心。这种责任心正日益显得格外重要。要实现这些目标，要求政府在整个公共领域中以一种更加协同的方式，并和各种利益共同体一起开展工作，以确立共同的目标及发现潜在的问题，搜集、过滤海量信息并作出可靠的、有充分证据支持的决策，以及将各种政策方案传达给整个行政部门，同时也传达给公众，确保政策方案得到支持认同和高效执行。

尽管政府的上述能力是如此重要，但要收集有关战略远见和领导力方面能力的政府绩效数据却是一项复杂的工作。本章中给出的指标不能说很详尽，而只能说是对政府职能的绩效衡量进行了一些尝试。例如，政府的财政可持续性部分取决于其正确预测未来事件并随着时间的推移实施负责任的开支方案的能力；简而言之，也就是要对政府的财政状况和未来债务有一个战略性的长期的展望。此外，政府公务员必须表现出有效的领导力、计划性、协调能力和决策能力，从而去实现战略性的目标。这些能力对于整个行政部门来说都很重要，但或许对于高级管理层中的最上层领导来说更为重要，所以这里也给出了有关人力资源管理实践及高级公务员和部长级顾问的作用的新数据。面对危机后公共部门中出现的新的现实情况，政府部门开始适应电子政务政策，这一点也在本章中加以了强调，显示了各国政府如何在各个方面横向地开展工作并在新出现的紧急情况和限制条件下不断调整自己的各项策略。

15. 财政可持续性

要确保长期的财政可持续性，要求政府对未来的债务和宏观经济趋势进行持续的战略预测，从而据此进行相应的金融规划。事实上，上升的债务水平会损害政府的财政地位，并导致债务增长的恶性循环，降低经济增长的潜力，这是因为资金从生产性投资中给抽走了。然而，目前许多经合组织国家面临着伴随金融和经济危机而来的，公共债务对 GDP 比例的不断上升，因此一个普遍的共识是大部分成员国的财政道路是不可持续的。与处理经济危机有关的成本，以及预计中与老龄化有关的开支的增加，都对公共财政的可持续性提出了艰巨的挑战。

经合组织对于到 2026 年时为稳定债务对 GDP 的比例所要求的盈余进行了估算。根据这个模型（附件 C 中有描述），要在此时间框架内稳定公共债务，爱尔兰、英国和波兰需要在其各自的 2010 年主要基本平衡的基础上实现潜在 GDP 的 7%以上的总增长。美国和日本分别需要其潜在 GDP 的 11%和 10%的增长以稳定其债务对 GDP 的比例，但这一巩固要求过高，在这种情形下预计这两国到 2026 年时无法实现该目标。与此相反的是，丹麦、匈牙利、卢森堡、挪威、瑞典和瑞士目前的公共财政状况（如财政差额和债务水平）表明这些国家应不需要盈余来实现债务稳定。

这一模型的设计可以被视为是改善公共财政的可持续性的最低要求，因为到了 2026 年债务稳定仍可能与高债务水平共存。更严格的模型则审视了到同一年份将债务降到 GDP 的 60%和危机前（2007 年）水平所要求作出的成绩。要将债务降到 2007 年的水平，爱尔兰、美国和日本要做的最多。为了将债务降到 GDP 的 60%（马斯特里赫特协定所规定的欧盟最高债务水平），日本目前面临着最重的财政紧缩任务（潜在 GDP 的 31%）。

良好的战略预测方法应考虑到与人口变化相关的成本；尤其是大部分经合组织成员国都因为医疗、长期照顾和养老金等与老龄化相关支出的预期增长而面临着不断增加的预算压力。平均而言，经合组织国家与老龄化相关的支出在 2010 年到 2025 年之间预计将增加 GDP 的近 3 个百分点。卢森堡的老龄化相关支出在未来 15 年里预计将增加 GDP 的 5.7 个百分点。不过，相对于其他经合组织国家，卢森堡有着更好的财政状况来应对这些不断增长的需求和变化的社会需要。相反地，爱尔兰、冰岛和西班牙面临着高于平均水平的老龄化相关开支，但目前这些国家的财政状况则较差。

改善财务纪律对于稳定财政很关键，许多经合组织成员国都采取了要求预算平衡的财务规定。使用包括开支目标或封顶在内的中期支出框架的预算方法也可有助于控制政府的过度开支。

方法和定义

数据来自经合组织的《经济展望》第 89 号（初步版本）。为计算出为稳定债务对 GDP 比例所要求的主要平衡进行的假设可以在经合组织《经济展望》第 89 号中的材料 4.1 和表 4.1—4.4 中找到。有关该模型假设的更多信息请参见附件 C。

一般政府基本平衡是指经过周期性调整的平衡，但不包括收入和支出中的一次性因素以及利息支付。对大部分国家而言，用于这类计算目的的总债务数据是指国民经济核算体系中所定义的一般政府的债务（短期和长期的）。这一定义不同于用以评估欧盟财政地位的马斯特里赫特协定中对债务的定义。

延伸阅读

OECD（2010），*OECD Economic Outlook*，No. 88，OECD Publishing，Paris.

OECD（2011），"Restoring Public Finances"，Special Issue of the *OECD Journal on Budgeting*，Vol. 2011/2，OECD Publishing，Paris.

Schick，A.（2010），"Post-Crisis Fiscal Rules：Stabilising Public Finance while Responding to Economic Aftershocks"，*OECD Journal on Budgeting*，Vol. 2010/2，OECD Publishing，Paris.

图附注

重要的具体国家附注请参见 StatLink。经合组织平均数是未加权的。

无智利、爱沙尼亚、以色列、墨西哥、斯洛文尼亚和土耳其的巩固要求的数据。无智利、爱沙尼亚、以色列和斯洛文尼亚的与老龄化有关的开支的数据。

15.1：对于日本和美国来说，2012 年时稳定债务所要求的巩固措施太多，即使以假设的巩固速度，到 2026 年也无法达到基线局面，这些国家和其他经合组织国家预计需要财政巩固的年数，反映在第 89 号《经合组织经济展望》中的表 4.3 里。

15.2：卢森堡、瑞典、瑞士和挪威未包括在图里，因为这些国家不需要巩固措施以达到所列的任何一个目标。此外，丹麦和韩国不需要巩固措施以达到 2026 年的 60％的债务对 GDP 比率。不需要巩固措施的国家包括在了经合组织 28 国平均数中。

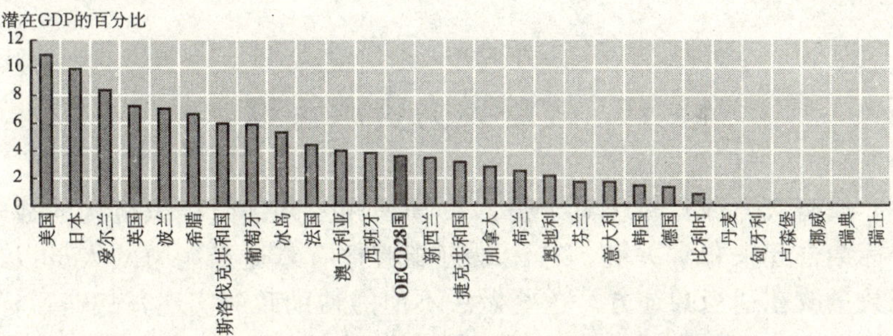

15.1　为稳定公共总债务对GDP的比例，从2010年到2026年间保持基本的主要平衡所要求的总变化

来源：经合组织的计算。《经合组织经济展望》，第89号（初步版本），2011年5月。

StatLink http：//dx. doi. org/10. 1787/888932390348

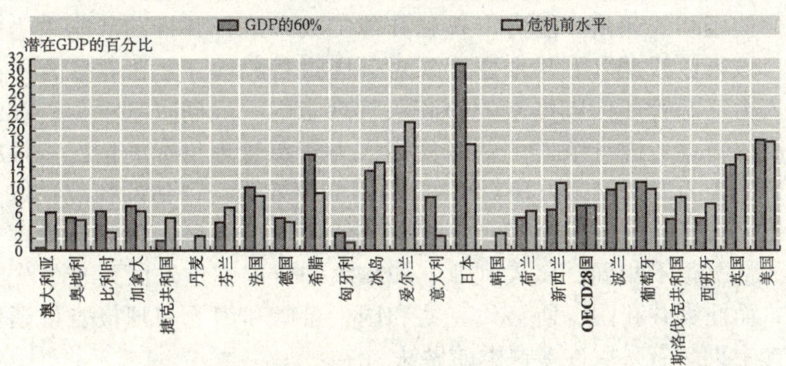

15.2　在2026年前把债务降到GDP的60%和危机前的水平所要求的总的巩固措施

来源：经合组织的计算。经合组织经济展望，第89号（初步版本），2011年5月。

StatLink http：//dx. doi. org/10. 1787/888932390367

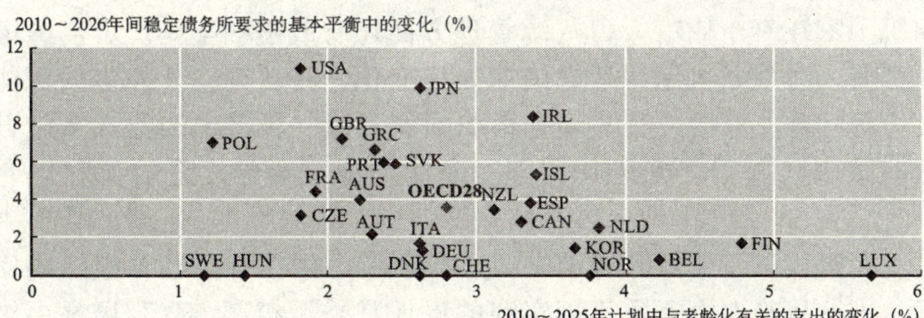

15.3　财政巩固要求和老龄问题相关的预计支出变化在潜在GDP中所占比例

来源：经合组织的计算。经合组织经济展望，第89号（初步版本），2011年5月。

StatLink http：//dx. doi. org/10. 1787/888932390386

16. 战略人力资源管理

战略人力资源管理对于将人员管理和公共部门组织机构的战略目标结合起来非常关键。它让政府能够把有着适当能力的人员以适当数量放在适当的地方。这些做法不但能帮助政府实现其战略目标，还能提高政府服务的效率、反应能力和质量。战略人力资源管理也鼓励政府展望未来，对不断变化的社会需要所要求的人员和技能的适当结合进行战略性的考虑。

战略人力资源管理的综合指标审视的是中央人力资源管理单位如何使用绩效评估、能力审查和其他工具来进行并推动战略人力规划。该指数根据以下几个要素来对各国进行检验：是否有整合了战略人力资源管理构成要素的中高层管理者的一般问责制框架；在对中高层管理者进行绩效评估时使用人力资源管理目标的情况；根据良好的人力资源管理方法对部委/部门的绩效进行评估的情况；以及使用人力规划的情况。经合组织国家使用这类战略人力资源管理方法的情况很不相同。澳大利亚、加拿大和英国在这方面处于领先地位，而捷克共和国、斯洛伐克共和国、希腊和匈牙利则报告说还没有在中央政府采取许多这类的做法。

12 个经合组织国家（澳大利亚，比利时，加拿大，丹麦，以色列，意大利，韩国，墨西哥，葡萄牙，瑞士，英国和美国）报告其拥有一般问责制框架，该框架以战略人力资源管理办法为核心组成部分并与部长级规划和报告要求完全相联系。这一发现意味着经合组织国家政府在战略人力资源管理方面还有改进的空间。大部分国家都有人力规划机制，考虑诸如人口变化、新政策以及外包的可能性等等问题。然而，有些经合组织国家只以一种特定的方式来施行这些做法（智利，捷克共和国，爱沙尼亚，希腊，爱尔兰和以色列）。

在解读该综合指标的结果时，必须考虑到在有些经合组织国家里，进行战略人力资源管理实践的责任是委派给部/部门/局这一级的单位的，这在本指数中并没有反映出来。附件 E 中包含了更多具体国家的战略人力资源管理实践的信息，以及构成该指数的其他变量。

方法和定义

数据是2010年的，是通过2010年经合组织关于战略人力资源管理的调查收集的。受访者以中央政府人力资源管理部门的高级官员为主，数据也是关于中央政府的人力资源管理实践的。除卢森堡以外的所有经合组织成员国都完成了这一调查。各国有关公务员以及中央级政府下属的机构的定义不同，因此在进行比较时应考虑到这一点。本章中“公共服务”“公务员”等用词的含义是相同的。由于数据不足，没有巴西、日本和墨西哥的综合指数。

该指数由以下变量构成：有一个一般问责制框架；有整合了中高层管理者的绩效评估的人力资源管理目标；中高层管理者在一般问责制框架内进行规划和报告时应当考虑的要素；对部委/部门的人力资源管理能力的定期审查和评估；有能够按照提供服务所需要的足够人力进行调整的远期规划；政府的远期规划中考虑的因素。指数的数值范围在0（战略人力资源管理办法的利用率低）到1（战略人力资源管理办法的利用率高）之间。

更多具体国家的信息和有关构建该指数的方法学和要素的信息请参见附件E。构成该指数的变量及其相对的重要性是建立在专家判断的基础上的。提出这些指数和变量的目的正是为了引发更多的讨论，故也会随着时间的推移而进一步完善。

延伸阅读

OECD（forthcoming），*Public Servants as Partners for Growth: Strengthening a Leaner and More Equitable Public Service*，OECD Publishing，Paris.

图和表附注

更多具体国家的信息和构建指数所用的方法学和要素的详细信息请参见附件E。

有关以色列数据的信息：http：//dx. doi. org/10. 1787/888932315602.

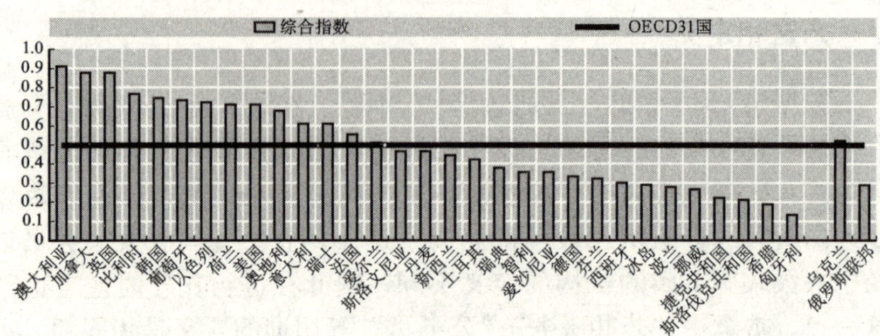

16.1 中央政府中战略人力资源管理措施的使用（2010）

来源：2010 年经合组织关于中央/联邦政府战略人力资源管理的调查。

StatLink http：//dx. doi. org/10. 1787/888932390405

16.2 中央政府战略人力资源管理的各个方面（2010）

	有管理者一般责任框架并与战略目标和组织成绩的计划和报告要求充分联系	人力资源管理目标直接供给中高管理层的业绩评估	中央人力资源管理部门定期对各部/部门的人力资源管理能力进行审查和评估	政策传达中的新问题会在前瞻性的计划中加以明确的考虑	前瞻性计划中对公务人员队伍加以明确的考虑	前瞻性计划中对外包的可能性加以明确的考虑
澳大利亚	●	●	●	●	●	○
奥地利	○	●	○	○	●	○
比利时	●	●	○	●	●	○
加拿大	●	●	●	●	●	○
智利	○	●	○	●	●	○
捷克共和国	○	○	○	●	○	○
丹麦	●	●	○	○	○	○
爱沙尼亚	○	○	●	●	○	●
芬兰	○	○	○	○	●	○
法国	○	○	●	●	●	●
德国	○	○	○	●	●	●
希腊	○	○	○	●	●	○
匈牙利	○	○	○	○	○	○
冰岛	○	○	●	○	○	○
爱尔兰	○	●	○	●	●	●
以色列	●	●	●	○	○	○

续表

	有管理者一般责任框架并与战略目标和组织成绩的计划和报告要求充分联系	人力资源管理目标直接供给中高管理层的业绩评估	中央人力资源管理部门定期对各部/部门的人力资源管理能力进行审查和评估	政策传达中的新问题会在前瞻性的计划中加以明确的考虑	前瞻性计划中对公务人员队伍加以明确的考虑	前瞻性计划中对外包的可能性加以明确的考虑
意大利	●	●	○	●	○	○
日本	○	○	○	○	○	○
韩国	●	●	●	●	●	○
墨西哥	●	●	●	●	○	○
荷兰	○	●	○	●	●	●
新西兰	○	●	○	●	●	●
挪威	○	○	○	○	○	○
波兰	○	●	○	○	○	○
葡萄牙	●	●	○	●	○	○
斯洛伐克共和国	○	○	○	●	○	○
斯洛文尼亚	○	○	●	●	○	○
西班牙	○	○	○	●	●	○
瑞典	○	○	○	●	●	●
瑞士	●	○	●	●	○	○
土耳其	○	○	○	●	●	●
英国	●	●	●	●	○	●
美国	●	○	●	●	●	●
俄罗斯联邦	○	○	○	○	○	○
乌克兰	○	●	○	○	○	○
总计 OECD33 国						
● 是	12	16	12	24	17	10
○ 否	21	17	21	9	16	23

来源：2010 年经合组织关于中央/联邦政府战略人力资源管理的调查。

StatLink http://dx.doi.org/10.1787/888932391925

17. 高级公务员队伍

高级公务员（SCS）处于政府中战略制定和战略执行的关键连接点上。他们必须显示出领导才能，去迅速而有效地执行高级政策指令（尤其是在出现危机的时候），并且自下而上吸取管理知识和公共服务经验，为循证决策出力。因此，要提高政府绩效、敏捷性和效率，部分地依赖于高级公务员队伍的素质和能力。

高级公务员综合指标显示了对高级公务员适用的单独管理规则和办法的情况。其审视的要素包括：高级公务员是否被看作公务员队伍中的一个单独的团体；是否有早期发现和培养后备领导力量的政策；对高级公务员是否有单独的绩效评估办法。这个指数并不能反映对高级公务员管理的好坏或者其绩效如何。在经合组织成员国当中，以色列、英国和美国在对高级公务员的管理形成制度化方面处于领先位置。高级管理层的人力资源管理办法与中央政府其他公务员的区别最小的国家有西班牙、斯洛伐克共和国和瑞典。

鉴于高级公务员在政府中的战略作用，经合组织国家中将高级公务员作为一个单独的团体以不同的人力资源管理政策来进行管理的趋势不断发展，受访的国家中有 23 个经合组织国家和两个非成员国正是这样做的。对这一团体，重心更多地被放在培养能力和绩效激励上。例如，有 22 个经合组织成员国反映其对高级公务员绩效的管理更为关注，并且有 12 个国家的高级公务员跟绩效挂钩的那部分薪酬要高于其他人员。

和一般公务员相比，对高级公务员的雇用也倾向于通过一个更为集中的程序，并且在大部分国家中都有一个特别适用于高级公务员的明确的技能要求。但是，只有四个受访的经合组织国家（法国，以色列，韩国和英国）反映有早期发现和培养高级公务员的制度。在职业生涯早期就向合格人选提供职业发展和提拔的机会不但能吸引人才加入公务员队伍，也有利于早期的指导和能力培养。

方法和定义

数据是 2010 年的，是通过 2010 年经合组织关于战略人力资源管理的调查收集的。受访者以中央政府人力资源管理部门的高级官员为主，数据也是关于中央政府的人力资源管理实践的。除卢森堡以外的所有经合组织成员国都完成了这一调查。各国有关公务员以及中央级政府下属的机构的定义不同，因此在进行比较时应考虑到这一点。本章中“公共服务”“公务员”等用词的含义是相同的。

该指数由以下变量构成：是否将高级公务员作为一个单独的团体；是否有早期发现培养后备高级公务员的政策；对高级公务员使用集中明确的技能要求；是否对高级公务员使用单独的任用、绩效管理和跟绩效挂钩的薪酬的办法。该指数的数值范围在 0（对高级公务员没有单独的人力资源管理办法）到 1（对高级公务员有非常特殊的人力资源管理办法）之间。对各国缺失的数据通过平均置换的方法估算。

更多具体国家的信息和有关构建该指数的方法学和要素的信息请参见附件 E。构成该指数的变量及其相对的重要性是建立在专家判断的基础上的。提出这些指数和变量的目的正是为了引发更多的讨论，故也会随着时间的推移而进一步完善。

延伸阅读

Matheson，A. *et al*.（2007），“Study on the Political Involvement in Senior Staffing and on the Delineation of Responsibilities Between Ministers and Senior Civil Servants”，*OECD Working Papers on Public Governance*，No. 6，OECD Publishing，Paris.

OECD（2008），*The State of the Public Service*，OECD Publishing，Paris.

图和表附注

更多具体国家的信息和有关构建该指数的方法学和要素的信息请参见附件 E。丹麦和新西兰没有针对高级公务员的集中人力资源管理政策，因此没有纳入该指数。

有关以色列数据的信息：http：//dx. doi. org/10. 1787/888932315602.

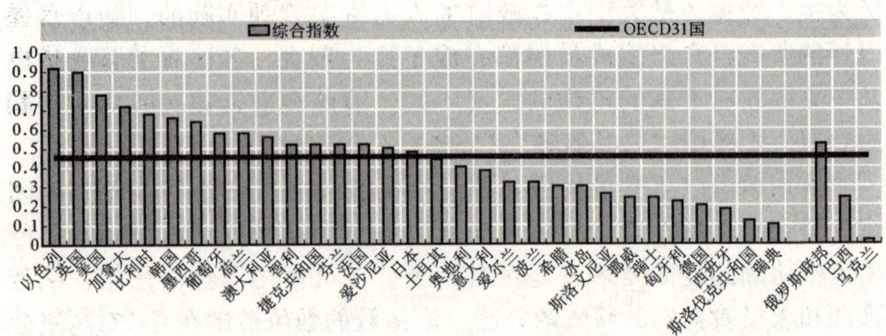

17.1 中央政府中对高级公务员实行单独的人力资源管理办法的情况（2010）

来源：2010年经合组织关于中央/联邦政府战略人力资源管理的调查。

StatLink http：//dx.doi.org/10.1787/888932390424

17.2 中央政府对高级公务员的人力资源管理办法（2010）

	高级公务员从其他公务员中分列出来作为一个单独的群体	更重视对高级公务员业绩的管理	高级公务员的任用通过一个更为集中的程序	高级公务员跟绩效挂钩的报酬比例更高	提拔的可能性在绩效评估中系统确定并照此进行人员职务的管理	从进入公务员队伍数年后的人员中任用高级公务员
澳大利亚	●	●	●	○	○	○
奥地利	●	●	○	○	○	○
比利时	●	●	●	○	○	○
加拿大	●	●	●	●	●	○
智利	●	●	●	○	n. a.	n. a.
捷克共和国	●	●	○	●	○	○
芬兰	●	●	●	○	○	○
爱沙尼亚	●	○	●	○	○	○
法国	●	●	○	●	○	●
德国	○	●	○	○	○	○
希腊	●	n. a.	n. a.	n. a.	○	○
匈牙利	○	●	○	●	○	○
冰岛	●	○	●	○	○	○
爱尔兰	○	○	○	●	○	○
以色列	●	●	●	○	●	●
意大利	●	●	●	●	○	○

续表

	高级公务员从其他公务员中分列出来作为一个单独的群体	更重视对高级公务员业绩的管理	高级公务员的任用通过一个更为集中的程序	高级公务员跟绩效挂钩的报酬比例更高	提拔的可能性在绩效评估中系统确定并照此进行人员职务的管理	从进入公务员队伍数年后的人员中任用高级公务员
日本	●	●	○	○	○	○
韩国	●	●	○	●	○	●
墨西哥	●	●	●	○	●	○
荷兰	●	●	●	○	n. a.	n. a.
挪威	○	●	●	●	○	○
波兰	●	●	●	○	n. a.	n. a.
葡萄牙	●	●	○	○	○	○
西班牙	○	●	○	●	n. a.	n. a.
斯洛伐克共和国	○	○	○	●	○	○
斯洛文尼亚	○	○	●	○	○	○
瑞典	○	○	●	○	○	○
瑞士	●	○	●	○	○	○
土耳其	●	○	○	○	○	○
英国	●	●	○	●	●	●
美国	●	●	●	●	●	○
巴西	●	○	○	○	○	○
俄罗斯联邦	●	●	○	○	n. a.	n. a.
乌克兰	○	○	●	○	○	○
总计经合组织 31 国						
● 是	23	22	17	12	5	4
○ 否	8	8	13	18	22	23

n. a. 不适用

来源：2010 年经合组织关于中央/联邦政府战略人力资源管理的调查。

StatLink http：//dx. doi. org/10. 1787/888932391944

18. 雇佣高级人员中的政治影响

在任用高级公务员的决策方面施加政治影响或许是出于保证公务员的反应性和克服复杂的程序和（有时）动作缓慢的官僚机构带来的问题的需要。例如，在发生金融和经济危机的时候，高度敏捷和反应迅速的公务员对于快速有效地设计和实施政策决定就显得尤其重要。但是，虽然高级公务员任用当中的政治影响能有助于提高政府的战略灵敏性，它也可能带来偏袒、包庇的倾向而对良好的治理产生损害。

经合组织成员国中受政治影响的人员更替水平是反映政治和/或政治联合体对公务员的任用有何种作用的一个指标。在六个等级的高级公务员当中（一级为最高，六级为最低），政局变化时较低等级（三到六级）的人员即使有更替，受到的影响也很小。另一方面，在较高等级（一级和二级）人员中受政治影响的人员更换率就相对较高。人员更换率最高的是各部领导层的顾问人员，这些人通常是由部长任命的（见指标 19）。

在捷克共和国、匈牙利和土耳其，每当新一届政府选出之后，都会对最高两个梯队中的所有人员进行系统更换。韩国和斯洛伐克共和国的新政府会对最高层梯队中全部公共服务职位换人。在受访的经合组织成员国中，有 11 个国家（澳大利亚，奥地利，加拿大，丹麦，爱沙尼亚，爱尔兰，日本，新西兰，挪威，瑞典和英国）在政府更替时所有六个级别的高级公务员均不进行更换。

方法和定义

数据是 2010 年的，是通过 2010 年经合组织关于战略人力资源管理的调查收集的。受访者以中央政府人力资源管理部门的高级官员为主，数据也是关于中央政府的人力资源管理实践的。除卢森堡以外的所有经合组织成员国都完成了这一调查。各国有关公务员以及中央级政府下属的机构的定义不同，因此在进行比较时应考虑到这一点。本章中“公共服务”“公务员”等用词的含义是相同的。

延伸阅读

Matheson, A. *et al*. (2007), "Study on the Political Involvement in Senior Staffing and on the Delineation of Responsibilities Between Ministers and Senior Civil Servants", *OECD Working Papers on Public Governance*, No. 6, OECD Publishing, Paris.

OECD (2004), *Policy Brief-Public Sector Modernisation: Modernising Public Employment*, *OECD Observer*, OECD Publishing, Paris.

OECD (2008), *The State of the Public Service*, OECD Publishing, Paris.

表附注

在新西兰，政府的更替不会影响公务员的任职。唯一例外的是那些在部长级职位上签订了附条件合同的一小部分公务员。随着该条件规定的事件出现导致合同终止，其有关部长级职位的任期也将终止。

有关以色列数据的信息：http：//dx. doi. org/10. 1787/888932315602.

18.1 政府中公务员职位变动的流动情况（2010）

	顾问到部领导	（最高）一级	二级	三级	四级	五级	（最低）六级
澳大利亚	■	○	○	○	○	○	○
奥地利	■	○	○	○	○	○	○
比利时	●	◉	○	○	○	○	○
加拿大	n. a.	○	○	○	○	○	○
智利	n. a.	■	■	●	◉	◉	○
捷克共和国	n. a.	●	●	■	○	○	n. a.
丹麦	○	○	○	○	○	○	○
爱沙尼亚	●	○	○	○	○	○	○
芬兰	●	◉	○	○	○	○	○
法国	■	◉	◉	○	○	○	○
德国	n. a.	■	■	○	○	○	○
希腊	●	■	■	○	○	○	○
匈牙利	■	●	●	■	◉	◉	n. a.
冰岛	●	◉	○	○	○	○	○

续表

	顾问到部领导	（最高）一级	二级	三级	四级	五级	（最低）六级
爱尔兰	●	○	○	○	○	○	○
以色列	●	■	◍	○	○	○	n. a.
意大利	●	■	◍	○	○	○	○
日本	n. a.	○	○	○	○	○	○
韩国	●	●	○	○	○	○	○
墨西哥	■	■	■	◍	○	○	○
荷兰	○	◍	○	○	○	○	○
新西兰	○	○	○	○	○	○	○
挪威	○	○	○	○	○	○	○
波兰	●	◍	○	○	○	○	○
葡萄牙	●	■	■	○	○	n. a.	n. a.
斯洛伐克共和国	■	●	■	◍	◍	○	○
斯洛文尼亚	■	◍	○	○	○	○	○
西班牙	n. a.	■	◍	○	○	○	n. a.
瑞典	●	○	○	○	○	○	○
瑞士	◍	◍	○	○	○	○	○
土耳其	n. a.	●	●	■	■	■	◍
英国	●	○	○	○	○	○	○
美国	●	◍	◍	◍	◍	n. a.	n. a.
俄罗斯联邦	○	●	■	◍	○	○	○
乌克兰	■	●	■	■	◍	◍	◍
总计 OECD33 国							
● 是，所有	14	5	3	1	0	0	0
■ 是，较多	7	8	6	3	1	1	0
◍ 是，较少	1	9	5	3	4	2	1
○ 无	4	11	19	26	28	28	26

n. a. 不适用

来源：2010 年经合组织关于中央/联邦政府战略人力资源管理的调查。

StatLink http：//dx. doi. org/10. 1787/888932391963

19. 战略决策：部长级顾问

战略决策依赖于有效的协作以加强政府行动的一贯性、对外部环境进行持续监测和及时反应，并为作出明智的决定提供有证据依据的数据。给政府领导人提供高质量的建议和支持对于实现上述目标和告知政府决定非常关键。和公务员一起，部长级顾问能够在上述这些功能的每一方面出力。

在许多经合组织成员国里，由政府领导人任命部长级顾问都不是一个新现象，并且一般来说这些顾问对部长和政府领导人施加的影响也日益重大。对他们的任命主要是出于增强政府的灵敏性、反应性以及协助应对政府面临的战略挑战的需要（84%的国家对这两种情况都给予了确认）。在经合组织成员国中，对于如何任命一名部长级顾问并没有一个单一的定义。但是，对于其任命过程和职责范围还是有一些共同的特征。例如，在70%的国家中，部长或政府首脑对部长级顾问的任命有着绝对的自由裁量权且顾问的任用也和部长或政府首脑的命令联系在一起。

部长级顾问的最常见职责包括在设计政策和改革时提供战略建议（95%）；与包括国会、利益团体、院外活动集团成员、政党等在内的利益相关方协作（84%）；根据部长的政治观点或执政党优先关注的问题给予政治/党派建议（79%）。在那些有着公务员政治中立的强大传统的国家，如芬兰和荷兰，部长级顾问的作用或许会受到较多的限制（如把重心放在政治/政党建议或媒体援助上）。

由于其对私人领域的协调职责和他们对决策的潜在影响力，部长级顾问往往容易受到私人利益的不当影响。过去十年当中，通常因为其人数的增加，70%的受访国家的部长级顾问都成为了公众关注的对象。在有的国家，对部长级顾问的更多任用被看作是加大了部长和官僚机构之间的距离，导致政府和公务员之间缺乏联系，进而威胁到形成战略远见的能力，尤其是假如关键的信息流通受到了阻碍的话。虽然各国对于政府决策缺乏透明度提出了担忧，但有关部长级顾问的信息仍未能方便获得。虽然有55%的国家公开了顾问的人数，有关顾问简历（15%），职位描述（25%）和他们的总成本（25%）的公开信息仍然很少。

方法和定义

数据通过经合组织在 2010 年开展的两项调查获得。第一项是有关部长级顾问的现有法律、制度和程序框架的调查。受访者是经合组织国家中负责中央政府诚信政策的高级官员。共有 23 个经合组织国家以及埃及和乌克兰接受了调查。第二个调查是为部长级顾问特别设计的，目的是收集他们的直接认识。有 17 个国家完成了该调查。

"政府首脑"通常指总理，但根据政治—行政管理体系的不同，也可能是共和国总统、部长会议主席、总理大臣、共和国总理、政府总统，等等。

延伸阅读

Matheson, A. *et al*. (2007), "Study on the Political Involvement in Senior Staffing and on the Delineation of Responsibilities between Ministers and Senior Civil Servants", *OECD Working Papers on Public Governance*, No. 6, OECD Publishing, Paris.

OECD (forthcoming), *Transparency in Strategic Decision-making: Ministerial Advisors*, OECD Publishing, Paris.

OECD (2007), "Political Advisors and Civil Servants in European Countries", *Sigma Papers*, No. 38, OECD Publishing, Paris.

Zussman, D. (2009), *Political Advisors*, OECD Publishing, Paris.

图附注

19.1：基于 20 个国家的高级公务员和 17 个国家的部长级顾问的反馈。

19.2 和 19.3：数据以 20 个经合组织国家的反馈为基础。

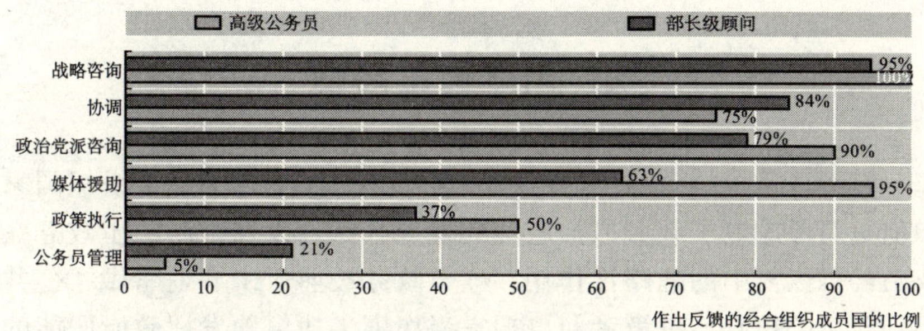

19.1　部长级顾问的功能：部长级顾问和高级公务员的观点（2010）

来源：经合组织（2010），部长级顾问调查，对高级公务员和部长级顾问的问卷调查的反馈。

StatLink http：//dx.doi.org/10.1787/888932390443

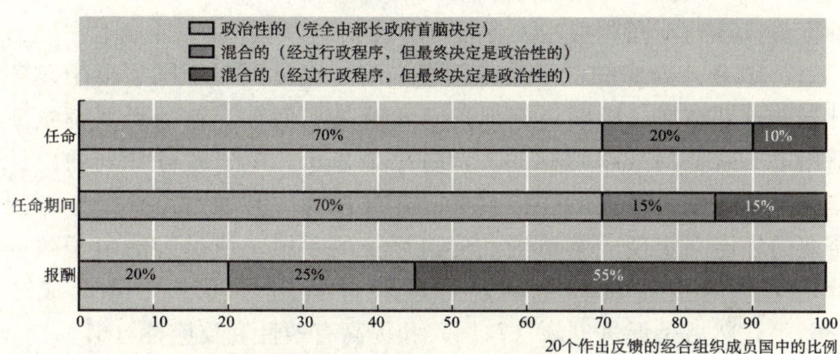

19.2　部长级顾问的人力资源管理中部长的裁量权（2010）

来源：经合组织（2010），部长级顾问调查，对高级公务员的问卷调查的反馈。

StatLink http：//dx.doi.org/10.1787/888932390462

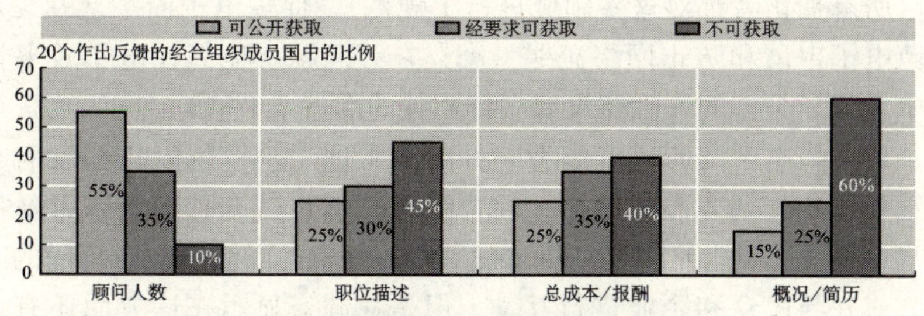

19.3　有关部长级顾问信息的公开程度（2010）

来源：经合组织（2010），部长级顾问调查，对高级公务员的问卷调查的反馈。

StatLink http：//dx.doi.org/10.1787/888932390481

20. 电子政务战略

在经济危机的余波中，严厉的紧缩计划促使许多经合组织国家政府重新考虑电子政务方面应优先发展什么，以及推动电子政务在支持经济恢复中的战略性作用。电子政务被前所未有地看做了公共部门改革的核心，决策者们也把它当作事半功倍地发挥政府职能的关键性政策工具。就其本身而言，一国的电子政务战略旨在挖掘新的效率，创造更有效的工作方式并提高公共部门的生产率。电子政务计划的实行可说是反映了政府战略远见和领导的能力，因为成功实施这些大规模的计划要求公共行政管理部门协调广大范围内的各种行政机构的不同利益相关者。

2010 年经合组织电子政务调查询问了成员国对于国家电子政务计划的预期结果，以期更好地理解政府是如何在当前的经济背景下适用电子政务的战略目标的。调查结果显示，电子政务计划的设计是为了实现更大范围的经济目标：其被视为一种通过培育一个方便企业的环境来实现成本节约和促进增长的手段。成员国的电子政务计划主要的优先目标是减轻行政管理负担（96%），降低成本（86%），然后是促进创新（74%）和提高有效性和反应性（67%）。

但是，一个复杂的、不完善的、或者过时的法律和规范环境可能会阻碍能够及时反应的集成电子政务服务的提供或用户对这种服务的接纳。各国反映，虽然它们都能较好地处理诸如隐私和数字签名（所有受访者都对这些领域进行了规范）、促进电子商务（92%）、规范电子申请和防止网络犯罪（88%）等问题，他们在电子政务计划中对公私合作的管理还没有做好充分的准备（67%）。

最后，电子政务还可作为一种内部管理工具，用以提高政府在决策和长期规划方面的能力。经合组织国家正越来越多地探索新技术（如 web 2.0，云计算，移动技术）的使用，以改变政府部门的工作方式并与民众和企业进行互动。但是，调查显示在这方面还有很多工作要做；例如，只有 25%的受访经合组织国家正在进行在公共服务部门促进更好的知识管理的计划。这对促进政府机关间的信息分享和打破互用性障碍非常重要。

方法和定义

数据来自2010年经合组织关于电子政务结构性和经济数据的调查。受访者是中央级政府中负责国家电子政务战略的政府官员。25个经合组织国家和埃及参加了本调查。没有比利时、加拿大、捷克共和国、德国、爱尔兰、以色列、韩国、挪威和美国的数据。更多具体国家的有关电子政务目标的数据，请参见 http：//dx. doi. org/10. 1787/888932391982。具体国家关于电子政务的法律或政策的数据，请参见 http：//dx. doi. org/10. 1787/888932392001。

延伸阅读

OECD（2009），*Rethinking e-Government Services*：*User-Centred Approaches*，OECD Publishing，Paris.

OECD（2010），*Denmark*：*Efficient e-Government for Smarter Public Service Delivery*，OECD Publishing，Paris.

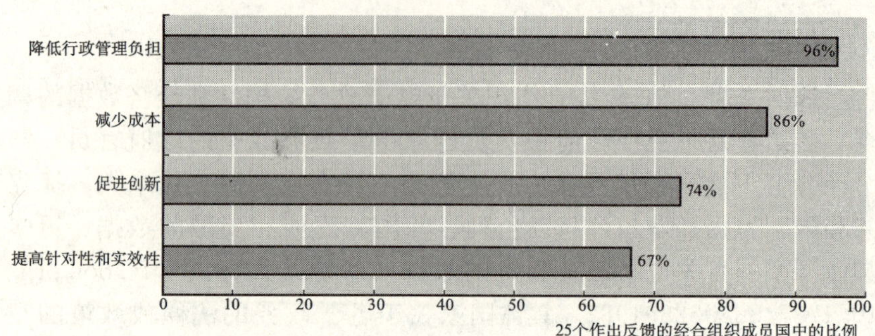

20.1　中央政府明确的电子政务首要目标（2010）

来源：经合组织2010年关于电子政务的结构性和经济数据。

StatLink http：//dx.doi.org/10.1787/888932390500

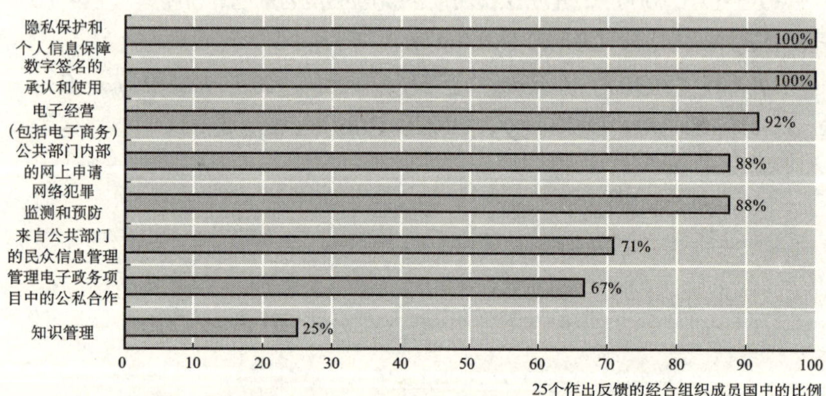

20.2　促进电子政务的中央政府立法或政策（2010）

来源：经合组织2010年关于电子政务的结构性和经济数据。

StatLink http：//dx.doi.org/10.1787/888932390519

第五章 一般政府和公共企业的就业问题

政府通过他们自己的雇员或使用私人的非营利公司和组织来生产商品、提供服务。因此，政府就业是关系到公共部门成本、质量和生产率的核心决定因素。本章比较了各国政府劳动力的规模，反映出各国政府就提供公共服务的水平和模式而做出的相应选择。提供公共服务模式的第二个指标则是各级政府中劳动力的分配。

本章还提供数据显示了各国政府缩减行政部门规模的意向和对此拥有的回旋余地。在目前的公共债务水平之下，政府面临着降低其劳动力规模、更加有效地重新分配人力以产出更多结余的压力。有关公共服务人口统计资料的指标显示，由于公共服务部门人员的老龄化，随着公务员的退休，政府得以有机会对其劳动力进行重组，但前提是其有足够的管理能力避免因为大量人员的退出而导致专门人才流失的副作用。

21. 一般政府和公共企业中的就业问题

为政府工作的劳动力的比例是反映一个国家如何提供公共服务的指标（不论主要通过政府员工还是通过私人和非营利部门），也是确定服务成本的重要因素。在那些有大量劳动力为政府工作的国家，政府就业或许还会挤占私人部门的人员就业。

经合组织各国间在政府员工的规模上存在很大区别。例如，2008 年，挪威和丹麦政府雇用了全国劳动力的约 30%，而韩国政府雇用的员工只占全国劳动力的 5.7%。但是，解读就业数据应当谨慎，还应考虑生产成本（指标 8）和外包（指标 48），因为单独来把它们作为衡量政府规模的指标是不可靠的。

从经合组织各国平均来看，政府就业人员占劳动力的百分比在

2000 年到 2008 年间为 15%，处于稳定状态。但是，现有数据还不能反映出金融和经济危机和/或财政紧缩措施会对政府就业的规模有什么潜在的影响。

在大部分经合组织成员国中，公共企业的就业只占整个劳动力的极小部分。但是，在有的国家（如希腊和波兰），公共企业比一般政府雇用了更多的员工。将来，随着政府将部分这样的企业私有化以降低金融和经济危机导致的高债务水平，这种趋势将会转变。

方法和定义

数据是 2000 年和 2008 年的，由国际劳工组织（ILO）收集。数据以国民经济核算体系的定义为基础，涵盖一般政府和公共企业的就业。一般政府部门包括所有级别的政府（如中央、州、地区和地方）和由公共当局控制和提供主要资金的核心部委、局、部门和非营利性机构。公共企业是指主要由政府所有或控制的法人单位，其产品和服务在市场上销售。部分经合组织国家中的公共企业的例子包括邮局、铁路和采矿。公共企业也包括准企业。

奥地利、捷克共和国、意大利、荷兰、新西兰和波兰的数据代表的是全时当量（FTE），其他国家的数据代表的是员工的人数。在新西兰，教育、卫生、社区服务、个人和其他服务都包括了全时当量。因此，这六个国家的就业人数相较而言被少报了。劳动力是指符合纳入就业或失业范围要求的所有人。

延伸阅读

OECD（2008），*The State of the Public Service*，OECD Publishing，Paris.

Pilichowski，E. and E. Turkisch（2008），“Employment in Government in the Perspective of the Production Costs of Goods and Services in the Public Domain”，*OECD Working Papers on Public Governance*，No. 8，OECD Publishing，Paris.

图附注

无冰岛的数据。日本的就业数据没有按照国民经济核算体系的定义分类，因此用中央或地方各级政府提供的直接就业数据代替。澳大利亚、智利和美国的数据指的是公共部门（一般政府和公共企业）。芬兰、以色列、墨西哥、波兰和瑞典的数据是 2007 年而非 2008 年的。法国、日本和新西兰的数据是 2006 年而非 2008 年的。俄罗斯联邦的数据是 2005 年而非 2008 年的。巴西的数据是 2003 年而非 2008 年的。爱尔兰、日本、卢森堡、斯洛文尼亚和瑞士的数据是 2001 年而非 2000 年的。巴西、韩国和俄罗斯联邦没有 2000 年的数据，且韩国没有包括在经合组织平均数内。

21.1：葡萄牙的数据是 2006 年而非 2008 年的。南非的数据是 2003 年而非 2008 年的。南非没有 2000 年的数据。

21.2：没有奥地利、比利时、韩国、葡萄牙和瑞典以及南非的公共企业的数据。捷克共和国和挪威的数据是 2007 年而非 2008 年的。荷兰的数据是 2005 年而非 2008 年的。有关日本的公共企业的数据是指法人行政管理机构的就业数据。

有关以色列数据的信息：http：//dx. doi. org/10. 1787/888932315602

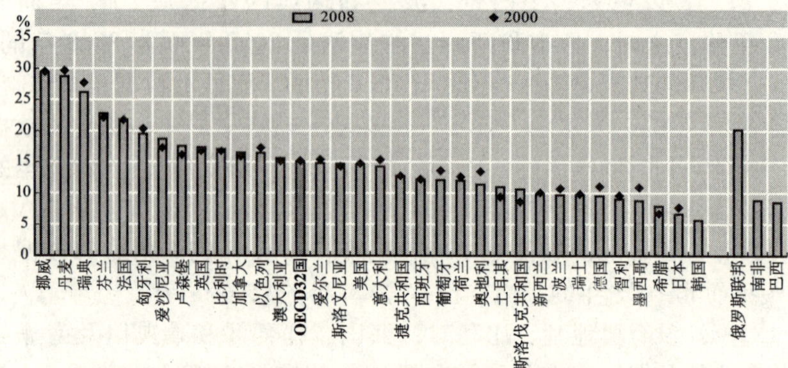

21.1 一般政府就业人数占劳动力的比例（2000 年和 2008 年）

来源：国际劳工组织（ILO）劳动数据库（LABORSTA Database）。土耳其的数据来自土耳其统计局和财政部。日本的就业数据来自建立与企业统计。韩国的数据由政府官员提供。

StatLink http：//dx.doi.org/10.1787/888932390538

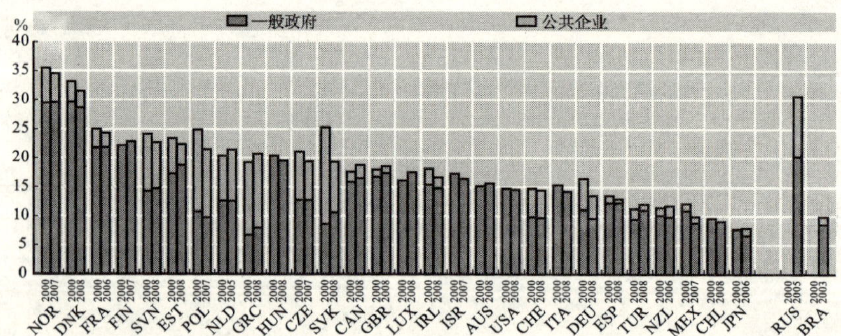

21.2 一般政府和公共企业中的就业人数占劳动力的比例（2000 年和 2008 年）

来源：国际劳工组织（ILO）劳动数据库（LABORSTA Database）。土耳其的数据来自土耳其统计局和财政部。日本的就业数据来自建立与企业统计。

StatLink http：//dx.doi.org/10.1787/888932390557

22. 各级政府的一般政府就业

地方各级政府雇用的政府工作人员的比例是反映公共行政管理中分权程度的一个指标。一般而言，地方各级政府雇用的政府工作人员的比例越高，意味着越多的责任被分配给了地区和地方政府。

2008年，经合组织大部分成员国中，各级地方政府雇用的人员都超过了中央政府的人员。联邦国家（除俄罗斯联邦外）的中央级政府雇用的人员不到全部政府工作人员的三分之一，证实了其分权的程度较高。在单一制国家，中央政府雇用人员占全部政府雇员的比例差别很大，如日本和瑞典不到18%，而新西兰高达近90%。

从2000年到2008年间，中央政府雇用人员的百分比保持了相对的稳定。但也有一些例外，如捷克共和国、日本和西班牙，其数据表明在这一时期进行了权力下放。例如，捷克共和国的数据反映了其将越来越多的职责分配给了新成立的行政地区和地区办公室。与之相对的是，挪威在这一时期则出现了显著的人员往中央集中的现象。中央级政府雇用人员的比例上升了12.5%。

方法和定义

数据是2000年和2008年的，由国际劳工组织（ILO）收集。数据以国民经济核算体系的定义为基础，涵盖中央和地方各级政府的就业。地方各级政府由州和地方政府组成，包括地区、省和市。中央政府和地方各级政府共同组成一般政府。有些国家提供的数据是包括在每一级政府内的一般政府社会保险基金部分的就业数据。但是，在某些情况下，社会保险基金的就业数据是单独计算的，因此既不算在中央也不算在地方各级政府之内。社会保险只代表了雇员的一小部分，作为所占总劳动力的百分比来说，并不重要。本数据集中以下国家为联邦国家：澳大利亚、比利时、加拿大、德国、墨西哥、瑞士、俄罗斯联邦和美国。

奥地利、捷克共和国、意大利、荷兰、新西兰和波兰的数据代表的是全时当量（FTE），其他国家的数据代表的是员工的人数。在新西兰，教育、卫生、社区服务、个人和其他服务都包括了全时当量。因此，这六个国家的就业人数相较而言被少报了。

延伸阅读

OECD (2008), *The State of the Public Service*, OECD Publishing, Paris.

Pilichowski, E. and E. Turkisch (2008), "Employment in Government in the Perspective of the Production Costs of Goods and Services in the Public Domain", *OECD Working Papers on Public Governance*, No. 8, OECD Publishing, Paris.

图附注

无奥地利、智利、爱沙尼亚、法国、冰岛、韩国、波兰、斯洛文尼亚、斯洛伐克共和国和英国的数据。日本的一般政府就业数据没有按照国民经济核算体系的定义分类，因此用中央或地方各级政府提供的直接就业数据代替。澳大利亚和美国的数据指的是公共部门（一般政府和公共企业）。匈牙利的数据不包括中央/地方各级政府的其他非营利性机构。芬兰、以色列、墨西哥和瑞典的数据是 2007 年而非 2008 年的。日本、新西兰和葡萄牙的数据是 2006 年而非 2008 年的。俄罗斯联邦的数据是 2005 年而非 2008 年的。南非的数据是 2003 年而非 2008 年的。

22.1：巴西的数据是 2003 年的。

22.2：日本和瑞士的数据是 2001 年而非 2000 年的。

有关以色列数据的信息：http：//dx.doi.org/10.1787/888932315602.

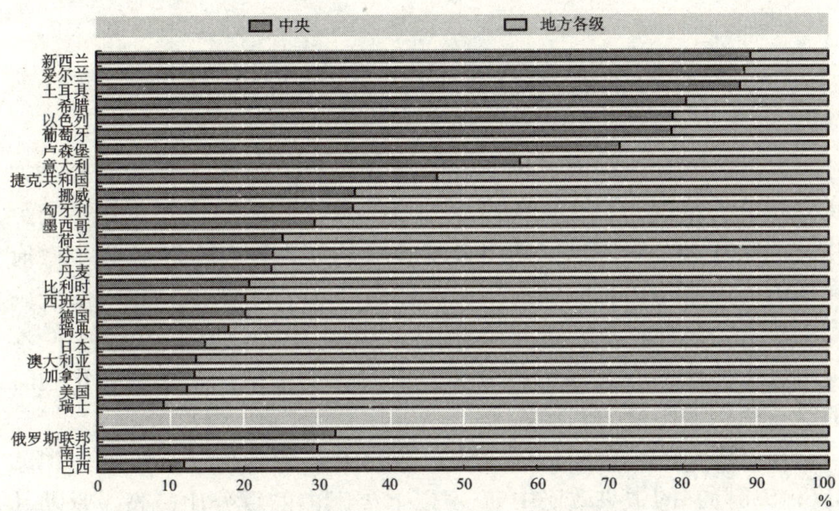

22.1　中央和地方各级政府之间一般政府就业的分配（2008）

来源：国际劳工组织（ILO）劳动数据库（LABORSTA Database）。土耳其的数据来自土耳其统计局和财政部。日本的就业数据来自建立与企业统计。

StatLink http：//dx.doi.org/10.1787/888932390576

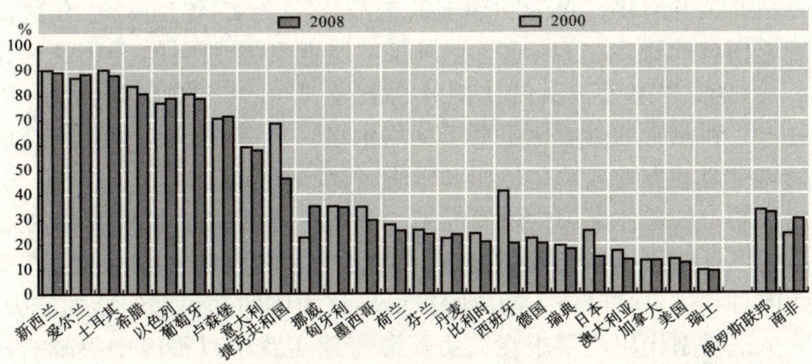

22.2　中央级政府雇员百分比的变化（2000 年和 2008 年）

来源：国际劳工组织（ILO）劳动数据库（LABORSTA Database）。土耳其的数据来自土耳其统计局和财政部。日本的就业数据来自建立与企业统计。

StatLink http：//dx.doi.org/10.1787/888932390595

23. 老龄化的中央政府劳动力

大部分经合组织成员国正在经历着人口老龄化，有些国家（如意大利）的速度比另一些国家（如爱沙尼亚）的速度要更快。老龄化的现象在经合组织国家的中央政府中更为显著，其 50 岁以上政府雇员的比例平均比总劳动力中的比例高 26%。事实上，除了四个国家（日本，爱沙尼亚，智利和韩国）以外，中央政府劳动力中 50 岁以上员工的比例都要高于总劳动力中的这个比例。意大利和比利时的这一比例差距最为明显。

在有数据的经合组织国家中，2009 年，意大利（49.2%）和冰岛（45.5%）的中央政府中 50 岁以上员工占的百分比最高。紧随其后的是四个国家：瑞典，比利时，德国和美国，其这一年龄组所占的比例都超过 40%。智利、韩国和乌克兰则没有政府员工老龄化的问题。

除墨西哥、匈牙利和日本外，大部分经合组织国家中央政府劳动力在继续老龄化。丹麦和瑞士的老龄化在 2005 年到 2009 年之间保持了相对的稳定。自 2000 年以来，巴西和意大利的变化最为迅猛：其 50 岁以上公务员的比例分别上升了 16.9%和 16%。这一时期爱尔兰和希腊的老龄化也高于平均水平。自 2005 年以来，荷兰的中央政府劳动力的老龄化也相对较快（8.2 个百分比）。

预期中的退休潮可为政府提供一个通过降低就业水平和/或根据部门的优先顺序重新分配资源来对其劳动力进行重组的机会。但是与此同时，中央政府员工的离职也可导致团体的知识和经验的流失。要减少这些副作用或要求在人力资源管理实践中以提高中央政府这个雇主的吸引力为目标，尤其是在年轻的大学毕业生当中。

方法和定义

数据是 2009 年的，是通过 2010 年经合组织关于战略人力资源管理的调查收集的。受访者以中央政府人力资源管理部门的高级官员为主，数据也是关于中央政府的核心公务员的。除卢森堡以外的所有经合组织成员国都完成了这一调查。各国有关公务员以及中央级政府下属的机构的定义不同，因此在进行比较时应考虑到这一点。

本章中“公共服务”“公务员”等用词的含义是相同的。

关于总劳动力的数据源自经合组织的“劳动力统计数据库”。总劳动力，或目前活跃人口，包括在一指定的短暂参考期内满足纳入就业或失业范围要求的所有人。

延伸阅读

Kings，J.，E. Turkisch and N. Manning（2007），“Public Sector Pensions and the Challenge of an Ageing Public Service”，*OECD Working Papers on Public Governance*，No. 2，OECD Publishing，Paris.

OECD（2007），*Ageing and the Public Service：Human Resource Challenges*，OECD Publishing，Paris.

Pilichowski，E.，E. Arnould and E. Turkisch（2007），*Ageing and the Public Sector：Challenge for Financial and Human Resources*，OECD Publishing，Paris.

图附注

无捷克共和国、俄罗斯联邦和土耳其的数据。卢森堡和西班牙没有 2009 年的数据。巴西、意大利、日本和韩国的数据是 2008 年而非 2009 年的。葡萄牙的数据是 2010 年而非 2009 年的。巴西、爱沙尼亚和匈牙利的数据反映的是 51 岁以上政府雇员的百分比。智利的数据反映的是 55 岁以上政府雇员的百分比。

23.1：奥地利、比利时、法国、匈牙利、卢森堡、墨西哥、波兰、葡萄牙、斯洛文尼亚、西班牙和乌克兰无 2000 年的数据。法国和波兰无 2005 年的数据。意大利的数据是 2001 年而非 2000 年的。韩国的数据是 1998 年而非 2000 年的。瑞士的数据是 2002 年而非 2000 年的。奥地利、墨西哥和挪威的数据是 2006 年而非 2005 年的。韩国的数据是 2003 年而非 2005 年的。美国的数据是 2004 年而非 2005 年的。

23.2：以色列的总劳动力数据是 2008 年的。由于没有总劳动力的数据，巴西和乌克兰的数据没有列出。

有关以色列数据的信息：http：//dx. doi. org/10. 1787/888932315602.

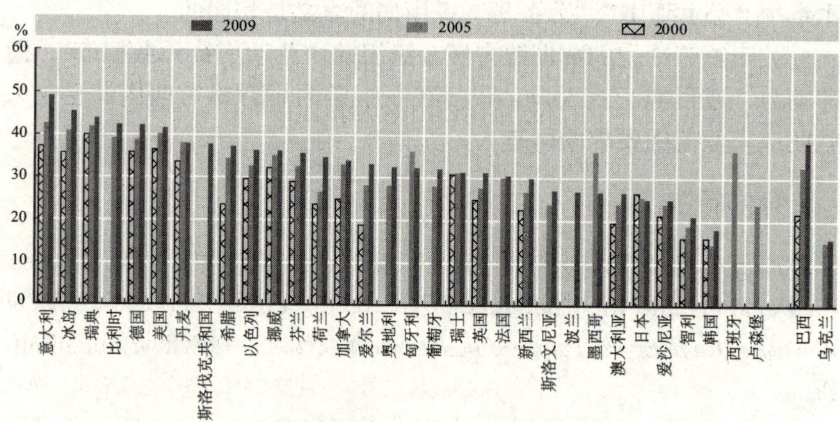

23.1　中央政府雇员中 50 岁及以上人员的比例

（2000 年，2005 年和 2009 年）

来源：2010 年经合组织关于中央/联邦政府战略人力资源管理的调查。

StatLink http：//dx. doi. org/10. 1787/888932390614

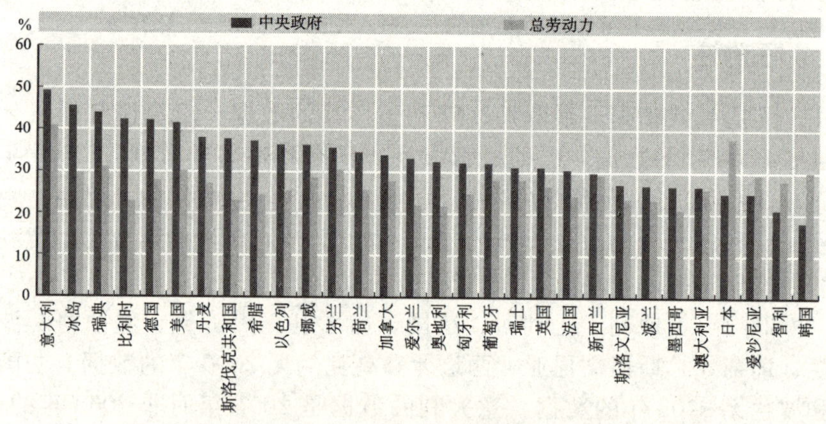

23.2　中央政府和总劳动力中 50 岁及以上雇员的比例

（2009 年或有数据的最近一年）

来源：2010 年经合组织关于中央/联邦政府战略人力资源管理的调查和经合组织劳动力数据库。

StatLink http：//dx. doi. org/10. 1787/888932390633

24. 专题：公共劳动力结构重组

实现公共服务劳动力最有效、效率最高的规模和分配对经合组织成员国而言是一个持续的挑战，其2009年政府雇员的薪酬占了一般政府支出的约24%（见指标8）。如今，经济危机带来的财务压力，加上人口老龄化及信息和通信技术提供的可能性带来的对公共服务的新需求，这些因素合在一起，使得上述挑战变得更加严峻。为了面对这些挑战，严谨的劳动力规划和战略人力资源管理改革将有助于确保政府在应对削减或维持预算需求的同时能继续提供高质量的公共服务。

目前，超过四分之三的经合组织国家表示其正在进行或计划进行在中央政府半数以上机构和部委中削减目前公务员劳动力规模的改革。此外，虽然有七个国家表示他们没有裁减劳动力水平的计划，但也没有任何国家打算增加劳动力水平。

15个国家提出了弥补人员退休留下空缺的置换率。这一比例代表了员工离职后被置换的百分比。在奥地利、法国和葡萄牙等国，目标置换率被定在50%，也就是说每有两个员工离职，将雇用一个新员工。在其他国家，这一比例要低得多：例如意大利和希腊的目标是每五人离职置换一人，而西班牙的计划是每十人置换一人。但是，在部分国家，有些部门是受到保护不受裁员影响的。如西班牙，其医疗、教育和安全部门的置换率尤高。以色列、韩国、巴西和乌克兰的目标置换率很高，在80%到100%之间。

在12个经合组织国家，允许人员自愿提前离职是一种常规做法。这包括提前退休方案（德国、匈牙利、爱尔兰、以色列、挪威、韩国、瑞士、英国和美国）和/或提前离职方案（智利、法国、爱尔兰、以色列、墨西哥、挪威、英国和美国）。除比利时、德国、爱尔兰、西班牙和土耳其外，所有经合组织国家都允许部委/机构在想要重组或裁员时解雇签订了开放的长期合同的雇员。但是，这样做时必须给予离职津贴和/或预先提供重新分配职位的可能性。

方法和定义

数据是2010年的，是通过2010年经合组织关于战略人力资源管理的调查收集的。受访者以中央政府人力资源管理部门的高级官员为主，数据是关于中央政府的重组计划的。但是，各国报告的裁员计划可能不包括其政府中的某些部门。除卢森堡以外的所有经合组织成员国都完成了这一调查。各国有关公务员以及中央级政府下属机构的定义不同，因此在进行比较时应考虑到这一点。本章中"公共服务""公务员"等用词的含义是相同的。

提前退休计划是个人在（达到退休年龄或能获得全部退休福利前）离开公务员队伍时附加于退休福利上的额外的财务上的好处和/或利益。离职津贴是个人在被要求从公务员岗位离职时得到的财政津贴和/或利益。

延伸阅读

OECD（2010），"Getting it Right"，Document prepared for the annual meeting of the Public Employment and Management Working Party，OECD/GOV/PGC/PEM（2010）4，OECD Publishing，Paris.

OECD（forthcoming），*Public Servants as Partners for Growth：Strengthening a Leaner and More Equitable Public Service*，OECD Publishing，Paris.

图和表附注

24.1：没有智利、卢森堡和墨西哥的数据。加拿大的数据不适用此处。

24.2：无卢森堡的数据。在捷克共和国，要求行政管理机关在同一个中央行政管理机构中提供另外一个职位。在波兰，必须通过立法才能裁减政府员工。在葡萄牙，对于 2009 年 1 月以后被雇用的员工，允许因为重组而裁员，并可在社会保护机制内给予失业津贴。在美国，在重组或裁员时解雇签订了开放的长期合同的雇员意味着该雇员可以获得一笔补偿和/或政府应事先提供重新分配职位的可能性，但后者不太常见。在冰岛，对于员工人数没有正式的或集中的方案。

有关以色列数据的信息：http：//dx.doi.org/10.1787/888932315602.

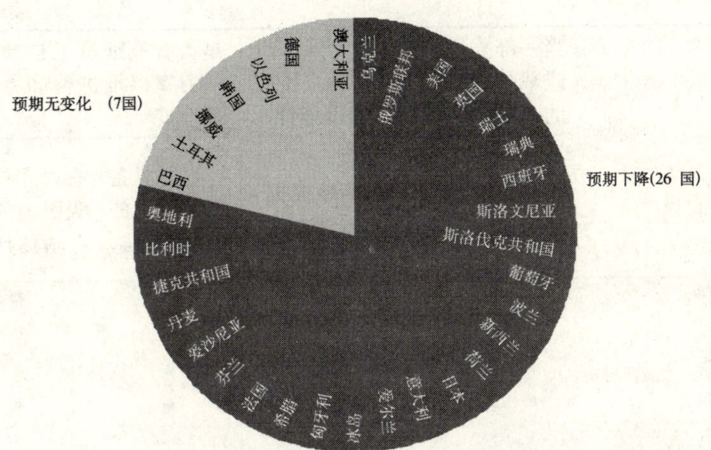

24.1　一半以上的机构和部委中就业水平的预期变化（2010）

来源：2010年经合组织关于中央/联邦政府战略人力资源管理的调查。

StatLink http：//dx.doi.org/10.1787/888932390652

24.2　结构重组计划和离开条件（2010）

	当一部委/机构希望人事重组或裁员时，解雇签订了开放的长期合同的雇员的可能性		是否有鼓励员工自动离职的方案以推进劳动力分配的改变	
	可以，该雇员会得到一笔补偿	可以，但要政府事先提出重新安排职位的方案	有，并具备有吸引力的离职补偿	有，并具备有吸引力的提前退休计划
澳大利亚	●	○	○	○
奥地利	●	●	○	○
比利时	○	○	○	○
加拿大	●	●	○	○
智利	n.a	n.a	●	○
捷克共和国	●	●	○	○
丹麦	●	○	○	○
爱沙尼亚	●	●	○	○
芬兰	●	●	○	○
法国	●	○	●	○
德国	○	○	○	●
希腊	○	●	○	○

续表

	当一部委/机构希望人事重组或裁员时，解雇签订了开放的长期合同的雇员的可能性		是否有鼓励员工自动离职的方案以推进劳动力分配的改变	
	可以，该雇员会得到一笔补偿	可以，但要政府事先提出重新安排职位的方案	有，并具备有吸引力的离职补偿	有，并具备有吸引力的提前退休计划
匈牙利	●	○	○	●
冰岛	●	●	○	○
爱尔兰	○	○	●	●
以色列	○	●	●	●
意大利	○	●	○	○
日本	○	●	○	○
墨西哥	●	○	●	○
荷兰	○	●	○	○
新西兰	●	○	○	○
挪威	●	●	●	●
波兰	●	○	○	○
葡萄牙	●	○	○	○
韩国	○	●	●	○
斯洛伐克共和国	●	●	○	○
斯洛文尼亚	○	●	○	○
西班牙	○	○	○	○
瑞典	●	○	n. a	n. a
瑞士	●	●	○	●
土耳其	○	○	n. a	n. a
英国	●	●	●	●
美国	●	●	●	●
巴西	○	●	○	●
俄罗斯联邦	○	●	○	○
乌克兰	○	●	n. a	n. a
总 OECD33 国	20	18	9	8

● 是

○ 否

n. a. 不适用

来源：2010 年经合组织关于中央/联邦政府战略人力资源管理的调查。

StatLink http：//dx. doi. org/10. 1787/888932392020

第六章 部分公共部门职业的薪酬

雇员薪酬在为政府部门吸引、激励和留住合格人才方面发挥着重要的作用。由于薪酬成本取决于政府雇用员工的数量和支付的报酬，因此这也构成了政府支出的重要部分。作为许多经合组织国家巩固财政措施的一部分，政府雇员的薪酬水平受到质疑，已有工资和/或福利下降或冻结工资的例子出现。

本章中包含了重要公共部门职业的薪酬数据。提供公共服务的职位代表了很大一部分的公共部门人员，因此首先提供的是有关教师、医生和护士的数据，随后是中央政府核心部门的高级管理人员、中级管理人员、专业技术人员和行政事务人员的数据。教师、医生和护士的薪酬数据与其国内具有大专学历人员的平均工资进行了比较，反映出和其他要求类似学历水平的职业相比，这些职业相对较有吸引力。

对高级管理人员、中级管理人员、专业技术人员和行政事务人员薪酬水平的比较旨在反映经合组织国家中这些职位相应的总报酬，其中不但包括薪金和工资，也包括各种社会福利和未来的退休金收入。这四类职业的数据来自 2010 年首次进行的经合组织关于中央政府雇员薪酬的调查。虽然调查使用了国际标准职业分类来规范职业类别，但要让不同国家间的职业具备充分的可比性还是有不少困难。附件四中详述了上述问题以及有关数据潜在的其他局限性，包括那些衡量雇员社会贡献的数据的局限性。应当注意的是，薪酬政策上的差异可能由谈判力量的差异、政府作为雇主的吸引力差异以及劳动力市场差异（如私营企业类似职位的薪酬或某种劳动力短缺）造成。

25. 教师的工资

教师是整个教育部门的支柱，他们的工资是教育支出中最大单项成本项目。工资和工作条件在吸引、激励和留住有经验的教师方面发挥着重要的作用。在许多经合组织国家，教师的工资往往是通过集体协商由中央确定的。

在大部分国家，教师分为三类：小学教师、初中教师、高中教师。在大部分经合组织国家，教师的工资待遇不但随着资历增长而提高，也跟其是哪个级别教育的教师有关。此处所列数据比较了公立学校中接受过最基础培训的从事初中教育的初级、中级和最高级教师的法定工资，其反映了经合组织成员国之间给不同从教经验的教师报酬的差别。但是，在进行国际比较时应考虑到法定工资只是教师全部福利中的一部分，虽然是主要的部分。国与国之间在社会福利、税收体系以及其他经济激励措施（如地区津贴）的使用上的不同，可导致教师总收入的不同。

有着 15 年教学经验的初中老师的年法定工资少则如匈牙利和爱沙尼亚的不到 16 000 美元购买力平价，多则如德国、爱尔兰、韩国和瑞士的超过 54 000 美元购买力平价，卢森堡的则超过 98 000 美元购买力平价。在韩国和葡萄牙，最高等级的工资超过初始工资 2.5 倍以上，但要达到最高等级则分别需要经过 37 年和 31 年。

一般而言，教师的工资比有着同等学历的其他人员（25～64 岁之间，拥有高等教育学历的全日、全年制员工）的年平均工资要低。西班牙是唯一的例外，其教师的工资较高。在新西兰、德国、澳大利亚、芬兰、比利时和瑞典，教师的法定工资与有高等学历的员工的平均收入持平。但是美国、意大利、以色列、斯洛文尼亚、匈牙利、冰岛和捷克共和国的教师工资要比具有高等学历的工人的平均收入低得多。教师的工资没有经过合同工作时间和假期差异的校正，这对于进行国内和国际比较或许是有影响的。

方法和定义

数据是 2007 到 2008 学年的，即从 2007 年 7 月 1 日到 2008 年 6 月 30 日。法定工资是指根据官方的工资等级计算出来的固定工资。

报告的工资是总数（雇主支付的税前总额）减去雇主（根据工资等级）支付的社会保险和养老金。他们分为经过最基础的培训而成为合格的全日制初级教师，有着15年教学经验的教师，和最高年工资的教师（最高工资等级）。教师总工资根据经合组织国民经济核算数据库的GDP购买力平价换算成美元。

相对工资指标计算的是有收入数据的最近一年。教师工资代表的是有15年教学经验的教师的工资。具有大专学历的工人的收入是25～64岁之间、拥有国际教育标准分类（ISCED）5A/5B/6等级学历的全日、全年制员工的平均收入。对于那些没有当年教师工资和工人收入信息的国家，就该项指标用GDP平减指数对通货膨胀进行了调整。

延伸阅读

OECD（2005），*Teachers Matter*：*Attracting*，*Developing and Retaining Effective Teachers*，OECD Publishing，Paris.

OECD（2009），*Evaluating and Rewarding the Quality of Teachers*：*International Practices*，OECD Publishing，Paris.

OECD（2010），*Education at a Glance* 2010：*OECD Indicators*，OECD Publishing，Paris.

图附注

无加拿大、智利、斯洛伐克共和国和土耳其的数据。比利时分列为比利时（Fr.）和比利时（Fl.）。英国分列为英格兰和苏格兰。

25.2：无爱尔兰、日本、卢森堡、墨西哥和瑞士的数据。芬兰、韩国、新西兰、挪威、西班牙和瑞典的数据是2007年的。奥地利、比利时、丹麦、法国、希腊、冰岛、意大利、葡萄牙和斯洛文尼亚的数据是2006年的。

有关以色列数据的信息：http：//dx. doi. org/10. 1787/888932315602.

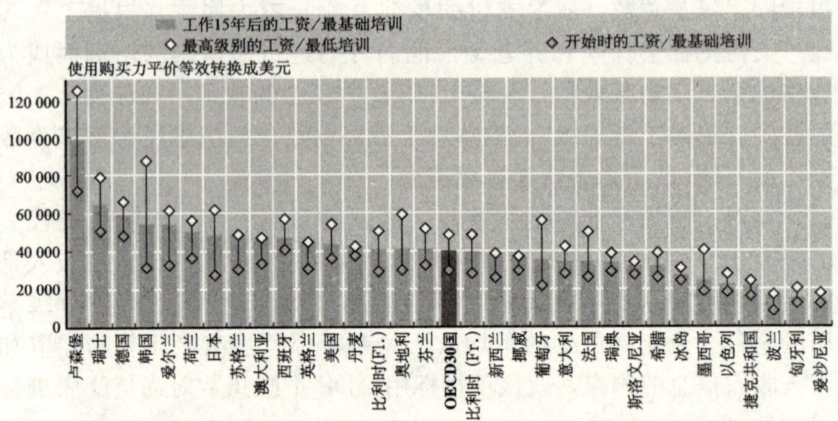

25.1　公共机构中初级中等教育的老师的工资（2008）

来源：经合组织（2010），《教育概览 2010：经合组织指标》，经合组织出版社，巴黎。

StatLink http://dx.doi.org/10.1787/888932390671

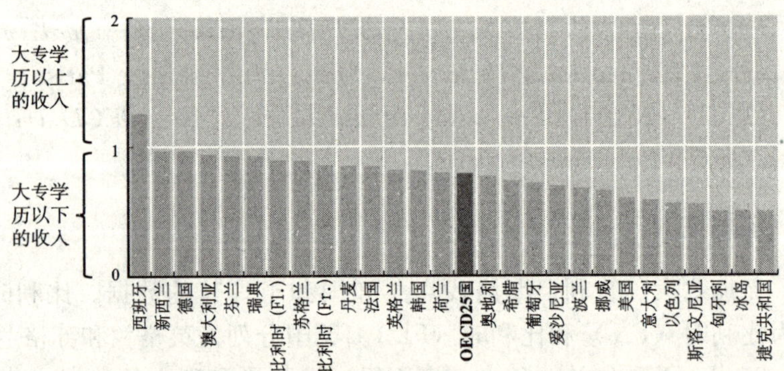

25.2　教师工资对具有大专学历工人收入之比（2008）

来源：经合组织（2010），《教育概览 2010：经合组织指标》，经合组织出版社，巴黎。

StatLink http://dx.doi.org/10.1787/888932390690

26. 医生和护士的工资

薪酬水平是影响卫生行业不同职业的吸引力和在职人员的工作满意度的因素之一。它还对医疗服务的成本有直接影响，因为工资是卫生系统内主要的支出项目之一。

这里包括了拿工资的普通医师和专科医生以及在医院工作的护士的数据，重点主要是政府工作人员。自由执业的医生不包括在内，因为他们不是政府雇用的，尽管在许多国家政府也会部分支付其出诊费（有关自由执业的医生的数据可参见《医疗卫生概览 2009》和《经合组织医疗卫生数据》）。

在这三个职业组里，其薪酬的绝对水平在国与国之间的差别是非常大的。东欧国家、墨西哥和土耳其的护士和普通医师的平均工资是最低的，而卢森堡最高。2008 年，爱尔兰的专科医生工资最高，虽然有些欧洲国家如荷兰和卢森堡的自由职业专科医生的薪酬要更高一些（数据未显示）。各国专科医生的工资差距范围最大，工资最高和最低的国家之间差不多相差六倍。匈牙利的医生和护士的工资都是最低的，虽然这不包括广泛存在的非正式的自掏腰包支付的部分。

在所有国家中，都是专科医生挣的最多，其次是普通医师，然后是护士。这部分反映了三种职业在技能要求上和完成培训所需时间的不同。卢森堡、土耳其、新西兰、芬兰、以色列和英国的这三种职业间薪酬差距尤其大。

专科医生的薪酬和具有大专学历人员的工资相比，有基本相等的，如匈牙利；也有如新西兰那样高出 2.5 倍的。匈牙利的普通医师挣的和具有大专学历人员一般多，但冰岛则有两倍多。最后，匈牙利护士的收入只有其他具有大专学历人员的一半，而新西兰护士的工资水平比大专学历人员的平均水平稍高。

方法和定义

医生的薪酬是指年平均总收入，包括社会保险金和应由雇员支付的所得税。此种薪酬正常应包括所有额外的正式支付，如奖金、夜班、随叫随到或加班的补贴等。该工资根据经合组织国民经济核算数据库的 GDP 购买力平价换算成美元。

墨西哥和荷兰的受薪专科医生以及新西兰和瑞士的普通医师和专科医生的工资不包括加班费或社会保险金。爱尔兰和墨西哥护士的数据不包括加班费。有些国家受薪医生进行私人执业的收入未包括在内。非正式的支付，在部分国家可能是普遍现象（如匈牙利和墨西哥），但没有包括在内。有些国家的数据包括了非全日制人员的数据（澳大利亚、卢森堡、墨西哥、英国的专科医生，美国）。美国和新西兰的数据不但包括在医院工作的护士也包括在其他地方工作的护士。

澳大利亚和挪威的数据仅指注册护士，这导致对这两个国家的护士工资估计过高，因为其他国家的数据包括了较低等级的护士。在那些既有公立医院也有私立医院的国家，护士的收入也反映了私有医院的工资。

具有大专学历的工人的收入是 25～64 岁之间、拥有 ISCED 5A/5B/6 等级学历的全日、全年制员工的平均收入。

延伸阅读

OECD（2009），*Health at a Glance* 2009：*OECD Indicators*，OECD Publishing，Paris.

图附注

无奥地利、比利时、加拿大、智利、丹麦、爱沙尼亚、法国、希腊、韩国、波兰、葡萄牙、西班牙、瑞典和瑞士的数据。荷兰的数据是 2006 年的。

26.1：澳大利亚、新西兰（普通医师）和英国（普通医师）的数据是 2007 年的。德国和卢森堡（普通医师和专科医生）的数据是 2006 年的。

26.2：无澳大利亚、捷克共和国、德国、爱尔兰、日本、卢森堡、墨西哥和土耳其的数据。芬兰和冰岛的数据是 2007 年的。冰岛具有大专学历工人的数据是 2006 年的。意大利和斯洛文尼亚的数据是 2006 年的。

有关以色列数据的信息：http：//dx.doi.org/10.1787/888932315602.

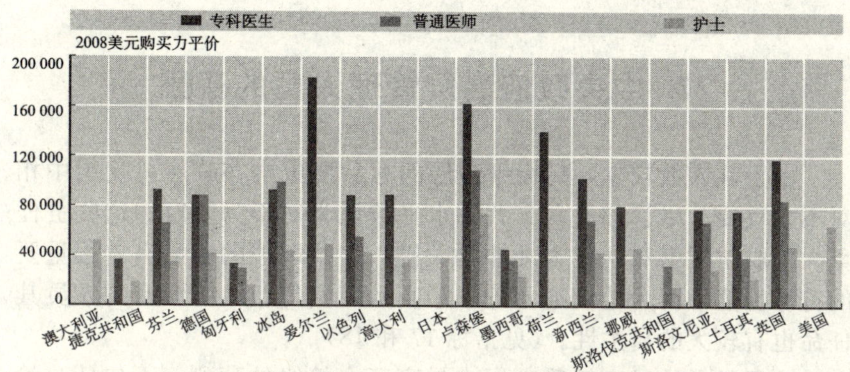

26.1 受薪医生和护士的薪酬（2008）

来源：2010年经合组织医疗数据。

StatLink http：//dx.doi.org/10.1787/888932390709

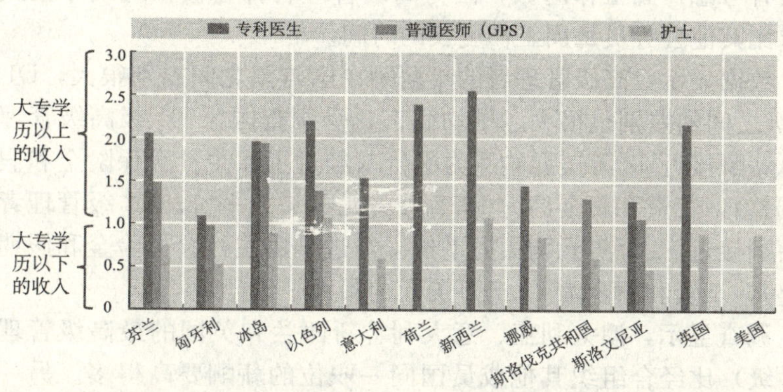

26.2 受薪医生和护士的薪酬对具有大专学历工人的收入之比（2008）

来源：受薪医生（如专科医生，普通医师）和护士薪酬来源于2010年经合组织医疗数据；具有大专学历工人收入来源于经合组织（2010），《教育概览2010：经合组织指标》，经合组织出版社，巴黎。

StatLink http：//dx.doi.org/10.1787/888932390728

27. 中央政府高层管理人员的薪酬

由于其人数较少，高级管理层的总薪酬成本在政府总支出中相对不太重要。尽管如此，其薪酬水平被认为对于为政府中这些责任重大的职位吸引和留住人才非常关键。这些职位的薪酬有着很重要的符号价值，因为他们通常处于最高的工资等级，所涉及的人员其任命也有较大的自主性。（见指标 17 和 18）

这里显示的是高级管理层中最高两个等级的薪酬（不包括政治级别）。D1 级管理者是公务员中的最高级别，仅次于部长或国务卿，D2 则通常是次于 D1 的（详情见附件 D）。数据经过了假期的调整，但没有考虑每周工作时数，因为高级管理者都会被正式或非正式地要求比其他公务员每周工作更长的时间。

数据显示，高级管理者的年薪酬在国与国之间差别很大，D1 和 D2 级之间的差别也很大。平均而言，受调查国家 D1 级高级管理者的总薪酬接近 23 万美元购买力平价（经过了雇主社会保险金和假期的调整），工资和薪金约为 16.2 万美元购买力平价。D2 级管理者的总薪酬接近 18 万美元购买力平价（经过了雇主社会保险金和假期的调整），工资和薪金为 12.7 万美元购买力平价。

调查显示，澳大利亚、意大利、新西兰和英国的最高级管理者（D1 级）比经合组织其他成员国同一职位的薪酬要高得多。另一方面，爱沙尼亚、冰岛和斯洛文尼亚的则比其他经合组织国家的明显要低。澳大利亚、比利时、智利、爱尔兰、新西兰和英国等国家似乎比其他国家对最高级管理者（D1 级）的薪酬比对相应下一个级别（D2）的投入更多。

国家之间薪酬水平的差别或是因为国内劳动力市场的差别，尤其是相似职位私人公司的薪酬。这还可反映不同国家的组织结构上的不同（如瑞典的扁平化政府就有很多 D1 级）以及类似职位中级别的差异。

数据还显示了各国政府雇员薪酬的结构不同，表现在跟工资和薪金相比雇主交纳的社会保险金的多少上。瑞典、意大利、美国、匈牙利和爱沙尼亚的总薪酬中雇主交纳的社会保险金的比例是最高的，而爱尔兰、韩国和新西兰的比例最低。

方法和定义

数据是2009年的，通过2010年经合组织关于中央/联邦政府雇员报酬的调查收集。来自中央部委和机关的官员通过经合组织公共就业和管理工作小组参加了该调查。

总报酬包括工资和薪金，雇主缴纳给法定社会保险机制或私人投资的社会保险机构的社会保险金，以及由雇主支付的无资金来源的雇员社会福利，包括通过国家预算而非雇主缴纳的社会保险金支付的养老金（主要是在现收现付体系中）。将重点放在总报酬上，能够对政府通过社会保险金或者较高的工资和薪金补偿员工的程度进行比较。报酬根据经合组织国民经济核算数据库的GDP购买力平价换算成美元。工作时间调整补偿了工作时间不同造成的差别（对高级管理者来说是假期的不同）。较大的工作时间调整一般意味着雇员每年的工作小时数和/或天数较少。在大部分情况下，数据只涵盖了六个中央政府部委/部门（内政、财政、司法、教育、卫生和环境，或与之相当的部门）。职位是基于国际标准职业分类（ISCO）。这些数据的主要局限性在于不同国家间职业的不完全可比性，各国解读职位定义的方式，以及社会保险金的水平和各国首都不同的生活成本不够明确。

报酬水平是按照在职人员的薪酬的平均数计算的（不是最低和最高工资之间的中点）。这或许可以解释在某些国家D2级的平均工资要比D1级的高。但在另外一些国家，这种区别或许是对D1级职位的报酬管理更加严格的结果，因为D1级职位的人员任命通常受政治因素影响更多。完整的方法学请参见附件D。

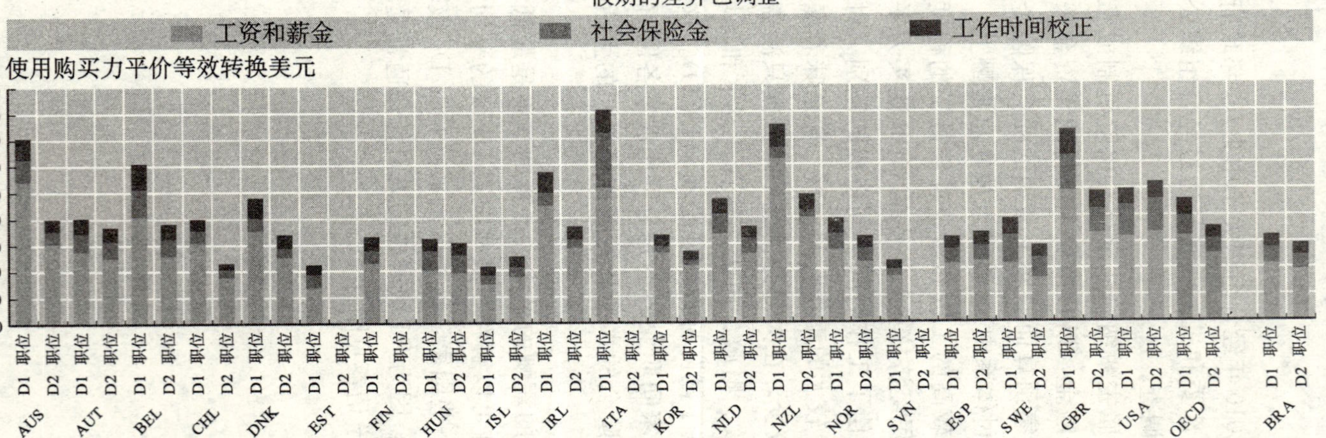

27.1 中央政府高级管理者的年平均薪酬（2009）

注：爱沙尼亚、芬兰、意大利和斯洛文尼亚 D2 职位的薪酬数据缺失或与 D1 职位的混在一起。**奥地利**：价值是中间值而非平均值。巴西：社会保险金数据来源：巴西地理统计局；购买力平价数据来源：世界银行。数据包括职位工资+60%的高级管理和咨询。**智利**：数据不包括关键职务的奖金。这会对国与国之间的比较产生一到两个百分点的影响（取决于所比较的职业群体），但对最高层职位来说影响可能会大得多。**爱尔兰**：数据考虑了 2009 年《为公共利益的金融应急措施法案》导致的工资的减少。社会保险金率适用于 1995 年后雇佣的员工，并通过现收现付制将无资金来源的养老金计划排除在外。意大利：公共管理者的薪酬无所不包，是对“所完成的与其职位有关的所有职责，任务和工作”的报酬，同时还包括其支付的社会保险金（工资总额的 11%）。政府提出 2011 年削减所有总报酬超过 9 万欧元的公共管理者的薪金。9 万欧元以上 15 万欧元以下的部分削减 5%，超出 15 万欧元以上的部分削减 10%。**韩国**：根据工作年限的不同，公务员每年享有 3 到 21 天的休假。**新西兰**：数据不包括所有的社会支付如病假和其他由雇主支付的无政府资助的假期工资。调查的特定机构的 D1 和 D2 管理者的薪酬属新西兰所有公共服务部门中最高薪酬之列。**西班牙**：数据是 2009 年的，未反映 2010 年 5 月的一次重大降薪。**英国**：数据不包括额外支付。更多说明请参见附件 D。

没有捷克共和国、法国、德国、希腊、以色列、日本、卢森堡、墨西哥、波兰、葡萄牙、斯洛伐克共和国、瑞士和土耳其的数据。加拿大撤回了其数据。

来源：2010 年经合组织关于中央/联邦政府雇员薪酬的调查，经合组织 STAN 数据库。

StatLink http：//dx. doi. org/10. 1787/888932390747

28. 中央政府中层管理人员的薪酬

中层管理者在中央政府劳动力等级中处于高级管理者和专业人员之间。D4 级管理者直接在 D3 级之下。有关其职责的详细描述和中层管理者的不同类别请见附件 D。中层管理者的数据都完全经过了工作时间差异的调整，包括周工作小时数和假期。

中层管理者的两个级别之间薪酬金额的差别很大。在参与调查的经合组织国家中，中层管理者中的较高级别（D3）的总薪酬金额平均为每年 13.5 万美元购买力平价，包括工资和薪金，雇主缴纳的社会保险金，以及所有工作时间调整的价值。与之相对照，中层管理者中较低级别（D4）的年平均薪酬为大约 11.2 万美元购买力平价。但是，仅算工资和薪金的话，D3 级每年是 9 万美元购买力平价，而 D4 级每年是 7.5 万美元购买力平价。此外，中层管理者的薪酬要比高级管理者的低得多——例如，D3 级的中层管理者的收入只是 D1 级的高级管理者收入的 59%和 D2 级高级管理者收入的 76%（指标 27）。经合组织各国间中层管理者的收入水平的差距也比高级管理者的收入差距要小得多。

数据显示，相对于其他经合组织国家而言，美国的中层管理者收入最高，其 D3 级的年薪酬超过 22 万美元购买力平价，D4 级的年薪酬超过 17 万美元购买力平价。和其他职业的情况一样，不同国家对于总报酬中工资和薪金以及雇主缴纳的社会保险金的分配也不一样。瑞典、美国、意大利、匈牙利和爱沙尼亚的中层管理者总报酬中雇主缴纳的社会保险金占的比例相对较高，而其他国家的这一比例则较低（详情请见附件 D）

国家之间薪酬水平的差别或是因为国内劳动力市场的差别，尤其是相似职位私人公司的薪酬。这还可反映不同国家的组织结构上的不同以及类似职位中级别的差异。

方法和定义

数据是 2009 年的，通过 2010 年经合组织关于中央/联邦政府雇员报酬的调查收集。来自中央部委和机关的官员通过经合组织公共就业和管理工作小组参加了该调查。

总报酬包括工资和薪金，雇主缴纳给法定社会保险机制或私人投资的社会保险机构的社会保险金，以及由雇主支付的无资金来源的雇员社会福利，包括通过国家预算而非雇主缴纳的社会保险金支付的养老金（主要是在现收现付体系中）。报酬根据经合组织国民经济核算数据库的 GDP 购买力平价换算成美元。工作时间调整补偿了工作时间不同造成的差别（包括每周工作小时数和假期）。较大的工作时间调整一般意味着雇员每年的工作小时数和/或天数较少。将重点放在总报酬上，能够对政府通过社会保险金或者较高的工资和薪金补偿员工的程度进行比较。在大部分情况下，数据只涵盖了六个中央政府部委/部门（内政、财政、司法、教育、卫生和环境，或与之相当的部门）。职位是基于国际标准职业分类（ISCO）。这些数据的主要局限性在于不同国家间职业的不完全可比性，各国解读职位定义的方式，以及社会保险金的水平和各国首都不同的生活成本不够明确。

报酬水平是按照在职人员的薪酬的平均数计算的（不是最低和最高工资之间的中点）。完整的方法学请参见附件 D。

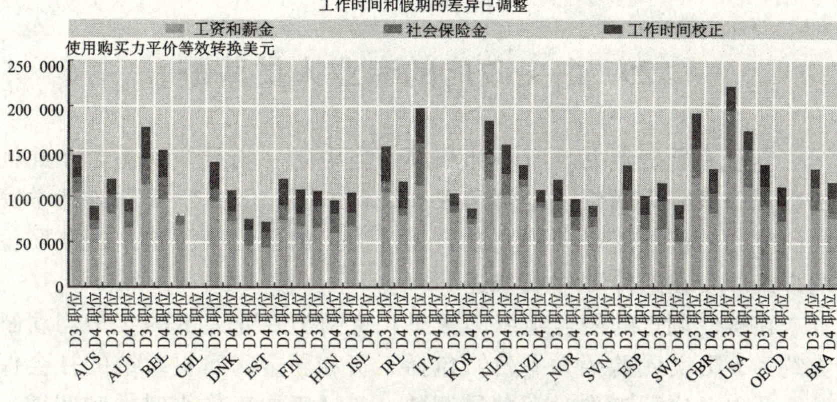

28.1　中央政府中级管理者的年平均薪酬（2009）

注：智利、冰岛、意大利和斯洛文尼亚 D4 职位的薪酬数据缺失或与 D3 职位的混在一起。**奥地利**：价值是中间值而非平均值。**巴西**：社会保险金数据来源：巴西地理统计局；购买力平价数据来源：世界银行。数据包括职位工资＋60%的高级管理和咨询。**智利**：数据不包括关键职务的奖金。这会对国与国之间的比较产生一到两个百分点的影响（取决于所比较的职业群体），但对最高层职位来说影响可能会大得多。**爱沙尼亚**：各部的决策/基层单位的管理者的数据列在 D3 中，而各部的支持单位（预算、人事、信息技术等）管理者的数据列在 D4 中。**爱尔兰**：数据考虑了《2009 年为公共利益的金融应急措施法案》导致的工资减少。社会保险金率适用于 1995 年后雇佣的员工，并通过现收现付制将无资金来源的养老金计划排除在外。**意大利**：公共管理者的薪酬无所不包，是对“所完成的与其职位有关的所有职责，任务和工作”的报酬，同时还包括其支付的社会保险金（工资总额的 11%）。政府提出 2011 年削减所有总报酬超过 9 万欧元的公共管理者的薪金。9 万欧元以上 15 万欧元以下的部分削减 5%，超出 15 万欧元以上的部分削减 10%。**韩国**：根据工作年限的不同，公务员每年享有 3 到 21 天的休假。**新西兰**：数据不包括所有的社会支付如病假和其他由雇主支付的无政府资助的假期工资。调查的特定机构的 D1 和 D2 管理者的薪酬属新西兰所有公共服务部门中最高薪酬之列。**西班牙**：数据是 2009 年的，未反映 2010 年 5 月的一次重大降薪。**英国**：数据不包括额外支付。更多说明请参见附件 D。

没有捷克共和国、法国、德国、希腊、以色列、日本、卢森堡、墨西哥、波兰、葡萄牙、斯洛伐克共和国、瑞士和土耳其的数据。加拿大撤回了其数据。

来源：2010 年经合组织关于中央/联邦政府雇员薪酬的调查，经合组织 STAN 数据库。

StatLink http：//dx.doi.org/10.1787/888932390766

29. 中央政府的专业人员薪酬

专业人员是中央政府各部和部门当中的一支重要队伍，在此处的数据中又分为两组：经济学家和统计学家。经济学家和统计学家的研究和分析技能对于提高政府循证决策的能力很关键。这些职位的详细职责在附件 D 中有描述。

在接受调查的经合组织国家里，这两类专业人员的年平均薪酬大约为 9 万美元购买力平价，包括工资和薪金，雇主缴纳的社会保险金，以及实际工作时间差异调整（包括每周工作小时数和假期）。其中工资和薪金占年薪酬的三分之二（平均大约为 6 万美元购买力平价），剩下的差不多由雇主社会保险金和工作时间调整价值平分。和其他职位的情况一样，各国的薪酬构成结构比例各不相同。瑞典、美国、意大利、匈牙利和爱沙尼亚的总薪酬中雇主社会保险金的比例最高，而韩国、爱尔兰和新西兰的最低。

调查显示，这两类专业人员薪酬水平的国家间差异比高级管理者的要小，较中层管理者的国家差异则更小。数据还显示这两类职位报酬最高的是在美国和西班牙。此外，比利时和荷兰的经济学家以及爱尔兰的统计学家的整体薪酬远远高于经合组织国家的平均水平。另一方面，爱沙尼亚、新西兰和斯洛文尼亚付给统计学家的报酬要比经济学家的少得多。国家之间薪酬水平的差别或是因为国内劳动力市场的差别，尤其是相似职位私人公司的薪酬。这还可反映不同国家的组织结构上的不同以及类似职位中级别的差异。

方法和定义

数据是 2009 年的，通过 2010 年经合组织关于中央/联邦政府雇员报酬的调查收集。来自中央部委和机关的官员通过经合组织公共就业和管理工作小组参加了该调查。

总报酬包括工资和薪金，雇主缴纳给法定社会保险机制或私人投资的社会保险机构的社会保险金，以及由雇主支付的无资金来源的雇员社会福利，包括通过国家预算而非雇主缴纳的社会保险金支付的养老金（主要是在现收现付体系中）。报酬根据经合组织国民经济核算数据库的 GDP 购买力平价换算成美元。工作时间调整补偿了工作时间不同造成的差别（包括每周工作小时数和假期）。较大的工作时间调整一般意味着雇员每年的工作小时数和/或天数较少。将重点放在总报酬上，能够对政府通过社会保险金或者较高的工资和薪金补偿员工的程度进行比较。在大部分情况下，数据只涵盖了六个中央政府部委/部门（内政、财政、司法、教育、卫生和环境，或与之相当的部门）。职位是基于国际标准职业分类（ISCO）。这些数据的主要局限性在于不同国家间职业的不完全可比性，各国解读职位定义的方式，以及社会保险金的水平和各国首都不同的生活成本不够明确。

报酬水平是按照在职人员的薪酬的平均数计算的（不是最低和最高工资之间的中点）。完整的方法学请参见附件 D。

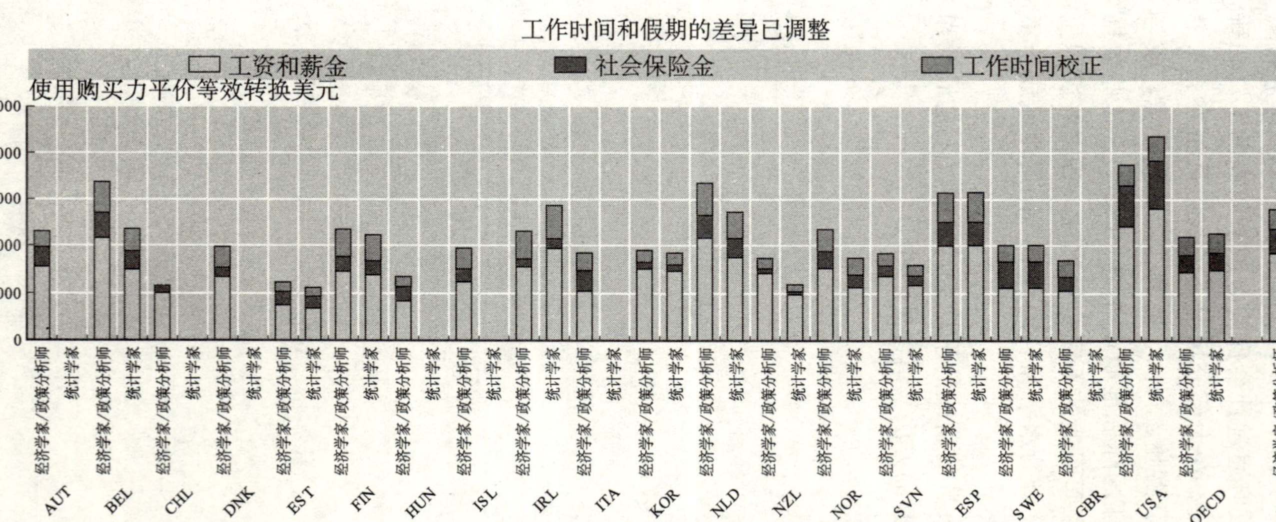

29.1 中央政府中的经济学家和统计学家的平均年薪

注：奥地利、智利、丹麦、匈牙利、冰岛、意大利和英国统计学家的薪酬数据缺失或与经济学家/政策分析师职位的混在一起。**奥地利**：经济学家/政策分析师和统计学家的薪酬相同。**巴西**：社会保险金数据来源：巴西地理统计局；购买力平价数据来源：世界银行。数据包括职位工资+60%的高级管理和咨询。**智利**：数据不包括关键职务的奖金。这会对国与国之间的比较产生一到两个百分点的影响（取决于所比较的职业群体），但对最高层职位来说影响可能会大得多。**爱尔兰**：数据考虑了《2009 年为公共利益的金融应急措施法案》导致的工资的减少。社会保险金率适用于 1995 年后雇佣的员工，并通过现收现付制将无资金来源的养老金计划排除在外。**爱沙尼亚**：该信息不完全与职业分类中的职业群体相对应。经济学家/政策分析师职位涵盖了各部的决策单位/基层单位雇佣的所有专业人员。统计学家职位涵盖了支持单位中的所有专业人员。**韩国**：根据工作年限的不同，公务员每年享有 3 到 21 天的休假。**新西兰**：数据不包括所有的社会支付如病假和其他由雇主支付的无政府资助的假期工资。**西班牙**：未反映 2010 年 5 月的一次重大降薪。**英国**：数据不包括额外支付。更多说明请参见附件 D。

没有澳大利亚、捷克共和国、法国、德国、希腊、以色列、日本、卢森堡、墨西哥、波兰、葡萄牙、斯洛伐克共和国、瑞士和土耳其的数据。加拿大撤回了其数据。

来源：2010 年经合组织关于中央/联邦政府雇员薪酬的调查，经合组织 STAN 数据库。

StatLink http://dx.doi.org/10.1787/888932390785

30. 中央政府行政事务人员的薪酬

在中央政府的不同职位中，行政助理和秘书职位的报酬似乎在经合组织国家之间的差别是最小的。行政助理可监督秘书的工作，通常负有更多的责任。这些职位的详细职责在附件 D 中有描述。

调查数据显示行政助理平均每年的收入约为 5.7 万美元购买力平价，秘书为 5 万美元购买力平价。这里面包括了工资和薪金，雇主缴纳的社会保险金，以及工作时间调整的货币价值（包括每周工作小时数和假期）。但是，这两类职位每年的工资和薪金这一项不超过 4 万美元购买力平价。荷兰、美国、比利时、挪威和芬兰支付给秘书的报酬要显著高于经合组织的平均数（后三国稍少一点）。与经合组织的平均水平相比，智利、匈牙利和爱沙尼亚和斯洛文尼亚在这两类职位上的报酬是最低的。

秘书和专业人员之间薪酬水平的差别要大于专业人员和中层管理者之间的差别。和其他职位的情况一样，各国薪酬的结构不同（表现在跟工资和薪金相比雇主交纳的社会保险金的多少上）。瑞典、意大利、美国、爱沙尼亚和匈牙利雇主交纳的社会保险金最多。国家之间薪酬水平的差别或是因为国内劳动力市场的差别，尤其是相似职位私人公司的薪酬。这还可反映不同国家的组织结构上的不同以及类似职位中级别的差异。

方法和定义

数据是 2009 年的，通过 2010 年经合组织关于中央/联邦政府雇员报酬的调查收集。来自中央部委和机关的官员通过经合组织公共就业和管理工作小组参加了该调查。

总报酬包括工资和薪金，雇主缴纳给法定社会保险机制或私人投资的社会保险机构的社会保险金，以及由雇主支付的无资金来源的雇员社会福利，包括通过国家预算而非雇主缴纳的社会保险金支付的养老金（主要是在现收现付体系中）。报酬根据经合组织国民经济核算数据库的 GDP 购买力平价换算成美元。工作时间调整补偿了工作时间不同造成的差别（包括每周工作小时数和假期）。较大的工作时间调整一般意味着雇员每年的工作小时数和/或天数较少。将重点放在总报酬上，能够对政府通过社会保险金或者较高的工资和薪金补偿员工的程度进行比较。在大部分情况下，数据只涵盖了六个中央政府部委/部门（内政、财政、司法、教育、卫生和环境，或与之相当的部门）。职位是基于国际标准职业分类（ISCO）。这些数据的主要局限性在于不同国家间职业的不完全可比性，各国解读职位定义的方式，以及社会保险金的水平和各国首都不同的生活成本不够明确。

报酬水平是按照在职人员的薪酬的平均数计算的（不是最低和最高工资之间的中点）。完整的方法学请参见附件 D。

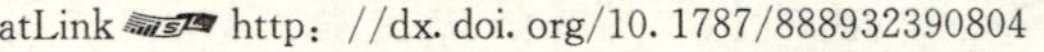

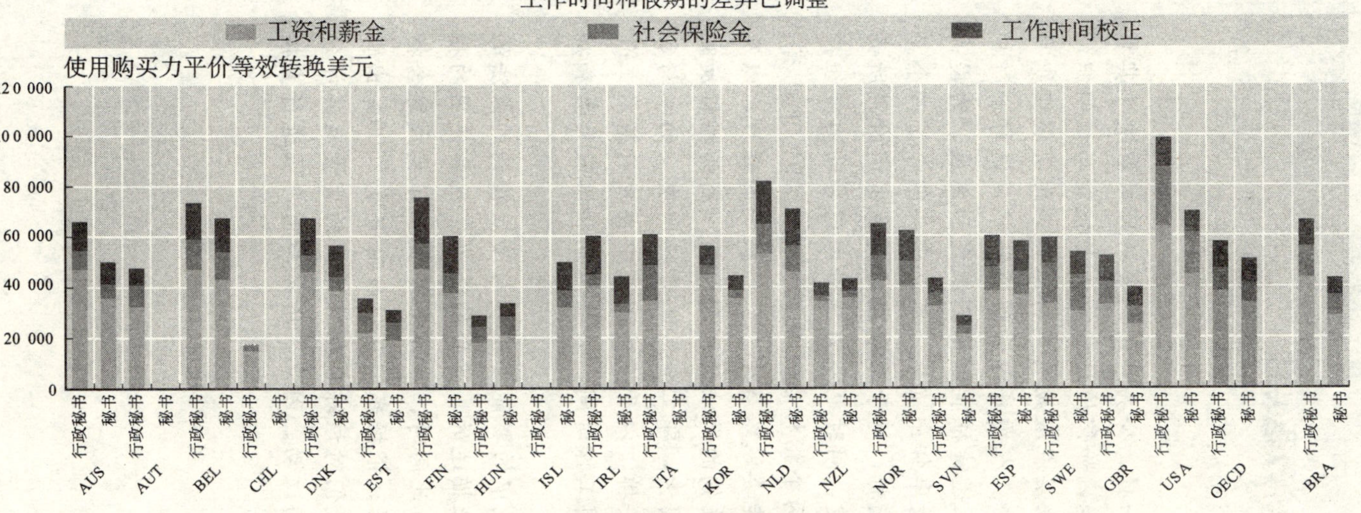

30.1　秘书职位的年平均薪酬（2009）

注：奥地利、智利和意大利的秘书薪酬数据缺失或与行政秘书职位的混在一起。冰岛的行政秘书薪酬数据缺失或与秘书职位的混在一起。**奥地利**：价值是中间值而非平均值。奥地利不区分行政秘书与秘书，故其薪酬取其平均值。**巴西**：社会保险金数据来源：巴西地理统计局；购买力平价数据来源：世界银行。数据包括职位工资+60%的高级管理和咨询。**智利**：数据不包括关键职务的奖金。这会对国与国之间的比较产生一到两个百分点的影响（取决于所比较的职业群体），但对最高层职位来说影响可能会大得多。**爱尔兰**：数据考虑了《2009 年为公共利益的金融应急措施法案》导致的工资的减少。社会保险金率适用于 1995 年后雇佣的员工，并通过现收现付制将无资金来源的养老金计划排除在外。**韩国**：根据工作年限的不同，公务员每年享有 3 到 21 天的休假。**新西兰**：数据不包括所有的社会支付如病假和其他由雇主支付的无政府资助的假期工资。**西班牙**：未反映 2010 年 5 月的一次重大降薪。**英国**：数据不包括额外支付。更多说明请参见附件 D。

没有捷克共和国、法国、德国、希腊、以色列、日本、卢森堡、墨西哥、波兰、葡萄牙、斯洛伐克共和国、瑞士和土耳其的数据。加拿大撤回了其数据。

来源：2010 年经合组织关于中央/联邦政府雇员薪酬的调查，经合组织 STAN 数据库。

StatLink http：//dx. doi. org/10. 1787/888932390804

第七章 人力资源管理实践

和任何其他组织一样，公共部门的良好绩效取决于其员工：他们的能力与技能，如何使这些能力与技能与该组织的需要相适应，以及领导层在激励员工、让员工为实现组织目标尽其所能方面的能力。人力资源管理实践就是这样一种机制，通过这个机制，上述特征能够得到激发和发展，为提高公共部门的有效性和效率作出贡献。本章中共包含了四个与人力资源管理相关的指标，对于政府应对财政巩固时期所面临的独特挑战非常关键，同时也能为政府考虑劳动力重组提供宝贵的信息。其中两个指标在《政府概览 2009》中就有：人力资源管理各项功能委派给各部/部门/机构的程度，以及在员工管理中与绩效挂钩的做法的使用。两项新的指标反映了劳资关系中的一些因素，即工会对工作场所决策的参与和中央政府工会的资金安排，以及不同国家中央政府基本工作条件的差异，包括每周工作时间，公共假期和休假天数和病假规定。

人力资源管理实践中的职能委派和与绩效挂钩的做法的使用都是由综合指标来描述的，其目的是为了就其使用的程度进行广泛的比较。与此同时，附件 E 中提供了构成综合指标的各部分变量的数据。根据我们在《政府概览 2009》出版后收到的反馈意见，我们对该综合指标选用的变量及其评分和加权进行了一些小的改动。因此，请勿与前一版进行直接的比较。

31. 人力资源管理的授权

很多经合组织国家正在转向一种将员工的挑选、雇用、报酬、工作条件、解雇等主要决定权从一个集中的人力资源管理机构分派到各个部/部门/机构去的人力资源管理模式。这一授权的主要动机是让公共管理者能够有权力更好地引导其员工，令其在作出人力资源管理方面的决策时既考虑到自己单位的独特需求，也考虑到员工个人的优点。随着人力资源管理的权力被分派下去，中央人力资源管理机构的功能也正在转变为确立最基本的标准和制定人力资源管理政策，而不是去自己执行这些标准和政策。

经合组织对于人力资源管理中的授权没有一个单一的模型或共同标准，各成员国的授权情况很不相同。2010 年，有几个经合组织成员国对于授权表现出了很高的积极性，瑞典和澳大利亚是最显著的例子。在这些国家，部门和各个部在决定其用人需求、雇用员工和制定雇用条件方面都有着很大的灵活性。相较而言，土耳其和爱尔兰的授权程度相对较低，这些国家的中央人力资源管理机构对这类决策事项仍保留了较大的权力。

大部分经合组织成员国（18 个）都有一个中央人力资源管理机构，至少负责一部分关键的人力资源管理功能。德国和斯洛伐克共和国例外，该两国没有中央人力资源管理机构。13 个经合组织国家（澳大利亚、奥地利、比利时、智利、捷克共和国、法国、希腊、冰岛、新西兰、葡萄牙、斯洛文尼亚、瑞典和英国）有中央人力资源管理机构但其主要起着协调各部的作用，不对人力资源管理方面的职能正式负责。

现在，很多经合组织国家都对各部/机构给予了很大的管理上的自由空间，让他们在人员编制水平、人员招募和一些工作条件上享有更大的灵活性。与绩效挂钩的报酬和绩效评估体系也都倾向于授权给各部和各机构，但是整体薪酬系统的一般管理在大部分国家仍归中央。各成员国有关成本控制和集体协商制度结构的规定部分反映了这些趋势。

方法和定义

数据是 2010 年的，是通过 2010 年经合组织关于战略人力资源管理的调查收集的。受访者以中央政府人力资源管理部门的高级官员为主，数据也是关于中央政府的人力资源管理实践的。除卢森堡以外的所有经合组织成员国都完成了这一调查。各国有关公务员以及中央级政府下属的机构的定义不同，因此在进行比较时应考虑到这一点。本章中“公共服务”“公务员”等用词的含义是相同的。

该指数由以下变量构成：是否存在一个中央人力资源管理机构，以及各部在决定本单位职位数量和类型，财务预算在工资和其他开支上的分配和员工薪酬水平、职位分类、雇用和解雇、用人条件等问题上的职责。该指数的数值范围在 0（无授权）到 1（高度授权）之间。对各国缺失的数据通过平均置换的方法估算。

更多具体国家的信息和有关构建该指数的方法学和要素的信息请参见附件 E。构成该指数的变量及其相对的重要性是建立在专家判断的基础上的。提出这些指数和变量的目的正是为了引发更多的讨论，故也会随着时间的推移而进一步完善。应谨慎比较 2009 年和 2011 年的《政府概览》中的指数，因为两者间的权重和参加调查的国家数不同。综合指数中考虑的部分问题也有变化。

延伸阅读

Ketelaar，A.，N. Manning and E. Turkisch（2007），“Performance-Based Arrangements for Senior Civil Servants OECD and other Country Experiences”，*OECD Working Papers on Public Governance*，No. 5，OECD Publishing，Paris.

OECD（2008），*The State of the Public Service*，OECD Publishing，Paris.

图和表附注

更多具体国家的信息以及用于构建该指数的方法学和要素的详情请参见附件 E。

有关以色列数据的信息：http：//dx. doi. org/10. 1787/8889323 15602.

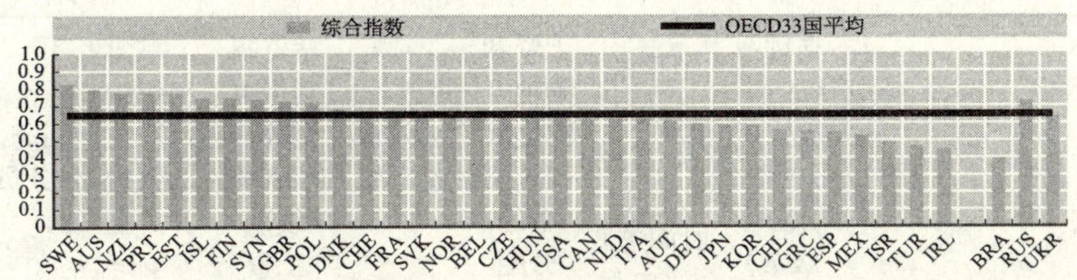

31.1 中央政府各部中人力资源管理做法的授权情况（2010）

来源：2010年经合组织关于中央/联邦政府中战略人力资源管理的调查。

StatLink http：//dx. doi. org/10. 1787/888932390823

31.2 中央政府各部人力资源管理关键职权的授权（2010）

	支付系统的一般管理（薪酬水平，级数）	工作条件的灵活性（工作时间等）	工资和其他开支之间预算资金的分配	绩效评价系统	薪资福利中可变部分的管理：绩效工资	组织内部职位的数量和类型	招聘公务员
澳大利亚	◍	◍	◍	◍	◍ ○	◍	◍ ○
奥地利	●	●	◍	●	◍	●	◍
比利时	●	●	◍	■	■ ◍	◍	◍
加拿大	●	■	◍	◍	● ■	◍	◍
智利	●	●	●	■	●	■	◍
捷克共和国	●	◍	●	◍	◍	◍	◍
丹麦	■	● ◍	●	◍ ○	◍ ○	◍	◍ ○
爱沙尼亚	◍	◍ ○	◍	◍ ○	◍	◍	◍
芬兰	◍	■ ◍	■	◍	◍ ○	◍	◍
法国	●	■ ◍	● ◍	◍	■ ◍	● ◍	◍
德国	●	● ◍	● ◍	◍	■	◍	◍
希腊	●	●	◍	●	●	■	◍
匈牙利	●	◍	● ■ ◍	◍	● ■ ◍	● ■ ◍	◍ ○
冰岛	●	◍ ○	◍	n. a.	■ ◍	◍	◍ ○
爱尔兰	●	●	●	■	● ■	●	●
以色列	● ■	■	◍	●	● ■	●	■
意大利	●	■	◍	●	◍ ○	◍	◍
日本	■	■	■	■	■	■	■
韩国	●	■	■	■	■	■	■
墨西哥	■	● ■ ◍	■	●	■	■	● ■

续表

	支付系统的一般管理（薪酬水平，级数）	工作条件的灵活性（工作时间等）	工资和其他开支之间预算资金的分配	绩效评价系统	薪资福利中可变部分的管理：绩效工资	组织内部职位的数量和类型	招聘公务员
荷兰	●	● ◍	●	● ◍	○	◍	◍ ○
新西兰	◍	◍	◍	◍	◍	◍	◍
挪威	●	● ◍	◍	◍	◍	◍	◍ ○
波兰	◍ ○	■ ◍	■	◍ ○	◍ ○	◍	■ ◍
葡萄牙	◍	◍	◍	n. a.	◍	◍	◍
斯洛伐克共和国	● ■	■	◍	■	n. a.	◍	■
斯洛文尼亚	◍	◍	◍	■	◍	◍	◍
西班牙	●	●	●	○	◍	■	■ ◍
瑞典	◍	◍ ○	◍	◍ ○	◍ ○	◍	◍ ○
瑞士	■	● ◍	■	●	◍ ○	◍	◍ ○
土耳其	●	■	●	●	●	●	■
英国	◍	◍	●	◍	◍	◍	◍
美国	●	n. a.	◍	◍	◍	◍	◍
巴西	●	●	●	●	●	●	●
俄罗斯联邦	n. a.	◍	n. a.	◍	◍	n. a.	◍
乌克兰	●	◍	◍	◍	●	◍	● ◍
总 OECD33 国							
●	20	12	11	8	7	6	2
■	6	11	7	7	11	7	8
◍	9	19	19	16	21	23	26
○	1	3	0	5	8	0	8

● 中央人事管理机构（制定规定并与其适用密切相关）和/或财政部

■ 中央人事管理机构，但在适用一般原则时能给予各部/部门/机构一定的自由裁量权

◍ 确立的法律和预算限制范围内的部/部门/机构

○ 单位/队组级

n. a. 不适用

来源：2010 年经合组织关于中央/联邦政府中战略人力资源管理的调查。

StatLink http://dx.doi.org/10.1787/888932392039

32. 员工绩效管理

过去 20 年里，大部分经合组织国家都进行了旨在提高服务效率和质量的公共行政管理的现代化改革。这些改革的一个基石就是在公共行政管理组织中实行以绩效为导向的管理。就此而言，对员工个人、工作组以及在组织层面上运用绩效评估已全面铺开，目的是加强激励机制以提高绩效。如果使用得当的话，绩效评估能够客观、透明地对个人和集体所作出的努力给予认可。这种做法也能够向员工澄清组织目标，使其对自己在组织当中的作用有更深入的理解，从而认识到应如何做出改变，为战略组织目标做出自己的贡献。

在从 0（未使用）到 1（用的多）这个范围内，葡萄牙和丹麦将绩效评估置于与员工个人（的职业、提拔、报酬）有关的决策过程的核心地位。相比之下，芬兰和希腊对绩效评估用的较少。今天，几乎所有的经合组织国家都有正式的绩效评估，强制适用于中央政府的员工，只有加拿大、冰岛、墨西哥和挪威是只对部分员工使用绩效评估的。

将绩效评估的结果与给员工的奖励结合起来在很多经合组织国家仍然是一个具有挑战性的问题。绩效激励手段包括职业机会（如升职）和奖金。绩效奖金采用基础工资加奖金或价值增加的形式，近年来使用较多。绩效奖金可以根据适用的员工职位的范围、目标和激励措施是适用于个人还是团队、排名的情况和奖励的多少而有不同。英国、瑞士和捷克共和国适用绩效奖金的范围比新西兰、奥地利和荷兰等国要广。例如在芬兰，基本工资中绩效奖金的最大比例可占到 40%以上。六个经合组织国家（比利时、希腊、冰岛、墨西哥、波兰和土耳其）表示完全不使用绩效奖金。

方法和定义

数据是 2010 年的，是通过 2010 年经合组织关于战略人力资源管理的调查收集的。受访者以中央政府人力资源管理部门的高级官员为主，数据也是关于中央政府的人力资源管理实践的。除卢森堡以外的所有经合组织成员国都完成了这一调查。各国有关公务员以及中央级政府下属的机构的定义不同，因此在进行比较时应考虑到这一点。本章中“公共服务”“公务员”等用词的含义是相同的。

绩效评估指数由以下变量构成：是否有正式的绩效评估；使用绩效评估工具（与上级会谈，会谈的频率，书面反馈等）；使用的绩效评估标准；好的绩效评估对职业晋升、薪酬、续签同一职位合同/继续留在原来的职位上和续签公共服务就业合同的重要性。绩效奖金指数由以下变量构成：绩效奖金机制的使用和对员工照此进行分类；一次性奖金和/或价值增加的使用；绩效奖金在基本工资里所占的最大比例。两个指数的数值范围都在 0（未使用）到 1（用的多）之间。对各国缺失的数据通过平均置换的方法估算。这些指数提供了中央政府正式使用绩效评估和绩效奖金的信息，但没有反映其实施情况或公务员工作质量的信息。

更多具体国家的信息和有关构建该指数的方法学和要素的信息请参见附件 E。构成该指数的变量及其相对的重要性是建立在专家判断的基础上的。提出这些指数和变量的目的正是为了引发更多的讨论，故也会随着时间的推移而进一步完善。应谨慎比较 2009 年和 2011 年的《政府概览》中的指数，因为两者间的权重和参加调查的国家数不同。综合指数中考虑的部分问题也有变化。

延伸阅读

Ketelaar，A.，N. Manning and E. Turkisch（2007），“Performance-Based Arrangements for Senior Civil Servants OECD and other Country Experiences”，*OECD Working Papers on Public Governance*，No. 5，OECD Publishing，Paris.

OECD（2008），*The State of the Public Service*，OECD Publishing，Paris.

图附注

更多具体国家的信息以及用于构建该指数的方法学和要素的详情请参见附件 E。

32.2：经合组织平均数包括了六个报告说没有绩效奖金制度的国家：比利时、希腊、冰岛、墨西哥、波兰和土耳其。此外，乌克兰表示其不使用绩效奖金，故其未被包括在指数内。

有关以色列数据的信息：http：//dx. doi. org/10. 1787/888932315602

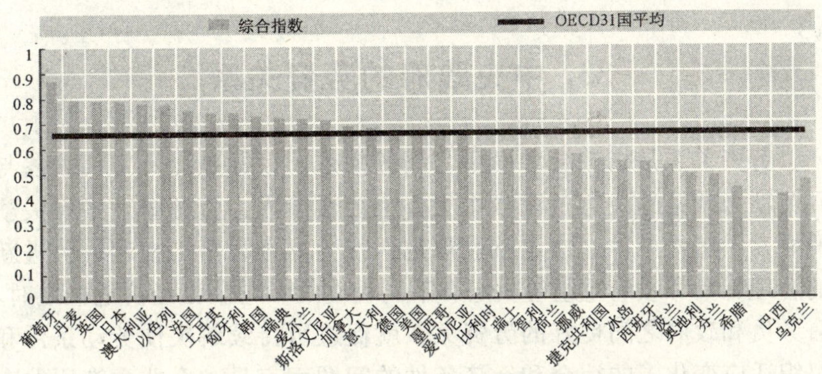

32.1　中央政府人力资源决定中使用绩效评估的情况（2010）

来源：2010年经合组织关于中央/联邦政府中战略人力资源管理的调查。

StatLink http：//dx.doi.org/10.1787/888932390842

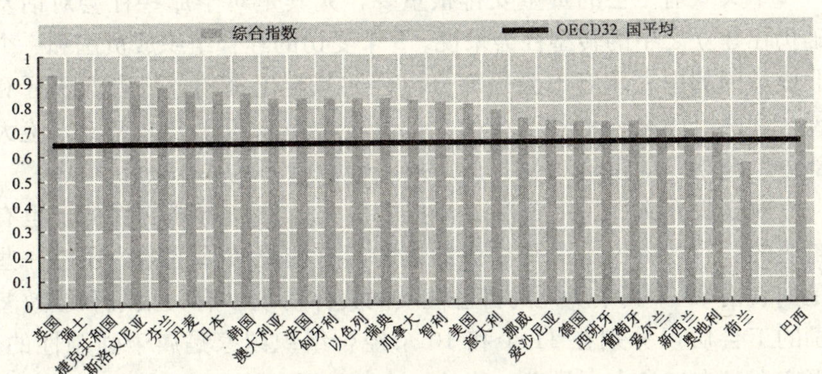

32.2　中央政府使用绩效奖金的情况（2010）

来源：2010年经合组织关于中央/联邦政府中战略人力资源管理的调查。

StatLink http：//dx.doi.org/10.1787/888932390861

33. 中央政府的劳资关系

劳资关系是指工会和雇主之间的关系，目标是让员工代表参与到劳动力政策的决策过程当中去。工会对于人力资源管理中有关薪酬要素、工作条件、法定就业规定、行为准则、罢工权利、引进新的管理工具和政府重组等决定有不同程度的参与。当经济危机之时，公务员和政府之间良好的劳资关系就促进可持续解决使劳动条件和组织适应变化了的社会和经济条件的问题而言是一个非常有用的有利条件。管理良好的、健康的劳资关系对于预测未来的变化和降低相关的改革成本也很有用。

中央政府工会的资金安排很重要，尤其是对于那些社会对话基础仍在建立之中的转型社会来说。9 个受访的经合组织成员国和一个非成员国的中央政府工会是部分由公共基金出资的。只有西班牙和匈牙利两个国家表示其工会的大部分资金都来源于公共基金。绝大部分经合组织国家（22 国）的政府工会没有公共基金来源。

对于工作条件、工资和整体报酬的集体协商有强制性的，也有自愿的。有些协议是受到法律约束的，有些是政治承诺，还有一些是如表格 33.1 当中所列的自愿性质的集体协议。有关报酬和绩效奖励的工会协议分别在 11 个和 10 个经合组织国家是属于强制性的。事实上，在加拿大、丹麦、芬兰、冰岛、以色列、意大利、墨西哥、荷兰、挪威、斯洛文尼亚和瑞典有关基本工资和社会福利的工会协议都是强制性的。相似地，罢工的权利、工作条件以及法定就业规定等问题也是法律要求与政府工会进行协商和/或需要签订强制性协议的。在修改行为准则或引进新的管理工具方面，与工会的磋商通常是自愿的（分别有 16 个和 15 个国家）。

与之形成对照的是，政府工会一般不正式参与政府重组的过程。除了俄罗斯联邦外，没有一个参与调查的国家在这类问题上强制性要求与工会达成协议。但是，在捷克共和国、芬兰、法国、意大利、挪威、斯洛文尼亚和瑞士，至少应就重组问题就工会进行磋商。不同国家间工会影响就业条件的能力差别很大，北欧国家在这方面处于领先地位。

方法和定义

数据是2010年的，是通过2010年经合组织关于战略人力资源管理的调查收集的。受访者以中央政府人力资源管理部门的高级官员为主，数据也是关于中央政府的人力资源管理实践的。除卢森堡以外的所有经合组织成员国都完成了这一调查。各国有关公务员以及中央级政府下属的机构的定义不同，因此在进行比较时应考虑到这一点。本调查未涉及工会参与员工个人的日常管理的情况。本章中“公共服务”“公务员”等用词的含义是相同的。更多具体国家的信息见附件E。

延伸阅读

European Commission（2008），*Industrial Relations in Europe*，Office for Official Publications of the European Communities，Luxembourg.

OECD（2010），*OECD Reviews of Human Resource Management in Government-Brazil* 2010：*Federal Government*，OECD Publishing，Paris

表附注

更多具体国家的信息以及用于构建该指数的方法学和要素的详情请参见附件E。

有关以色列数据的信息：http：//dx. doi. org/10. 1787/888932315602.

33.1 人力资源管理问题上工会的参与情况和支持资金的来源（2010）

	基本工资/社会福利	额外报酬和绩效工资	罢工权利/最低服务	工作条件（工作时间，兼职工作）	就业框架（法定规则等）	行为准则	新的管理工具的引进	政府重组（授权，机构改革，预算过程的改变）	公务员工会的资金来源
澳大利亚	■	■	■	■	◉	○	◉	○	无公共基金
奥地利	◉	○	n. a	○	◉	◉	○	○	无公共基金
比利时	■	■	■	■	■	■	■	○	部分公共基金
加拿大	●	●	●	●	◉	◉	◉	n. a	无公共基金
智利	◉	◉	n. a	○	◉	◉	◉	n. a	无公共基金
捷克共和国	■	■	■	■	●■	◉	◉	■	无公共基金
丹麦	●	●	●	●	●	◉	○	○	无公共基金
爱沙尼亚	◉	○	n. a	◉	◉	◉	◉	○	无公共基金
芬兰	●■	●■	◉●	●■	■	◉■	◉	◉■	无公共基金
法国	■	■	■	■	■	■	■	■	部分公共基金
德国	■	■	n. a	◉	◉	◉	n. a	n. a	无公共基金
希腊	◉	○	■	■	◉	◉	○	◉	部分公共基金
匈牙利	■	◉	●	■	■	◉	◉	○	大部分为公共基金
冰岛	●	●	●■	●	●■	■	○	○	无公共基金
爱尔兰	◉	◉	◉	◉	◉	◉	◉	○	部分公共基金
以色列	●	●	●	●	■	○	■	◉	无公共基金
意大利	●	●	■	■	■	■	◉	■	部分公共基金
日本	■	■	n. a	■	n. a	n. a	n. a	n. a	无公共基金

续表

	基本工资/社会福利	额外报酬和绩效工资	罢工权利/最低服务	工作条件（工作时间，兼职工作）	就业框架（法定规则等）	行为准则	新的管理工具的引进	政府重组（授权，机构改革，预算过程的改变）	公务员工会的基金来源
韩国	◐	◐	○	◐	○	○	○	○	无公共基金
墨西哥	●	●	■	■	●	■	■	◐	无公共基金
荷兰	●	○	○	■	●	○	○	○	部分公共基金
新西兰	n. a	n. a	n. a	n. a	n. a	n. a	n. a	n. a	无公共基金
挪威	●	●	●■	●■	●■	◐	◐■	■	部分公共基金
波兰	■	■	■	■	■	■	n. a	◐	部分公共基金
葡萄牙	■	■	■	■	■	◐	■	n. a	无公共基金
斯洛伐克共和国	■	○	○	■	◐	○	○	○	无公共基金
斯洛文尼亚	●	●	■	■	■	●	■	■	无公共基金
西班牙	n. a	n. a	■	■	■	■	○	○	大部分为公共基金
瑞典	●	●	●	●	●	○	◐	○◐	无公共基金
瑞士	■	■	■	■	■	◐	◐	■	无公共基金
土耳其	■	■	○	◐	◐	◐	◐	◐	无公共基金
英国	■	■	◐	■	◐	◐	◐	◐	无公共基金
美国	○	○	○	◐	◐	○	◐	◐	部分公共基金
巴西	◐	○	○	○	○	○	○	○	无公共基金
俄罗斯联邦	n. a.	n. a.	n. a.	◐	n. a.	n. a.	n. a.	●	部分公共基金
乌克兰	■	■	○	■	■	■	■	■	无公共基金

续表

	基本工资/社会福利	额外报酬和绩效工资	罢工权利/最低服务	工作条件（工作时间，兼职工作）	就业框架（法定规则等）	行为准则	新的管理工具的引进	政府重组（授权，机构改革，预算过程的改变）	公务员工会的基金来源
总 OECD33 国									
● 必须与工会达成一致	11	10	8	7	7	1	0	0	无公共基金：22
■ 根据法律规定，必须询问工会意见	14	12	14	19	14	8	7	7	部分公共基金：9
● 自愿与工会协商	6	4	3	6	12	16	15	9	大部分为公共基金：2
○ 工会通常不参与谈判过程	1	6	5	2	1	7	8	13	

n. a.：不适用

来源：2010 年经合组织关于中央/联邦政府中战略人力资源管理的调查。

StatLink http：//dx. doi. org/10. 1787/888932392058

34. 中央政府的工作条件

中央政府雇员的特别人员安排和就业条件是国家与其雇员之间关系的核心，通常深植于一国传统与行政管理文化之中。就其本身而言，在很多国家，公共和私人部门的就业条件和人力资源系统如雇用程序、职业发展、薪酬系统和社会保险福利等传统上有很大的不同。一直到最近，很多国家的公共部门的一些工作条件，如工作时数和员工福利等，往往比私人企业的更有吸引力。今天它们仍是雇员整体报酬方案中很重要的一部分，也是将合格人才吸引到政府就业的一个工具。

一年中花在工作上的总的时间是公务员整体工作条件的一个指标，在比较报酬方案时也是一个关键因素。每年的总工作时数取决于常规的每周工作时数、年休假的天数和法定/公共假日的天数。前两者的确定通常是法定最低要求和集体协商相结合的结果（参见指标 33)。

经合组织国家公务员的年平均工作时数是 1 742 个小时。年平均工作时数最少的是葡萄牙（1 545 个小时），最多的是智利（2 048 个小时）但大部分接受调查的国家中央政府雇员每年的工作时数在 1 600小时到 1 850 小时之间。法国和葡萄牙的公务员法定周工作时数最低，为 35 个小时；智利和以色列最高，分别为 44 和 42.5 个小时。俄罗斯联邦的公务员能享受的年平均休假天数最高（43.5 天)，而加拿大为 15 天。不过，年休假天数通常取决于工龄。

工作条件的第二个关键指标是公务员平均每年休病假的工作日天数。这是劳动力成本的重要指标，因为员工病假时仍领取工资。此外，这也可以被看作是人力资源管理政策的一个结果治理指标，因为较差的工作环境会导致更多员工要求休病假。17 个经合组织国家和 1 个非成员国提供了有关中央政府雇员每年平均休病假时间的信息。在参加调查的国家中，平均每年的病假天数是 11 天，最少的如荷兰（大约为 6 天)，最多的是德国（16 天)。有趣的是，在年工作时数最长的智利，公务员休病假的天数也是最多的之一，2009 年平均为 15.7 天。

方法和定义

年平均工作时数的数据是通过 2010 年关于中央/联邦政府雇员报酬的调查收集的。病假的数据是通过 2010 年经合组织关于战略人力资源管理的调查收集的。受访者以中央政府人力资源管理部门的高级官员为主，数据是有关中央政府公务员的工作条件的。除卢森堡以外的所有经合组织成员国都完成了这一调查。各国有关公务员以及中央级政府下属的机构的定义不同，因此在进行比较时应考虑到这一点。本调查未涉及工会参与员工个人的日常管理的情况。本章中“公共服务”“公务员”等用词的含义是相同的。更多具体国家的信息见附件 E。

年平均工作时数的数据是 2010 年的，但有关病假的数据是 2009 年或有数据的最近一年的。

年平均工作小时数是一个日历年当中的总工作时数减去年休假和法定/公共假期。它指的是合同工作时间，不包括午饭时间。

更多具体国家信息和所用方法学参见附件 E。

延伸阅读

OECD（2008），*The State of the Public Service*，OECD Publishing，Paris.

图附注

更多具体国家的信息以及用于构建该指数的方法学和要素的详情请参见附件 E。

有关以色列数据的信息：http：//dx. doi. org/10. 1787/888932315602.

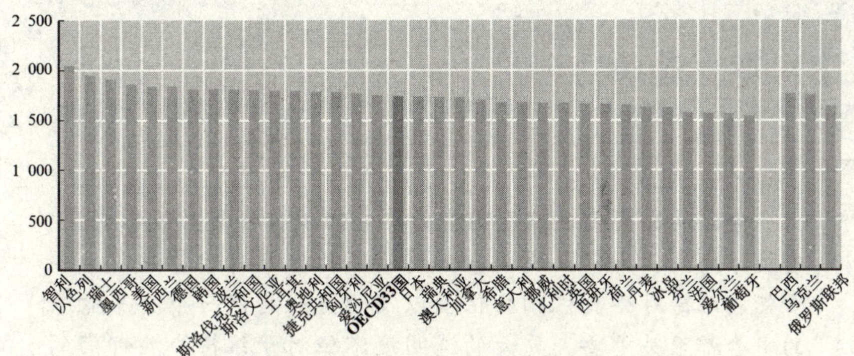

34.1　中央政府雇员的每年平均工作时间（2010）

来源：2010 年经合组织关于中央/联邦政府雇员薪酬的调查。

StatLink http：//dx. doi. org/10. 1787/888932390880

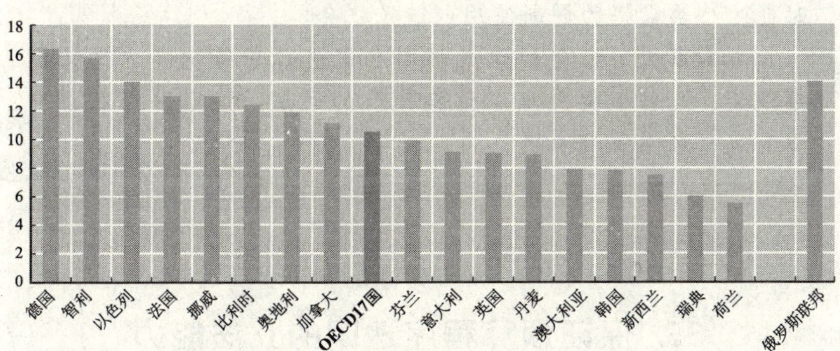

34.2　公共雇员每年平均休病假的工作日数（2009 年或最新数据）

来源：2010 年经合组织关于中央/联邦政府中战略人力资源管理的调查。

StatLink http：//dx. doi. org/10. 1787/888932390899

第八章　施政透明度

今天的公民对政府透明度的要求比以往任何时候都要高。有关谁决策、为什么决策、如何决策的信息对于让政府承担责任、维持对公共机构的信心以及为企业构建一个公平竞争的平台都至关重要。更大的透明度不但对于维持公共部门的诚信形象很关键，对于提高公共部门的绩效也有帮助。更确切地说，通过让公共基金欺诈、腐败和管理不善的风险最小化，这种公开和透明的做法最终能够改善各项政策成果，同时也为公共数据的创新使用创造了机会。

本章审视了经合组织成员国在促进政府透明度方面的制度框架。此种框架包括了信息获取的立法，披露潜在利益冲突和高级顾问作用的规定。

35. 保证预算程序透明的立法能力

立法机关的预算监督功能有助于提高透明度和公共财政的可问责度。将预算和相关文件提交给立法机关通常是对政府开支优先项目进行公开审查的第一个机会。在全体议员或委员会当中进行的立法辩论都有利于公众参与预算程序。

为了有意义地参与预算程序而不是仅仅当一个橡皮图章，立法机关需要可靠和公正的信息以及强大的分析能力。虽然大部分经合组织国家的立法机关都能得到全面的预算文件，经合组织国家的立法机关（以及全世界的立法机关）有要在国会内部设立一个专门的预算研究部门或独立的国会预算办公室或财务委员会的趋势。在经合组织国家当中，这些单位的规模、成员和核心功能各有不同，但都有助于简化复杂的预算、消除行政机关在预算程序中对信息的垄断以及提高预算的可信度和可问责度。例如其主要的任务或包括对行政机关的预算提案和经济预测进行分析。有些是历史悠久的常设机构，如荷兰中央计划局（1947）和美国的国会预算办公室（1974）。

在不到十年的时间里，专门的预算研究部门的数量翻了一番还多，有些情况下其规模也扩大了。2000 年时，只有 7 个经合组织国家立法机关有专门的预算研究办公室。2003 年时这一数字增加到了 10 个，2007 年时增加到 14 个。2010 年，澳大利亚、爱尔兰和西班牙等国也设立了或正在设立新的机构。

除了整个预算程序中的支持以外，在批准预算之前，立法机关及其委员会需要充分的时间对预算文件进行考虑和辩论。为了确保立法机关的委员会（所有经合组织国家立法机关中都有，其对预算的审查最为深入）有足够的时间审查、辩论并提出修改意见，这是尤其重要的。经合组织（2002）出版的《预算透明度最佳做法》当中建议，行政机关的预算草案应尽早提交，以让立法机关进行适当的审查。这段时间不应少于财政年度开始前 3 个月，立法机关应当在财政年度开始前批准预算。在 20 个经合组织国家中，预算在财政年度开始前 3 个月提交给立法机关，且大部分的经合组织国家立法机关都在财政年度开始前批准预算。立法机关对预算的辩论少则如澳大利亚的 1 个月，多则如美国需 8 个月。大约半数的经合组织国家立法机关有 3 个月的时间对预算进行辩论，12 个国家只有 2 个月，3 个国家只有 1 个月。

方法和定义

数据来源于经合组织 2000 年、2003 年和 2007 年的国际预算做法和程序调查，并包括了立法机关对政府的预算提案进行辩论的时间的信息和是否有对立法机关进行协助的专门的预算研究办公室的信息。接受调查的是中央预算部门的高级官员，其回答代表了该国自己对当前的做法和程序的评估。来自经合组织调查的数据还结合了来自议会联盟（IPU）的在线数据库 Parline 当中的数据，该数据库中包含一个国会监督和预算程序的模块。Parline 由 IPU 的成员议会完成。该数据库的网址为：www.ipu.org。这里列出的还有来自经合组织《预算通讯》中的经合组织国家预算评论和文章中的信息。这里的“国会”“议会”“立法机关”含义相同，可以互换。

延伸阅读

Anderson，B.（2009），“The Changing Role of Parliament in the Budget Process”，*OECD Journal on Budgeting*，Vol. 2009/1，OECD Publishing，Paris，pp 37－47.

OECD（2002），“OECD Best Practices for Budget Transparency”，*OECD Journal on Budgeting*，Vol. 1，No. 3，OECD Publishing，Paris，pp. 7－14.

OECD（forthcoming in 2011），*Budgeting Practices and Procedures in OECD Countries*，OECD Publishing，Paris.

图附注

35.1：2007 年，括号里的数字代表当年报告的员工数字。没有智利和以色列的用人数据。从事预算工作的核心人员可能要少得多，如美国国会预算办公室约有 20 人。英国议会设立了一个内部预算监督单位，2002 年时约有 15 人。2010 年 5 月设立了一个新的预算责任办公室，对每一份预算和预算前报告进行公共财政和经济的独立评估，大约有 20 名员工。2010 年 11 月，西班牙设立了一个预算办公室协助立法机关。2010 年 8 月的联邦选举之后，作为“建设更好的国会”协议的一部分，澳大利亚提出设立一个国会预算办公室。作为 2011～2014 年国家恢复计划的一部分，爱尔兰政府也承诺成立一个预算顾问委员会，对政府的经济预测进行独立评估。

35.2：重要的具体国家附注见 http：//dx.doi.org/10.1787/888932390937。

有关以色列数据的信息：http：//dx.doi.org/10.1787/888932315602.

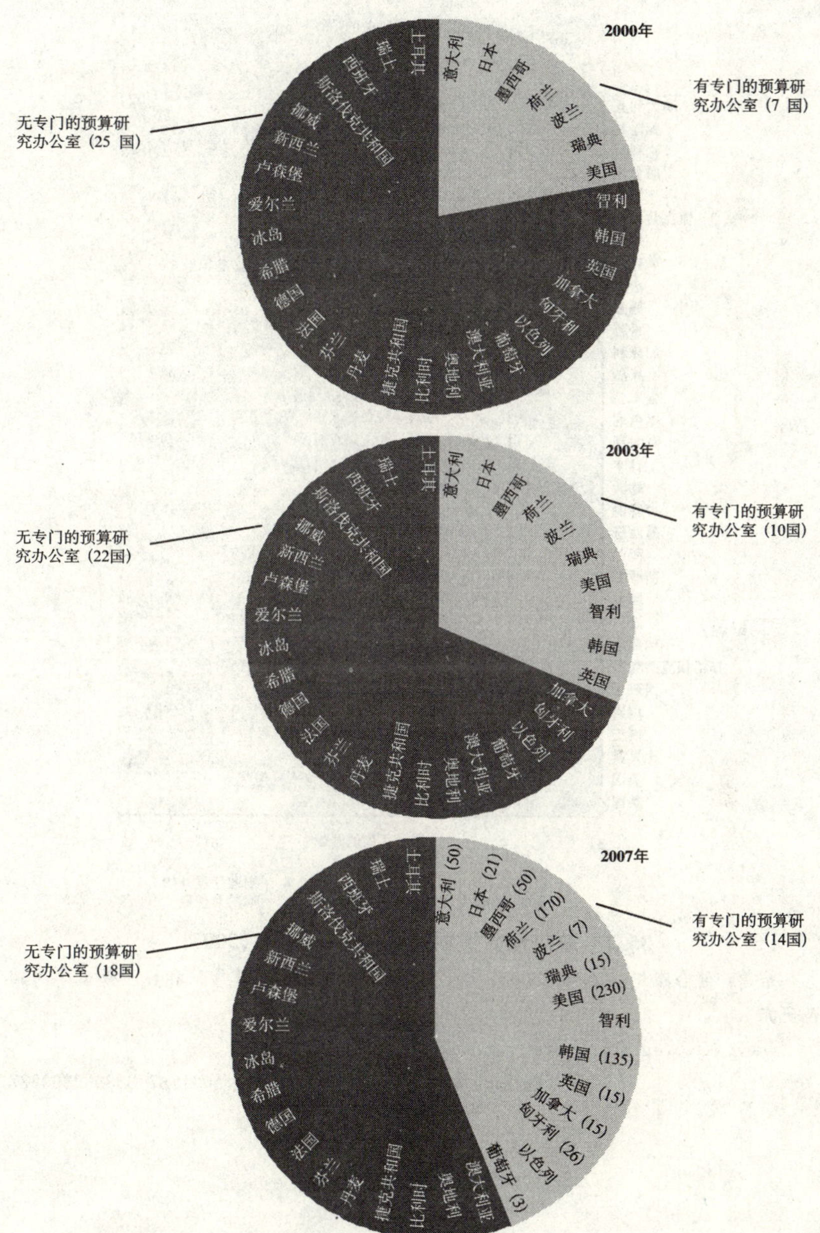

35.1　经合组织国家的立法预算办公室及其人员（2000 年，2003 年和 2007 年）

来源：经合组织（2000 年，2003 年，2007 年），经合组织国际预算做法和程序数据库及其他研究 www.oecd.org/gov/budget/database

StatLink http：//dx.doi.org/10.1787/888932390918

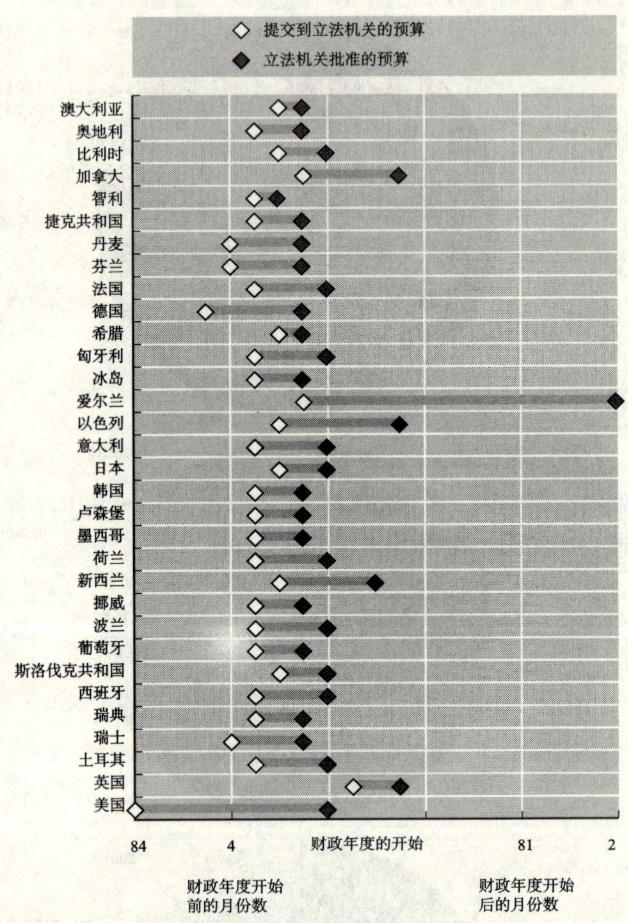

35.2　政府预算提案的立法讨论时间（2007）

来源：经合组织（2000，2003，2007），经合组织国际预算做法和程序数据库及其他研究

www.oecd.org/gov/budget/database

StatLink http：//dx.doi.org/10.1787/888932390937

36. 信息自由法的范围

信息自由法或信息公开法是开放政府的一个基本的支柱。这类法律有助于增加透明度、加强政府的可问责度并促进对决策的知情参与。今天，接受经合组织2010年开放政府调查的国家中除一个国家外全都有信息自由立法或规定。但是，就制度和涵盖信息类型而言，这些法律的力度和范围差别很大，反映了不同国家的不同制度和法律体系。

在大部分经合组织国家中，信息自由法垂直涵盖所有级别的政府，其中一半又水平地包括中央政府所有机关（立法、司法、行政）。在大部分国家当中，中央政府行政机关当中的所有单位（如部/部门和行政机构）都受信息自由立法规范。在半数以上国家中，管理公共基金的私人单位，如那些与政府签订合同、向民众提供服务的单位，都要受到信息自由法的规范。

所有经合组织国家的信息自由法都假设一个原则：最大限度的信息披露，即国家所持有的信息原则上都要向公众公开。但是，信息自由法也包含有豁免清单，作为不披露特定信息的理由。归类测试和危害测试是豁免信息公开的两种最常见途径。依照归类测试，所有属于某一特定类别的信息（如国家安全）都可不予公开。依照危害测试，政府可以以披露信息将导致诸如对个人或国防等的潜在损害为由拒绝信息公开的要求。绝大多数经合组织国家将归类测试适用于与国家安全、国际关系和个人数据有关的豁免。信息公开请求的拒绝既有强制性的（要求公共部门不得公开），也有自由裁量性的（公共部门可以自己判断是否公开某信息）。

虽然某些种类的信息可因上述原因受到豁免不被披露，信息自由法中还有着其他机制可使这些豁免无效。在大部分经合组织国家中，假如某信息中所含公共利益超过了公开该信息可能带来的损害，根据公共利益测试，该信息即可公开。但是，只有在9个国家（比利时、智利、芬兰、以色列、日本、韩国、墨西哥、波兰和西班牙），在冲突发生时所有情况下的公共利益测试都可令豁免无效。信息自由法的规定也包括部分公开豁免信息的可能性（除西班牙外的所有国家）。在加拿大和智利，部分公开是适用“可分割性”原则的结果，因为根据该原则，如果只有一部分符合豁免的要求，则不得将整个文件都不公开。荷兰在实践中也适用同样原则，尽管其信息自由法中没有单独的规定。最后，在 11 个国家中（加拿大、捷克共和国、丹麦、爱沙尼亚、法国、日本、墨西哥、挪威、波兰、英国和美国）可适用行政裁量权使归类测试和/或伤害测试确定的豁免无效。

方法和定义

数据通过 2010 年经合组织开放政府调查收集。该调查的重点在于收集信息自由法（公开法）的范围和中央政府施行该法情况的数据。接受调查的是中央政府负责实施开放政府倡议的官员。32 个经合组织国家以及俄罗斯联邦和乌克兰参加了该调查。

延伸阅读

OECD（2003），*Open Government：Fostering Dialogue with Civil Society*，OECD Publishing，Paris.

OECD（2005），*Policy Brief-Public Sector Modernisation：Open Government*，OECD Publishing，Paris.

OECD（2009），*Focus on Citizens：Public Engagement for Better Policies and Services*，OECD Publishing，Paris.

表附注

没有德国和希腊的数据。卢森堡目前正在起草一部有关信息公开的法律，故没有包括在表格中。

36.1：俄罗斯联邦和乌克兰没有算在经合组织总数里。意大利的信息自由法只适用于行政行为，不包括立法行为。根据意大利的制度，所有立法行为都发布在《官方公报》上（网上可自由查询到）。此外，初步立法行为、判决和司法行为都可在网上查到。

36.2：根据澳大利亚的法律，包含个人数据、政府内部讨论和卫生和安全信息的文件都必须公开，除非涉及到与之相反的公共利益。为满足表格中所列的每一个单独的豁免类别的“伤害”测试，适用的是不同的标准。

有关以色列数据的信息：http：//dx. doi. org/10. 1787/888932315602.

36.1 中央政府信息自由法的广度（2010）

	经合组织国家数	
政府层级		
中央	31	澳大利亚，奥地利，比利时，加拿大，智利，捷克共和国，丹麦，爱沙尼亚，芬兰，法国，匈牙利，冰岛，爱尔兰，以色列，意大利，日本，韩国，墨西哥，荷兰，新西兰，挪威，波兰，葡萄牙，俄罗斯联邦，斯洛伐克共和国，斯洛文尼亚，西班牙，瑞典，瑞士，土耳其，乌克兰，英国和美国。
地方各级	25	奥地利，比利时，智利，捷克共和国，丹麦，爱沙尼亚，芬兰，法国，匈牙利，冰岛，爱尔兰，以色列，意大利，韩国，荷兰，新西兰，挪威，波兰，葡萄牙，俄罗斯联邦，斯洛伐克共和国，斯洛文尼亚，西班牙，瑞典，土耳其，乌克兰和英国。
中央的权力分支机构		
行政	31	澳大利亚，奥地利，比利时，加拿大，智利，捷克共和国，丹麦，爱沙尼亚，芬兰，法国，匈牙利，冰岛，爱尔兰，以色列，意大利，日本，韩国，墨西哥，荷兰，新西兰，挪威，波兰，葡萄牙，俄罗斯联邦，斯洛伐克共和国，斯洛文尼亚，西班牙，瑞典，瑞士，土耳其，乌克兰，英国和美国。
立法	16	比利时，智利，爱沙尼亚，芬兰，匈牙利，爱尔兰，以色列，意大利，韩国，墨西哥，波兰，俄罗斯联邦，斯洛伐克共和国，斯洛文尼亚，瑞典，土耳其，乌克兰和英国。
司法	16	澳大利亚，比利时，智利，爱沙尼亚，芬兰，法国，匈牙利，以色列，意大利，韩国，墨西哥，挪威，波兰，俄罗斯联邦，斯洛伐克共和国，斯洛文尼亚，瑞典和乌克兰。
其他机构		
管理公共资金的私有实体	18	澳大利亚，比利时，捷克共和国，爱沙尼亚，芬兰，法国，匈牙利，冰岛，意大利，韩国，荷兰，波兰，葡萄牙，斯洛伐克共和国，瑞典，瑞士，土耳其，乌克兰和英国。

来源：经合组织 2010 年公开政府调查。

StatLink http：//dx. doi. org/10. 1787/888932392077

36.2　中央政府信息自由法的深度（2010）

	类别测试							危害测试				
	国家安全	国际关系	个人数据	商业秘密	保密的执法和公共秩序信息	内部讨论	健康和安全	对个人的危害	对国际关系和国家防务的危害	对商业竞争性的危害	对国家经济利益的危害	对执法机关的危害
澳大利亚	◍	◍	○	◍	◍	○	○	◍	◍	◍	◍	◍
奥地利	●	●	●	●	○	○	●	●	●	○	●	○
比利时	●	○	○	○	○	○	○	●	●	●	●	○
加拿大	◍	◍	●	●	◍	◍	○	◍	◍	●	◍	◍
智利	◍	◍	◍	◍	◍	◍	◍	◍	◍	◍	◍	◍
捷克共和国	●	◍	●	●	●	◍	◍	●	●	●	●	●
丹麦	◍	◍	◍	◍	◍	◍	◍	◍	◍	◍	◍	◍
爱沙尼亚	●	●	●	●	●	◍	●	●	●	●	○	●
芬兰	◍	◍	◍	◍	◍	○	◍	◍	◍	◍	◍	◍
法国	◍	◍	◍	◍	◍	◍	◍	◍	◍	◍	◍	◍
匈牙利	●	●	●	○	●	○	○	○	○	○	○	○
冰岛	●	●	●	●	○	◍	◍	●	●	●	●	○
爱尔兰	●	●	●	◍	●	◍	●	●	●	●	◍	●
以色列	●	●	●	◍	◍	◍	○	●	●	◍	○	◍
意大利	●	●	◍	◍	●	◍	●	◍	●	◍	●	●
日本	◍	◍	◍	◍	◍	◍	◍	●	●	●	●	●
韩国	◍	◍	◍	◍	◍	◍	◍	◍	◍	◍	◍	◍
墨西哥	◍	◍	●	◍	◍	◍	◍	●	●	◍	●	◍
荷兰	●	◍	●	●	○	◍	○	◍	◍	◍	◍	◍
新西兰	○	○	○	○	○	○	○	◍	◍	◍	◍	◍

续表

	类别测试							危害测试				
	国家安全	国际关系	个人数据	商业秘密	保密的执法和公共秩序信息	内部讨论	健康和安全	对个人的危害	对国际关系和国家防务的危害	对商业竞争性的危害	对国家经济利益的危害	对执法机关的危害
挪威	•	•	●	●	•	•	•	•	•	●	•	•
波兰	•	•	•	•	•	●	•	•	•	•	•	•
葡萄牙	●	●	●	●	●	○	●	●	●	●	○	○
斯洛伐克共和国	●	●	•	●	•	•	•	•	•	•	•	•
斯洛文尼亚	•	•	•	•	•	•	○	•	•	•	•	•
西班牙	●	○	•	●	●	○	•	○	○	○	○	○
瑞典	•	•	•	•	•	●	○	●	●	●	●	●
瑞士	●	●	●	●	●	●	●	●	●	●	●	●
土耳其	●	•	●	●	•	•	○	●	●	●	●	○
英国	•	•	○	•	•	•	•	•	•	•	•	•
美国	•	•	•	•	•	•	•	•	•	•	○	•
俄罗斯联邦	●	●	●	●	●	•	●	●	●	●	●	●
乌克兰	○	•	•	○	●	○	●	○	○	○	○	○
总 OECD31 国												
● 强制的	15	10	14	12	8	3	6	13	14	12	10	7
• 自愿的	15	18	13	16	18	20	15	16	15	16	15	17
○ 不适用	1	3	4	3	5	8	10	2	2	3	6	7

来源：经合组织 2010 年公开政府调查。

StatLink http://dx.doi.org/10.1787/888932392096

37. 申请获取公共信息的便利性

个人行使其获得信息的权力的可能性取决于（在多种因素中）信息自由法规定的信息公开程度、提出申请的简便程度以及给予申请人的个别保护。对提交申请规定狭窄的资格条件、回复时间过长或不合理的高收费等因素会限制或损害知情权。

有些国家有着严格的规定保护请求获取信息的团体和个人的隐私和身份。7 个国家的信息自由法包含了允许匿名申请的规定。在加拿大，申请人的身份受联邦法律的保护。其他国家，如澳大利亚、爱尔兰、捷克共和国、墨西哥、英国和美国，都允许事实上的匿名，因为其不要求申请人提供身份证明。相似的，6 个国家的信息自由法保护申请人免受政府官员的打击报复，其他国家的这类规定或包含在有关保护举报人的单独法律中。

在大部分的经合组织国家中（71%），信息自由法并没有对什么样的人有权申请获取信息作出限制。不过，有些国家还是有一定的限制。法国、意大利、葡萄牙和土耳其只允许超过法定年龄的个人或其代理人提出申请。在意大利、韩国和土耳其，申请人必须提供个人信息（如国民或居民身份证明、社会保障身份证明、身份证或有照片的身份证明）才能提交申请。在西班牙，只有本国公民或永久居民才能提出申请且申请人需提交对申请事项有合法利害关系的证明。

各国都采取了一系列措施来保证信息自由法实施当中的公平性和便利性。74%的国家规定公务员有义务帮助申请人识别和定位有关信息。此外，45%的国家对于协助有残疾的申请人获取信息作出了规定。所有接受调查的经合组织国家都允许以书面形式提出获取信息的申请。此外，大部分成员国也提供了其他渠道，包括：网上（84%的国家），亲自（77%），或电话（55%）。几乎所有国家都在法律或相关法律文件中规定了及时回复信息申请的标准，通常是 20 个工作日以内或少于 20 个工作日。但只有 26%的国家的申请人可以在网上跟踪信息申请的处理情况（智利、爱沙尼亚、韩国、墨西哥、斯洛伐克共和国、西班牙、瑞士和美国）。

除了冰岛和波兰之外的所有经合组织国家都对申请获取信息程

序中的某一个或某几个阶段收取费用，主要是为了支付信息复制的费用。大约半数国家的收费也与发送文件的成本有关，尽管有些国家（如澳大利亚和芬兰）在以电子的形式发送信息的情况下会免除这些费用。大部分收费都是可变的，意味着收费高低取决于需要复制的文件的页数或处理请求需要的时间（举例）。在收取可变费用的情况下，只有有限几个国家规定了这类费用的封顶金额（澳大利亚、芬兰、法国、意大利、挪威和葡萄牙）。

刚刚超过半数的收费的经合组织国家对费用的减免做出了规定。收费极少能支付实施信息自由法的全部成本。例如，加拿大收取的费用平均只占处理成本的1%。

方法和定义

数据通过2010年经合组织开放政府调查收集。该调查的重点在于收集信息自由法（公开法）的范围和中央政府施行该法的情况的数据。接受调查的是中央政府负责实施开放政府倡议的官员。32个经合组织国家以及俄罗斯联邦和乌克兰参加了该调查。

延伸阅读

OECD（2003），*Open Government：Fostering Dialogue with Civil Society*，OECD Publishing，Paris.

OECD（2005），*Policy Brief-Public Sector Modernisation：Open Government*，OECD Publishing，Paris.

OECD（2009），*Focus on Citizens：Public Engagement for Better Policies and Services*，OECD Publishing，Paris.

表附注

俄罗斯联邦和乌克兰没有算在经合组织总数里。没有德国和希腊的数据。卢森堡目前正在起草一部有关信息公开的法律，故没有包括在表中。

37.2：在澳大利亚，请求获取个人信息的，不收取处理费用。

有关以色列数据的信息：http：//dx.doi.org/10.1787/888932315602.

37.1 提交申请的便利性（2010）

	个人保护		对申请人的协助			提交申请的渠道			
	关于匿名的规定	保护不受打击报复	识别和定位相关信息	费用减免	残疾人获取有关信息的规定	书面	网上	亲自	电话
澳大利亚	○	○	●	●	●	●	●	●	○
奥地利	○	○	●	●	○	●	●	●	●
比利时	○	○	●	○	●	●	●	●	○
加拿大	○	○	●	●	●	●	○	●	○
智利	○	○	○	○	○	●	●	●	○
捷克共和国	○	○	●	●	○	●	●	○	○
丹麦	○	○	○	●	○	●	○	●	●
爱沙尼亚	●	○	●	●	○	●	●	●	●
芬兰	●	●	●	○	●	●	●	●	●
法国	○	○	○	○	○	●	●	●	●
匈牙利	●	○	○	○	○	●	●	●	●
冰岛	○	○	○	○	○	●	●	●	●
爱尔兰	○	○	●	●	●	●	○	●	○
以色列	○	○	○	●	○	●	●	○	○
意大利	○	○	●	●	●	●	●	●	●
日本	○	○	●	●	○	●	○	○	○
韩国	○	○	●	●	●	●	●	●	●
墨西哥	○	●	●	○	○	●	●	●	○
荷兰	○	●	●	○	○	●	●	●	●
新西兰	○	○	●	●	○	●	●	●	●
挪威	●	○	●	●	○	●	●	●	●
波兰	○	○	○	○	●	●	○	●	○
葡萄牙	○	○	●	○	○	●	●	●	○
斯洛伐克共和国	○	●	●	●	●	●	●	●	●
斯洛文尼亚	●	○	●	○	●	●	●	●	●
西班牙	○	○	○	○	○	●	●	○	○
瑞典	●	●	●	○	○	●	●	●	●
瑞士	●	○	●	●	●	●	●	●	●
土耳其	○	○	●	●	●	●	●	○	●
英国	○	○	●	○	●	●	●	○	○

续表

	个人保护		对申请人的协助			提交申请的渠道			
	关于匿名的规定	保护不受打击报复	识别和定位相关信息	费用减免	残疾人获取有关信息的规定	书面	网上	亲自	电话
美国	○	●	●	●	●	●	●	○	○
俄罗斯联邦	○	●	●	○	●	●	●	●	●
乌克兰	○	○	○	○	○	●	●	○	●
Total OECD31	7	6	23	16	14	31	26	24	17

● 是

○ 否

来源：经合组织2010年公开政府调查。

StatLink http：//dx. doi. org/10. 1787/888932392115

37.2　申请程序中不同阶段的收费（2010）

	免费	可变费用	固定费用	固定费用和可变费用
提出申请	澳大利亚，比利时，智利，捷克共和国，丹麦，爱沙尼亚，芬兰，法国，匈牙利，冰岛，意大利，韩国，墨西哥，荷兰，新西兰，挪威，波兰，葡萄牙，斯洛伐克共和国，斯洛文尼亚，西班牙，瑞典，瑞士，土耳其，英国，美国。	—	奥地利，加拿大，爱尔兰，以色列，日本	—
处理申请	奥地利，比利时，智利，捷克共和国，丹麦，爱沙尼亚，芬兰，法国，匈牙利，冰岛，意大利，日本，韩国，墨西哥，荷兰，挪威，波兰，葡萄牙，斯洛伐克共和国，瑞典，瑞士，土耳其，英国。	加拿大，爱尔兰，以色列，新西兰，斯洛文尼亚，西班牙，美国。	—	澳大利亚

续表

	免费	可变费用	固定费用	固定费用和可变费用
复制信息	奥地利，冰岛，波兰。	澳大利亚，比利时，加拿大，爱沙尼亚，芬兰，法国，匈牙利，爱尔兰，以色列，意大利，日本，韩国，墨西哥，荷兰，新西兰，挪威，斯洛伐克共和国，斯洛文尼亚，西班牙，瑞典，瑞士，土耳其，英国，美国。	智利，捷克共和国，丹麦	葡萄牙
发送信息	奥地利，加拿大，智利，丹麦，爱沙尼亚，匈牙利，冰岛，爱尔兰，意大利，日本，荷兰，新西兰，波兰，土耳其，美国。	比利时，芬兰，法国，以色列，韩国，挪威，葡萄牙，斯洛伐克共和国，斯洛文尼亚，西班牙，瑞典，瑞士，英国。	澳大利亚，捷克共和国，墨西哥。	—

来源：经合组织 2010 年公开政府调查。

StatLink http://dx.doi.org/10.1787/888932392134

38. 主动的信息披露

主动披露原则（即在公众提出要求之前信息必须已经公开）有助于政府实现更大的透明度和开放性。主动披露（也被称为“确定公开”）确保了需要信息的一方能够迅速获取公共信息而无需承担提交申请的成本或通过行政程序。对公共组织机构来说，主动披露能够减轻遵守信息自由法规定的负担。

所有经合组织国家都主动公布公共信息，其中72%的国家的信息自由法要求主动披露某些类别的信息。不同国家主动披露的信息类型不同。大部分国家都主动披露预算文件（94%），各部年度报告（84%）和审计报告（72%），但只有较少几个国家（28%）（包括智利、爱沙尼亚、冰岛、以色列、意大利、墨西哥、荷兰、土耳其和英国）主动披露公务员名单及工资。

信息和通信技术的使用为适用主动披露原则提供了方便。大约81%的经合组织国家建立了中央门户网站作为集中公布信息的一种手段。所有经合组织国家的中央门户网站都提供搜索功能帮助用户找到特定信息。不过，除了中央门户网站以外，各国也通过其他一系列网上渠道公开信息（如中央门户网站、各部和机构的网站以及其他网站）。例如，50%的经合组织成员国只在部/局/其他网站上公布预算文件，13%只在中央门户网站上公布，28%在两者都公布。

除了公布公共信息，新兴的技术也不断为加强透明度和通过对政府拥有的信息（如地理空间信息）的再使用而创造新的增值服务提供机会。大约有63%的经合组织国家公布了行政管理数据集，且大部分通过法律规定或政策要求以允许信息的再使用和再处理的格式（如开放格式）公布电子信息。澳大利亚、新西兰、英国和美国等国家通过一个中心网站（如 data. gov）以可再使用的格式提供公共数据，而其他国家（如智利和西班牙）也正在朝着这个方向努力。

方法和定义

数据通过2010年经合组织开放政府调查收集。该调查的重点在于收集信息自由法（公开法）的范围和中央政府施行该法的情况的数据。调查的一个单元研究了信息的主动公布和可以以电子形式获得的情况。接受调查的是中央政府负责实施开放政府倡议的官员。32 个经合组织国家以及巴西、埃及、俄罗斯联邦和乌克兰参加了该调查。

具体有关每一国最常见的公开信息的情况的数据：http：//dx. doi. org/10. 1787/888932392172。

“开放格式”是指一种储存数字数据的公开的规范，通常由一个标准组织制定和修改，可被任何人使用和实施。各国对于开放格式的定义可能不同。

延伸阅读

OECD（2003），*Open Government：Fostering Dialogue with Civil Society*，OECD Publishing，Paris.

OECD（2005），*Policy Brief-Public Sector Modernisation：Open Government*，OECD Publishing，Paris.

OECD（2009），*Focus on Citizens：Public Engagement for Better Policies and Services*，OECD Publishing，Paris.

图和表附注

没有德国和希腊的数据。卢森堡和巴西目前正在起草有关信息公开的法律，

38.1：有些类型的信息由信息自由法以外的其他法律要求披露。

有关以色列数据的信息：http：//dx. doi. org/10. 1787/888932315602.

38.1　中央政府积极主动的信息披露（2010）

	预算文件	各部年度报告，包括账目	审计报告	所有政府政策报告	规定范围内的商业合同	公务员名单及其工资	行政管理数据集	描述记录系统类型及其内容和使用的信息	关于内部程序、指南和指导原则的信息	政府机构结构和功能介绍	信息公开法年度报告	有关信息公开的程序信息
澳大利亚	◐	●	◐	○	◐	○	◐	●	●	●	◐	●
奥地利	◐	○	◐	○	○	○	◐	○	◐	◐	○	◐
比利时	◐	○	○	◐	○	○	◐	○	○	●	◐	◐
加拿大	●	●	●	○	●	○	◐	●	●	●	●	◐
智利	●	◐	●	○	●	●	○	○	○	●	◐	◐
捷克共和国	●	●	○	○	○	○	○	○	●	●	●	●
丹麦	◐	◐	◐	◐	○	○	◐	◐	◐	◐	○	○
爱沙尼亚	●	●	●	●	●	●	●	●	●	●	●	●
芬兰	●	●	●	●	●	○	●	●	◐	◐	○	●
法国	●	●	○	◐	○	○	○	○	○	●	●	●
匈牙利	●	●	●	●	●	○	●	●	●	●	●	●
冰岛	◐	◐	◐	◐	○	◐	◐	○	◐	◐	◐	◐
爱尔兰	○	◐	○	○	◐	○	○	◐	◐	●	●	◐
以色列	●	●	◐	○	○	◐	○	◐	●	●	●	●
意大利	●	●	●	●	●	●	◐	◐	◐	●	●	●
日本	◐	○	◐	○	◐	○	○	◐	○	◐	◐	◐

续表

	预算文件	各部年度报告，包括账目	审计报告	所有政府政策报告	规定范围内的商业合同	公务员名单及其工资	行政管理数据集	描述记录系统类型及其内容和使用的信息	关于内部程序、指南和指导原则的信息	政府机构结构和功能介绍	信息公开法年度报告	有关信息公开的程序信息
韩国	●	●	●	●	●	○	●	●	●	●	●	●
卢森堡	◉	◉	○	○	○	○	○	◉	○	◉	○	○
墨西哥	●	●	●	●	●	●	◉	●	●	●	●	◉
荷兰	◉	◉	◉	◉	○	◉	◉	○	◉	◉	◉	◉
新西兰	●	●	○	○	●	○	◉	○	○	○	●	●
挪威	◉	○	○	◉	○	○	○	◉	◉	◉	○	◉
波兰	○	●	○	○	○	○	●	○	○	●	○	●
葡萄牙	●	●	●	◉	●	○	○	●	●	●	●	○
斯洛伐克共和国	●	○	○	●	○	○	◉	◉	◉	●	○	●
斯洛文尼亚	●	●	●	●	○	○	●	●	●	●	●	●
西班牙	●	●	●	○	●	○	◉	◉	●	●	○	○
瑞典	◉	◉	◉	◉	○	○	◉	◉	○	◉	○	◉
瑞士	◉	◉	◉	○	○	○	○	○	◉	◉	◉	◉
土耳其	●	●	●	◉	○	●	○	●	○	●	●	●
英国	◉	◉	◉	○	◉	◉	◉	◉	○	◉	●	●
美国	◉	◉	◉	◉	◉	○	◉	●	●	●	●	●

续表

	预算文件	各部年度报告，包括账目	审计报告	所有政府政策报告	规定范围内的商业合同	公务员名单及其工资	行政管理数据集	描述记录系统类型及其内容和使用的信息	关于内部程序、指南和指导原则的信息	政府机构结构和功能介绍	信息公开法年度报告	有关信息公开的程序信息
巴西	◍	◍	◍	◍	◍	◍	◍	◍	◍	◍	○	○
埃及	◍	◍	○	◍	○	○	◍	○	◍	◍	○	○
俄罗斯联邦	●	○	○	●	○	●	●	●	●	○	●	●
乌克兰	◍	●	◍	●	○	○	◍	◍	●	●	●	●
总 OECD32 国												
● 信息公开法要求积极主动公开	17	17	12	8	11	5	6	11	12	19	16	16
◍ 信息公开法未要求，但通常都会公开	13	10	11	10	5	4	15	11	10	11	7	12
○ 不要求，通常也不公开	2	5	9	14	16	23	11	10	10	2	9	4

来源：经合组织 2010 年公开政府调查。

StatLink http：//dx. doi. org/10. 1787/888932392153

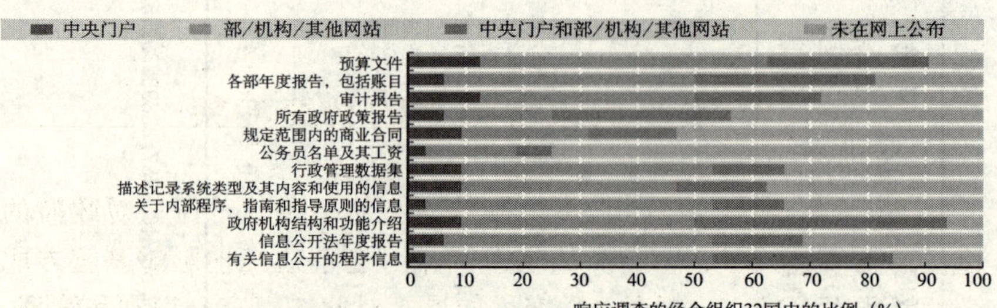

38.2　中央政府公开的最常见信息的可获得性（2010）

来源：经合组织 2010 年公开政府调查。

StatLink http：//dx. doi. org/10. 1787/888932390956

39. 最高决策者披露的利益冲突

保证政府决策的公正性不被利益冲突所损害对于保持对政府的信任非常关键。当政府官员的个人利益可能不适当地影响其官方职责的履行时，就会出现利益冲突。如果不对此加以充分识别和管理，利益冲突的情况可能导致腐败。

在经合组织成员国中，最高决策者披露私人利益是一种惯常的做法。虽然大部分的披露都是法律要求的，有些最高决策者也会主动进行披露。和司法机关的披露要求相比，行政和立法机关的披露水平相对较高。例如，分别有 86%和 84%的经合组织国家要求行政和立法机关的最高决策者披露私人资产。但只有 41%的国家对司法机关的官员有同样的要求。在有些国家，如匈牙利和韩国，最高决策者的某些家庭成员也被要求提交单独的披露声明。

在三类政府机关中，有报酬的外部职位是受到最多管制的私人利益。这当中司法机关对有报酬的外部职位管理最为严格，虽然完全禁止法官和检察官接受这类职位的国家相对要少一些（希腊、匈牙利、以色列、墨西哥、葡萄牙、土耳其和英国）。超过半数的受访经合组织成员国要求披露有报酬的外部职位。有几个国家，如爱沙尼亚、匈牙利、西班牙和比利时表示他们不要求披露教师和研究类职位。不到四分之一的国家完全禁止决策者接受礼物，但约有半数国家要求披露。司法机关对礼物的管制尤其严格。例如，13 个国家禁止法官接受礼物，12 个国家禁止检察官接受礼物。

最高决策者披露的信息能否公开获得对于保证政府的可问责性和加强对政府的信任也很重要。但是，几乎所有的经合组织国家都只部分公开所披露的信息。有的国家，如以色列，完全不公开任何信息。其他国家则只公开很少几类的披露信息，如法国公开总统的资产和负债，土耳其公开总统的无报酬的外部职位和以前的工作，斯洛文尼亚公开政府各机关的决策者收到的礼物。

各国也在不断要求披露风险领域官员的私人利益，如税务和海关官员，采购官员以及财政当局。只有少数几个国家将这类信息披露公开，如比利时、墨西哥和新西兰。数据进一步显示，防止风险领域的利益冲突，重点主要在于披露和禁止外部职位和礼物。除法官和检察官例外，禁止公共部门风险领域的官员收取礼物的要多于禁止三类政府机关中的最高决策者收取礼物：11 个国家禁止税务和海关官员收取礼物，10 个国家禁止财政当局收取礼物，9 个国家禁止采购官员收取礼物。

方法和定义

收集的数据集中于中央政府最高决策者的利益冲突披露并建立在《政府概览 2009》中所列数据的基础上。数据通过 2010 年经合组织关于诚信的调查。与 2009 年相比，调查的范围扩大到了法官、检察官以及部分被认为是处于采购、税务和海关行政部门和财政当局等风险领域的公共官员的数据。2010 年的数据也涵盖了有关收入（按来源和金额区分）和外部职位（有报酬的和无报酬的）披露的信息。

参加调查的是中央政府负责诚信政策的国家代表。共有 33 个经合组织国家以及巴西、俄罗斯联邦、埃及和乌克兰参加了调查。没有卢森堡的数据。

具体国家的数据见附件 F。

“决策者”一词指以下职位：总统、总理、部长或内阁成员、上院和下院议员、法官、检察官、税务和海关官员，采购官员和财政当局。

“司法”和“司法机关”包括法官和检察官，尽管在有些国家当中检察官不属于司法系统。

延伸阅读

OECD（2003），*Recommendation of the Council on Guidelines for Managing Conflict of Interest in the Public Service*，OECD Publishing，Paris.

OECD（2007），*OECD Guidelines for Managing Conflict of Interest in the Public Service*：*Report on Implementation*，OECD Publishing，Paris.

OECD（2010），*Post-Public Employment*：*Good Practices for Preventing Conflict of Interest*，OECD Publishing，Paris.

图附注

“不要求披露”类没有包括在图表中。具体国家的数据和附注见每个图表下面的 StatLink 和/或附件 F。

有关以色列数据的信息：http：//dx. doi. org/10. 1787/888932315602.

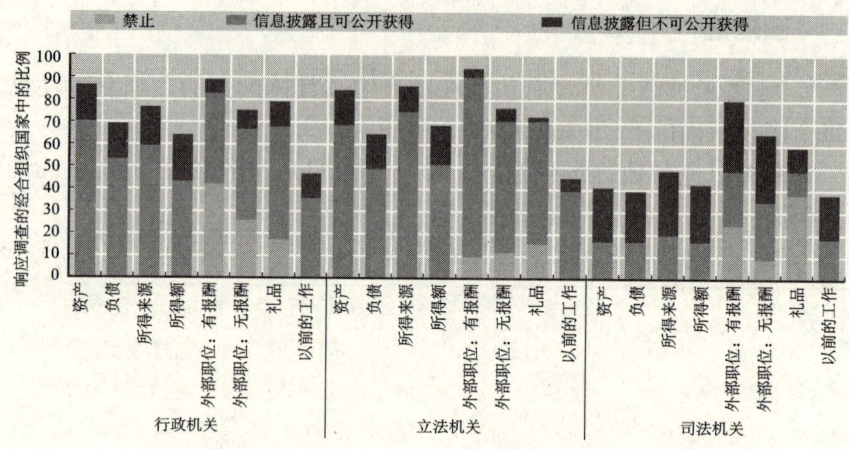

39.1 政府三分支机关中私人利益披露水平（2010）

来源：经合组织诚信调查（2010）

StatLink http：//dx.doi.org/10.1787/888932390975

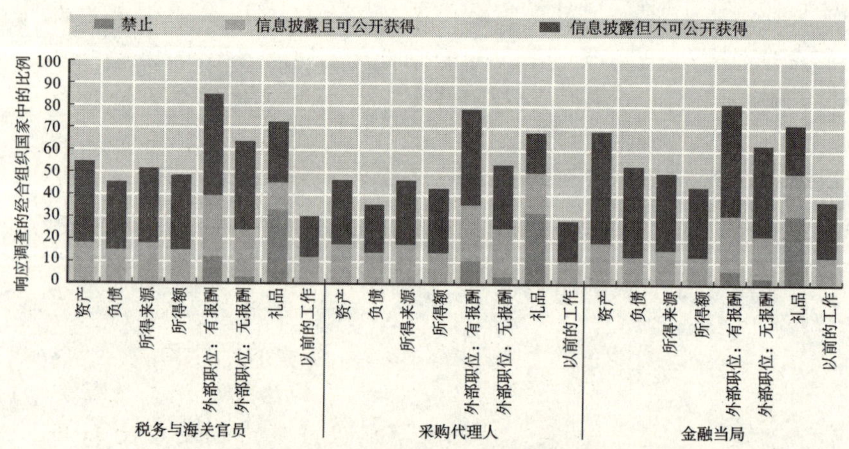

39.2 风险领域部分官员私人利益披露水平（2010）

来源：经合组织诚信调查（2010）

StatLink http：//dx.doi.org/10.1787/888932390994

第九章　公共采购

在任何国家，公共采购都是最大的一项政府开支之一，在经合组织成员国中平均占到国内生产总值约13%。由于其复杂性，采购过程中产生的资金流动的规模，以及公共部门和私有企业之间的密切互动，在公共采购中又极易产生浪费、欺诈和腐败。基于上述原因，努力建成一个高效率且透明的公共采购体系对经合组织各成员国来说都是头等大事。

本章以“2008年经合组织公共采购促进诚信原则”为基础，审视了一个运作良好、透明的、负责任的公共采购体系的中心要素。作为与此问题的相关性和公共采购支出对社会和经济造成的影响最核心的因素，首先提出的是对公共采购市场规模的估算。此外，由于透明度在将公共资金管理不善的风险最小化方面是个关键因素，本章中还包括了关键采购文件是否向公众提供的数据，有关投标人复审和救济系统的数据，以及公民参与采购过程的机会的数据。经验表明，在采购过程中使用信息和通信技术（ICTs）有助于形成一个更具有竞争性的、负责任的和高效率的系统，在这里也第一次提供了政府使用电子采购方案情况的最新调查结果。最后，公共采购也可以是政府追求多种政策目标的一个有效工具。作为一个专题，关于经合组织中绿色采购活动的调查结果突出了政府在通过公共采购来推动环保政策方面的潜力和局限性。

40. 公共采购市场的规模

公共采购（政府和国有企业购买产品、服务和工作）在 GDP 当中占了相当的百分比，对经济有着直接的影响。作为政府最大的开支项目之一，获取有关这方面更加准确、全面的信息对提高政府服务质量、更好地分配资源以及为纳税人的金钱创造更大的价值非常关键。

根据来自于国民经济核算的估算，经合组织成员国政府在公共采购上的支出平均占 GDP 的 12%（不包括国有公用事业的采购）。其中的不同反映了国家的不同规模、其在经济中的作用以及大的开支项目的存在（如基础设施投资）。2008 年，荷兰，捷克共和国和冰岛通过公共采购交易支出超过 GDP 的 15%，是经合组织国家中比例最高的。相比之下，墨西哥、智利和瑞士的采购开支不到 GDP 的 7%。

有些国家也有关于国有公用事业采购合同的估算价值的数据。如果把这些购买也计算进去的话，采购市场的规模将额外增加 GDP 的 2 到 13 个百分点。例如，2008 年，奥地利、捷克共和国和斯洛伐克共和国的国有公共事业通过公共采购的支出在 GDP 的 8%到 13%之间。

作为对经济衰退的应对，很多国家实行了包括一大部分采购的财政刺激计划，通常与基础设施项目有关。从 2006 年到 2008 年大部分经合组织国家的采购活动相对于其 GDP 都有所增加。

对欧盟国家而言，超过法定价值的投标都必须在《欧盟官方公报》（OJEU）上进行公告。公告的投标价值，作为估算的国家公共采购市场的总价值的一部分，很好地反映了一国的公共采购机会在多大程度上向外国投标人公开。事实上，在国内采购市场上开放国际竞争方面，近年来已取得了很大的进展。各个欧盟国家公告的投标比例有很大不同，从德国和荷兰的 7%到爱沙尼亚的 45%都有。平均而言，经合组织国家当中的欧盟成员国的公共采购总价值的 22%被公告在《欧盟官方公报》上。

方法和定义

国内采购市场的规模是根据基于国民经济核算体系的经合组织

国民经济核算数据库的数据估算的。一般政府采购是指中间消耗（政府为自己使用的目的购买的产品和服务，如会计或信息技术服务）的总和，固定资本形成总额（资本的增加不包括销售固定资本，如新修道路），以及通过市场生产者的实物社会转移（市场生产者生产的产品和服务，由政府购买并提供给家庭）。它代表着某年当中支付（支出）的数额。国民经济核算体系的数据或许估算过高，因为上述类别可能包括了不是通过政府采购支出的某些开支。

一般政府的组成部分包括了中央、州和地方政府的采购价值和社会保险基金，但是不包括公共公司，如国有公用事业。因此，在有可能的情况下，把国有公用事业采购交易的开支数据也包括了进来，以便更好地估计采购市场的规模。国有公用事业采购的开支由欧洲委员会估算。

评估采购市场规模的另一种方法包括利用从公布的投标中收集来的数据。欧洲委员会基于投标的数目和各国报告的合同标的价值来估计《欧盟官方公报》上公布的投标的总价值，但这不一定代表了所指年度的开支。这一估算计算为国内公共采购市场的总估值的百分比，该总估值包括国民经济核算体系估算的一般政府采购和欧洲委员会估计的国有公用事业采购。

延伸阅读

Audet, D. (2002), "The Size of Government Procurement Markets", *OECD Journal on Budgeting*, Vol. 2, No. 3, OECD Publishing, Paris.

European Commission (2008), *Measurement of Indicators for the Economic Impact of Public Procurement Policy*, Working document, European Commission, Brussels.

OECD (2009), *OECD Principles for Integrity in Public Procurement*, OECD Publishing, Paris.

图附注

40.1 和 40.2：加拿大、希腊、冰岛、以色列、墨西哥、英国和美国没有报告在其国民经济核算中通过市场生产者的实物社会转移的数据。这些领域的开支或在包括在一般政府采购的其他类别下报告，或在其他地方计算，故未包括在图中。

40.1：只有部分同时也是欧盟成员的经合组织国家提供了对国有公用事业的公共采购交易的估算。经合组织关于此项交易的平均数未包括那些没有数据的国家。

40.2：不包括国有公用事业的公共采购支出。

40.3：无非欧盟国家成员国的数据。

有关以色列数据的信息：http：//dx.doi.org/10.1787/888932315602.

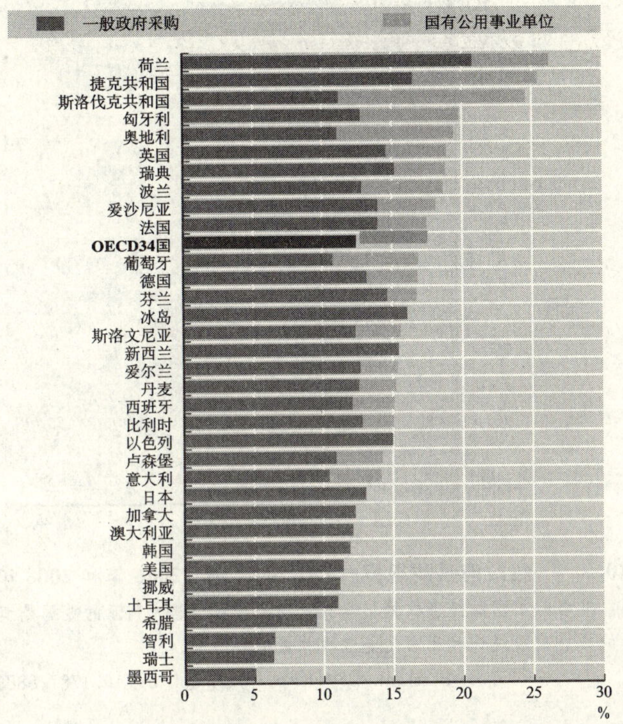

40.1 一般政府和国有公用事业单位采购占 GDP 的比例（2008）

来源：经合组织国民经济核算年鉴和欧洲统计局。澳大利亚的数据是澳大利亚统计局提供的政府财政统计和国民经济核算数据的结合。

StatLink http：//dx. doi. org/10. 1787/888932391013

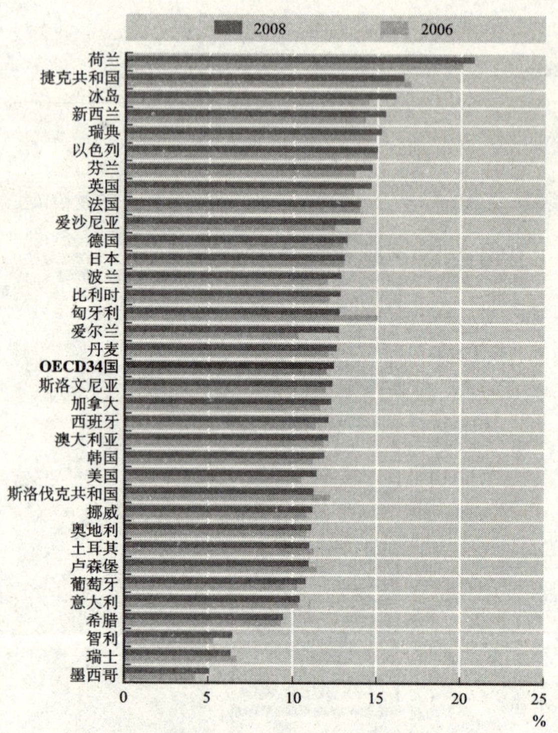

40.2　一般政府采购规模占 GDP 的比例（2006 年和 2008 年）

来源：经合组织国民经济核算年鉴和欧洲统计局。澳大利亚的数据是澳大利亚统计局提供的政府财政统计和和国民经济核算数据的结合。

StatLink http://dx.doi.org/10.1787/888932391032

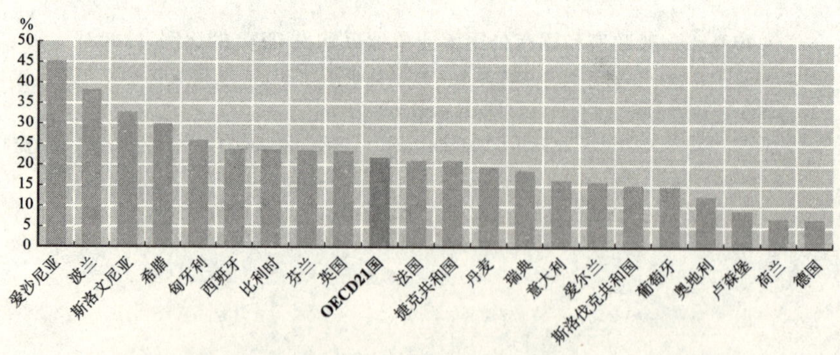

40.3　在欧盟官方通讯上公告的公共采购招标占全部国内采购市场的比例（2008）

来源：欧洲统计局

StatLink http://dx.doi.org/10.1787/888932391051

41. 公开采购的透明度

在公共采购当中，利害攸关的财政利益、交易量以及公私部门之间的密切互动给浪费纳税人的钱和为私人获利带来了很多机会。在整个公共采购的过程中保证足够的透明度，对于将欺诈、腐败、滥用资金的风险最小化、为企业创造一个公平竞争的平台从而促进竞争都很关键。信息公开，利益相关者参与采购过程中的主要阶段，以及争议发生时的复审和救济，都是保证公共采购的透明性和可问责性的关键因素。

采购信息是否公开并可获得很大程度上取决于信息的种类。经合组织国家更多地公开有关投标前和投标阶段的信息，包括法律和政策（34 个经合组织国家都一直公开）和选择和评估标准（21 个国家）。相比之下，较少国家公开有关合同授予后的事件的信息，如授予合同的原因（13 个国家公开），合同修改（11 个国家公开）或允许跟踪采购开支的信息（6 个国家公开）。爱沙尼亚、冰岛、意大利、日本和韩国公开的采购信息种类最多。

公民参与公共采购过程中的关键阶段能够促进直接的公共监督和提高透明度。13 个经合组织国家有强制的或自愿的参与机制，主要在开标程序和有关合同条款的公共听证会。值得注意的是，日本和韩国允许公民参与采购过程中的一个或多个阶段。捷克共和国、波兰和美国相对而言更多采用自愿磋商机制。

复审和救济机制对于阻止合同授予阶段的欺诈很重要。如发生争议，所有参加调查的成员国（除斯洛文尼亚外）都允许由法院对合同授予决定重新进行审查。但是，动用司法审查程序成本很高，所费时间也很长。为了更加及时地应对争议，一半以上的经合组织成员国都设立了特别审查机构。此外，19 个经合组织国家提供了争议解决替代机制，如通过特派员、调解程序或仲裁庭等。有几个国家还提供了每年提交的公共采购争议件数的数据。

方法和定义

数据通过经合组织 2010 年关于公共采购的调查收集。该调查的重点在于中央政府采购程序的透明度、公民参与度和现有的救济方式。参加调查的是经合组织国家中央政府中负责公共采购的官员。一共有 33 个经合组织国家和巴西、埃及、乌克兰参加了调查。

公民参与采购过程中关键阶段的具体国家常规机制以及投标人享有的复审和救济机制的更多数据见附件 G。

特别审查机构是独立于发包方和行政、民事法庭的独立机构。在某些国家，它可能是公共采购机构的一部分。该审查机构的决定通常是具有法律效力的，可起诉于民事或行政法庭（来源：改编自 SIGMA，OECD）。

延伸阅读

OECD（2007），“Public Procurement Review and Remedy Systems in the European Union”，*SIGMA Paper*，No. 41，OECD Publishing，Paris.

OECD（2009），OECD *Principles for Integrity in Public Procurement*，OECD Publishing，Paris.

OECD（2010），*Enhancing Integrity in Public Procurement*：*A Toolbox*，available at www. oecd. org/governance/procurement/toolbox.

表附注

41.1：在澳大利亚，将合同授予某一选定的承包商的理由有些情况下不会公开。

有关以色列数据的信息：http：//dx. doi. org/10. 1787/888932315602.

41.1 中央政府采购信息的公开性（2010）

	法律和政策	给潜在投标人的一般信息	选择和评估标准	合同授予	对申请程序的具体指导	投标文件	预期投标的采购计划	与选定承包商签订合同的理由	合同的修改	跟踪采购支出
澳大利亚	●	•	•	●	•	•	●	■	•	○
奥地利	●	•	•	•	•	•	•	○	•	○
比利时	●	●	●	●	●	●	●	●	●	○
加拿大	●	●	■	●	●	■	○	■	●	○
智利	●	●	•	●	●	●	●	●	•	●
捷克共和国	●	●	●	●	●	●	•	•	•	•
丹麦	●	●	•	•	•	•	●	•	•	○
爱沙尼亚	●	●	●	●	●	■	●	●	■	●
芬兰	●	●	●	●	•	■	•	●	○	○
法国	●	●	●	•	●	•	•	■	●	■
德国	●	●	•	•	○	•	○	○	○	○
希腊	●	●	●	●	•	●	•	●	○	○
匈牙利	●	●	●	●	●	●	●	●	●	●
冰岛	●	●	●	●	●	●	●	●	●	■

续表

	法律和政策	给潜在投标人的一般信息	选择和评估标准	合同授予	对申请程序的具体指导	投标文件	预期投标的采购计划	与选定承包商签订合同的理由	合同的修改	跟踪采购支出
爱尔兰	●	●	●	•	•	●	●	•	•	○
以色列	●	•	●	•	•	●	•	■	●	○
意大利	●	●	●	●	●	●	●	■	●	■
日本	●	●	●	●	●	●	●	●	●	■
韩国	●	●	●	●	●	●	●	●	●	●
卢森堡	●	●	●	•	•	●	•	■	■	•
墨西哥	●	●	●	●	●	●	●	●	•	●
荷兰	●	•	•	•	•	•	•	•	•	○
新西兰	●	■	●	●	■	●	●	■	■	○
挪威	●	•	•	•	•	■	●	■	■	■
波兰	●	●	●	●	●	●	●	●	■	○
葡萄牙	●	•	•	•	•	•	•	•	•	•
斯洛伐克共和国	●	●	●	●	●	■	•	○	●	○
斯洛文尼亚	●	•	•	•	•	•	•	■	•	■

续表

	法律和政策	给潜在投标人的一般信息	选择和评估标准	合同授予	对申请程序的具体指导	投标文件	预期投标的采购计划	与选定承包商签订合同的理由	合同的修改	跟踪采购支出
西班牙	●	●	●	●	●	●	●	●	●	○
瑞典	●	●	◉	◉	●	◉	◉	◉	○	○
瑞士	●	●	●	●	●	●	○	●	○	◉
土耳其	●	●	●	●	●	●	◉	■	■	●
英国	●	●	○	●	●	○	●	◉	○	○
美国	●	●	◉	◉	◉	◉	◉	○	■	◉
巴西	●	●	●	●	■	●	○	■	●	●
埃及	●	●	●	◉	●	●	○	○	◉	○
乌克兰	●	●	●	●	●	●	●	■	○	○
总 OECD34 国										
● 总是	34	26	21	21	19	18	17	13	11	6
■ 经要求	0	1	1	0	1	5	0	10	7	6
◉ 有时	0	7	11	13	13	10	14	7	10	5
○ 不适用	0	0	1	0	1	1	3	4	6	17

来源：2010 年经合组织关于公开采购的调查

StatLink http://dx.doi.org/10.1787/888932392191

41.2 中央政府对公开采购的复审和救济机制（2010）

复审机制	总 OECD 34 国	国家
法庭	33	澳大利亚，奥地利，比利时，加拿大，智利，捷克共和国，丹麦，爱沙尼亚，芬兰，法国，德国，希腊，匈牙利，冰岛，爱尔兰，以色列，意大利，日本，韩国，卢森堡，墨西哥，荷兰，新西兰，挪威，波兰，葡萄牙，斯洛伐克共和国，西班牙，瑞典，瑞士，土耳其，英国和美国。
替代争议机制	20	澳大利亚，奥地利，比利时，加拿大，智利，捷克共和国，法国，匈牙利，冰岛，以色列，意大利，韩国，卢森堡，墨西哥，新西兰，挪威，葡萄牙，西班牙，英国和美国。
特别审查机构	20	奥地利，比利时，加拿大，智利，捷克共和国，爱沙尼亚，德国，匈牙利，冰岛，日本，韩国，墨西哥，挪威，波兰，斯洛伐克共和国，斯洛文尼亚，西班牙，瑞士，土耳其，美国。

来源：2010 年经合组织关于公开采购的调查

StatLink http：//dx. doi. org/10. 1787/888932392210

42. 电子采购

电子采购，即在公共采购中使用信息和通信技术，便于公开招标为人所了解并能促进竞争。它也能够增加采购过程的透明度，让公共当局更能对公民和企业负责。此外，在公共采购中使用信息技术能够减轻行政管理负担并为政府和企业降低成本。电子渠道还可缩短订货周期和提高相符程度，或许可有助于降低价格。

为了充分利用电子采购带来的效率提高和成本节约，21 个经合组织国家设立了单式采购网站，提供一站式的公共采购。其他国家则选择了根据购买的类型（如日本通过承包单位网站提供信息）或运作/交易的类型（如比利时和挪威）设立一个以上的网站。像瑞典这样没有政府网站的国家，则有私人公司提供特定的在线服务，通常为集中公布投标公告。

随着更多地使用电子采购，可以从网上获得越来越多的信息。在 7 个经合组织国家（如韩国、墨西哥、智利、爱尔兰、西班牙、意大利和土耳其），80%以上的关键采购信息可以在单式采购网站上找到。其他经合组织成员国则在承包单位网站上公布大部分的信息（如捷克共和国和日本）。

从招标到合同管理和支付，单式采购网站提供服务的范围在不断扩大。数据显示了在公共采购中扩大使用电子渠道、引进更多复杂应用的趋势，这使政府和投标人之间的界面更容易使用并协助管理合同。大部分国家通过其网站提供招标公告搜索（90%）以及下载所有的相关文件（90%）。有些国家在其采购网站上提供更先进的功能，如电子投标（52%）或反向拍卖（33%）。半数以上的国家提供合同管理工具，如有关往期采购合同的数据（62%）和跟踪合同结果（48%）。只有很小一部分国家如智利、法国、以色列和韩国有电子支付系统。

方法和定义

数据通过经合组织 2010 年关于公共采购的调查收集。该调查的重点在于中央政府采购程序的透明度、公民参与度和可以获得的补偿方式。参加调查的是经合组织国家中央政府中负责公共采购的官员。一共有 34 个经合组织国家和巴西、埃及、乌克兰参加了调查。

更多有关公共采购信息在线公开情况的具体国家数据以及政府的电子采购网站提供的服务的数据见附件 G。

单式采购网站是将采购信息集中到互联网上的一个地址，可以通过网址找到。

电子目录是可以以电子格式浏览的产品和/或服务的清单，其中可包括例如插图、价格和产品和/或服务描述。电子反向拍卖是在买方组织和若干供应商之间进行的在线实时动态拍卖，这些供应商要互相竞争，在一段指定的时间内连续出价，出价最低的赢得合同。

延伸阅读

OECD（2007），*Integrity in Public Procurement：Good Practice from A to Z*，OECD Publishing，Paris.

OECD（2009），*OECD Principles for Integrity in Public Procurement*，OECD Publishing，Paris.

OECD（2010），*Enhancing Integrity in Public Procurement：A Toolbox*，available at www.oecd.org/governance/procurement/toolbox.

图附注

42.1：图 42.1 代表了公开可获取的关于以下内容的公共采购信息的百分比（总是或有时）：法律和政策；给潜在投标人的一般信息；有关申请程序的具体指南；采购计划；投标文件；选择和评估标准；合同授予；授予合同的原因；合同修改；跟踪采购开支；其他数据。未包括经申请才公开的信息。其他地点包括国内的印刷/电子通讯，国际性的中心网站和其他网站。

42.2：占 22 个有单式采购网站的经合组织国家的百分比。

有关以色列数据的信息：http：//dx.doi.org/10.1787/888932315602.

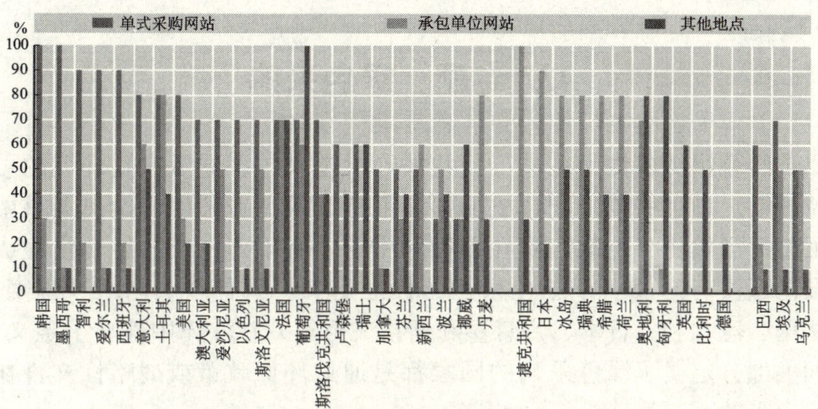

42.1　中央政府部分公共采购信息网上公开的情况（2010）

来源：2010年经合组织关于公开采购的调查

StatLink http：//dx. doi. org/10. 1787/888932391070

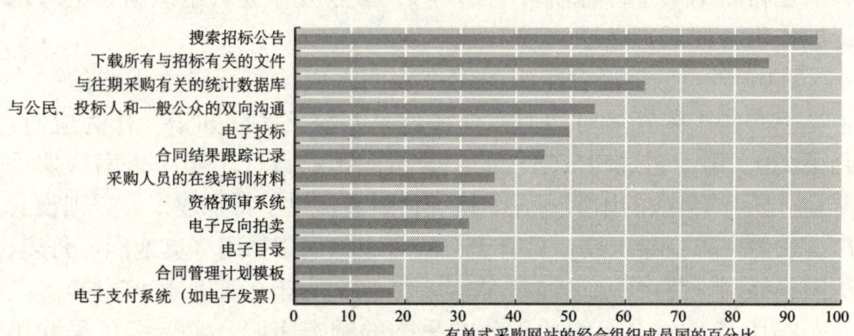

42.2　单式采购网站最常提供的服务（2010）

来源：2010年经合组织关于公开采购的调查

StatLink http：//dx. doi. org/10. 1787/888932391089

43. 专题：绿色采购

经合组织成员国在进行公共采购时越来越多地考虑到环境的可持续性。通过绿色采购，成员国为可持续的消费和生产做出了重要贡献。虽然将绿色政策摆在前面和中心，有不到一半的经合组织成员国还没有形成一个绿色采购的标准定义。只有六个国家（丹麦、法国、意大利、日本、卢森堡和斯洛文尼亚）在法律中确立了定义，而大部分定义了绿色采购的国家都是通过环保政策或战略性文件作出定义的。

为了在整个产品和服务周期中推行环保标准，大部分经合组织国家在采购合同的技术规格当中列出了绿色标准（24 国），还有许多国家也将其纳入了评标阶段（18 国）。较少几个经合组织国家把绿色标准作为合同履行条款（13 国）。

2007 年，一项经合组织的调查表明，成功实行绿色采购的一个常见障碍是采购官员对如何实现绿色采购缺乏实际知识。作为应对，到了 2010 年，超过四分之三的经合组织国家设计了实用指南（如手册），还有约半数的国家开发了培训材料或提供了特别建议。守则没有广泛成为一种指导工具，只有十个经合组织国家采用（奥地利、丹麦、法国、韩国、荷兰、新西兰、波兰、斯洛文尼亚、西班牙和瑞典）。

2010 年的经合组织关于公共采购的调查表明，实行绿色采购仍有若干障碍。今天在经合组织国家中最常见的担忧是更严厉的环境标准可能会导致价格上涨（79％）。评估产品或服务的成本要从整个周期中成本来看而不是光看其市场价格就可以解决这个问题，但要这样去做仍然是个挑战。其他已知的局限包括缺乏监督机制（45％），没有激励因素促使采购决策时考虑绿色标准（42％）以及缺乏充足的供应商（36％）。

在实际中实行绿色采购的程度很难衡量。只有少数几个国家（如爱沙尼亚、挪威和瑞典）收集了有关考虑绿色标准的中标合同数量的量化信息。

方法和定义

数据通过经合组织 2010 年关于公共采购的调查收集。该调查的重点在于中央政府采购程序的透明度、公民参与度和现有的补偿方式。参加调查的是经合组织国家中央政府中负责公共采购的官员。一共有 34 个经合组织国家和巴西、埃及、乌克兰参加了调查。

绿色采购，根据欧洲委员会的定义，是指“公共当局在寻求采购整个周期中会采购的有着同样基本功能、对环境影响较小的产品、服务和成果的过程。”

延伸阅读

European Commission (2008), Communication from the Commission to the European Parliament, the Council, the European Economic and Social Committee and the Committee of Regions, *Public Procurement for a Better Environment*, European Commission, Brussels.

OECD (2003), “Recommendation of the Council on Improving the Environmental Performance of Public Procurement”, Vol. (2003) 8, OECD Publishing, Paris.

OECD (2007), *Improving the Environmental Performance of Public Procurement: Report on Implementation of the Council Recommendation*, OECD Publishing, Paris.

表格附注

有关以色列数据的信息：http://dx.doi.org/10.1787/888932315602.

43.1 采购过程中适用绿色标准的阶段和现有的指导工具（2010）

	采购中适用绿色标准的阶段			促进绿色采购实践的指导			
	技术规格	评标阶段	作为合同履行条款	实用指南	培训材料	特别建议	实务守则
澳大利亚	○	○	○	●	○	○	○
奥地利	●	●	●	●	○	○	●
比利时	●	●	●	●	○	●	○
加拿大	●	●	●	●	●	●	○
智利	●	●	○	●	●	○	○
捷克共和国	○	○	○	○	○	○	○
丹麦	●	●	○	●	○	●	●
爱沙尼亚	●	●	●	●	●	●	○
芬兰	●	○	○	●	●	●	○
法国	●	●	●	●	●	●	●
德国	○	○	○	●	●	○	○
希腊	○	○	○	○	○	○	○
匈牙利	○	○	○	●	●	○	○
冰岛	●	○	○	●	●	●	○
爱尔兰	●	●	○	●	○	○	○
以色列	●	●	●	○	●	●	○
意大利	●	●	●	●	●	●	○
日本	●	○	○	●	○	●	○
韩国	●	○	○	●	●	●	●
卢森堡	●	●	●	●	○	○	○
墨西哥	●	○	○	○	○	○	○
荷兰	●	●	●	●	●	●	●
新西兰	●	●	●	●	○	○	●
挪威	○	○	○	●	●	●	○
波兰	●	●	●	●	●	○	●
葡萄牙	●	●	○	○	○	○	○
斯洛伐克共和国	○	○	○	○	○	○	○
斯洛文尼亚	●	●	●	●	●	●	●
西班牙	●	●	●	○	○	●	●
瑞典	○	○	○	●	●	●	●

续表

	采购中适用绿色标准的阶段			促进绿色采购实践的指导			
	技术规格	评标阶段	作为合同履行条款	实用指南	培训材料	特别建议	实务守则
瑞士	●	●	○	●	●	●	○
土耳其	○	○	○	○	○	○	○
英国	●	○	○	●	●	○	○
美国	..	..	..	●	●	●	○
巴西	●	●	○	●	●	○	○
埃及	○	○	○	○	○	○	○
乌克兰	○	○	○	○	○	○	○
总 OECD34 国							
● 有	24	18	13	26	19	18	10
○ 无	9	15	20	8	15	16	24

来源：2010 年经合组织关于公开采购的调查

StatLink http：//dx. doi. org/10. 1787/888932392229

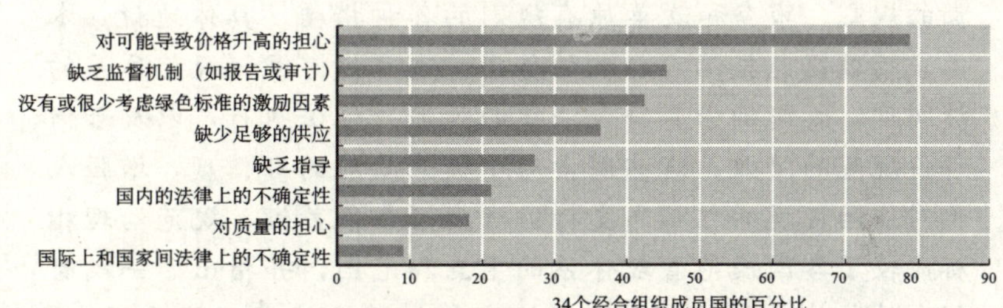

43.2　中央政府采购官员指出的绿色采购的局限性（2010）

来源：2010 年经合组织关于公开采购的调查

StatLink http：//dx. doi. org/10. 1787/888932391108

第十章　规范治理

为保护公民和企业的利益，保护环境，实现经济成长和发展，规范是必须的。规范监管失败正是导致全球性金融和经济危机的一个因素。对新规范的制定和现有规范的管理赋予更大的透明度，对于重塑对政府的信心和避免未来的制度缺陷，都是必要的。经合组织正致力于在经合组织成员国加强适用其“关于规范质量和绩效的指导原则”，以协助各国政府预测和避免未来的危机。

这里选择的指标都是经合组织评论中确立的关键问题，包括了 15 个欧盟国家的指标，用以确保各项规范有完善的设计，能够支持各项政策目标。其中包括了有关政府如何制定新的规则、审查和改革原有规则的各种措施。具体地说，本章中的数据包括治理机构的作用，政府如何保证规范体系的透明度，如何确保其符合法律的规定并依法执行，以及如何评价规范的绩效。这些因素对于提升政府的可信度，增强人们对法治环境的信心，支持循证决策都很关键。规范治理指标比较了各国规范管理体系的重点和范围，并指出了一段时间内的趋势。它们以各国对经合组织“规范治理体系调查”的回应为基础，指的是行政安排和程序中反映出来的有关机构的做法（www. oecd. org/regreform/indicators）。更加具体的国家评估可以在经合组织深入的国家评论中找到，其中分析了各国政府如何在实践中实施这些程序（www. oecd. org/regreform/backgroundreports）。

44. 规范体制框架和监督

规范机构在发布规范政策和确保规范的质量方面发挥着重要的作用。处于政府中心的规范监督机构从政府整体的角度监督规范政策的发展。这些机构支持整个政府中对规范政策的一致适用，常常挑战各个部的规范建议的价值。外部咨询机构能对规范改革进程给予更多的推动。其接受政府的参考信息，审查广泛领域内的规范，收集民众和企业的看法。

根据报告，授权对整个政府进行规范监督的机构的国家数目从1998年以来差不多翻了一倍，2008年时几乎已包括所有的经合组织国家。这些机构的功能各有不同。尽管在2008年时几乎所有国家都报告说将咨询该机构作为制定新规范的过程之一，只有大约一半的规范监督机构有权审查和监督各个部进行的对规范建议的影响评估。此外，监督机构权力中的规范政策的范围在经合组织国家中从窄到宽也不相同。例如在有些国家，监督机构或许只限于监督行政简化倡议的进展，而在其他国家这些机构可能在规范改革方面有更大的权力。

成功的规范改革也需要强有力的高层领导。大部分经合组织成员国（28国）都指定了一名具体的部长负责推动整个政府的规范改革；其中的15个向国会汇报进展。这一政治承诺突出了政府进行规范改革的决心，有助于处理官员当中可能出现的勉强情绪，并可让利益相关者树立起信任。智利、以色列、卢森堡、新西兰、瑞士和土耳其没有具体的部长负责规范改革。

有些经合组织成员国还利用咨询机构审查广泛领域的规范，并确保考虑了公众和私人利益相关者的看法。有咨询机构的国家包括：澳大利亚、比利时、加拿大，德国，冰岛，爱尔兰，日本，韩国，卢森堡，墨西哥，荷兰，瑞士和英国。这些机构将其发现报告给政府，将专家观点带入审查过程，通常是支持规范改革系统进展的有力机构。例如，澳大利亚生产力委员会就是澳大利亚机构框架中十分有效的一部分。它是既独立于政府又具有永久地位的咨询机构的很好例子。

方法和定义

指标依据的是 2005 年和 2008 年针对（当时的）30 个经合组织国家进行的经合组织关于规范管理体系指标的调查所得到的各国的回答。这些回答由经合组织代表和中央政府官员提供。随后又收集了 2010 年加入经合组织的四个国家（智利、爱沙尼亚、以色列和斯洛文尼亚）的数据和其他三个主要国家（巴西、俄罗斯联邦和南非）的数据。这些国家的数据是 2009 年的。具体国家的数据参见：http：//dx. doi. org/10. 1787/888932392248。

规范监督机构是一个负责从政府整体的角度推行、监督及汇报中央行政管理部门中的规范改革和规范质量的专门机构。

规范咨询机构是一个接受政府的参考信息，审查广泛领域内的规范，收集民众和企业的看法的专门机构。

延伸阅读

Cordova-Novion，C. and S. Jacobzone（2011），“Strengthening the Institutional Setting for Regulatory Reform：The Experience from OECD Countries”，*OECD Working Papers on Public Governance*，No. 19，OECD Publishing，Paris.

OECD（2009），*Indicators of Regulatory Management Systems*，OECD，Paris，www. oecd. org/regreform/indicators.

OECD（2010），*Regulatory Policy and the Road to Sustainable Growth*，OECD Publishing，Paris，www. oecd. org/regref/eu15.

图附注

卢森堡、波兰和斯洛伐克共和国没有 1998 年的数据。智利、爱沙尼亚、以色列和斯洛文尼亚没有 1998 年和 2005 年的数据。因此，该图表是基于 1998 年 27 个经合组织国家的数据，2005 年 30 个国家的数据，以及 2008 年 34 个国家的数据。智利、爱沙尼亚、以色列和斯洛文尼亚的数据是 2009 年的。

有关以色列数据的信息：http：//dx. doi. org/10. 1787/888932315602.

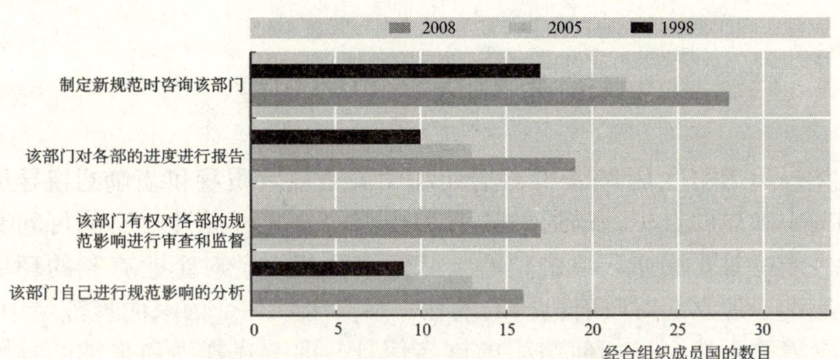

44.1 中央政府的规范监督部门的功能（1998年，2005年和2008年）

1. 无1998年的数据。

来源：经合组织规范管理体系指标调查，1998，2005，2008/2009

www.oecd.org/regreform/indicators 具体国家的数据参见StatLink

StatLink http://dx.doi.org/10.1787/888932391127

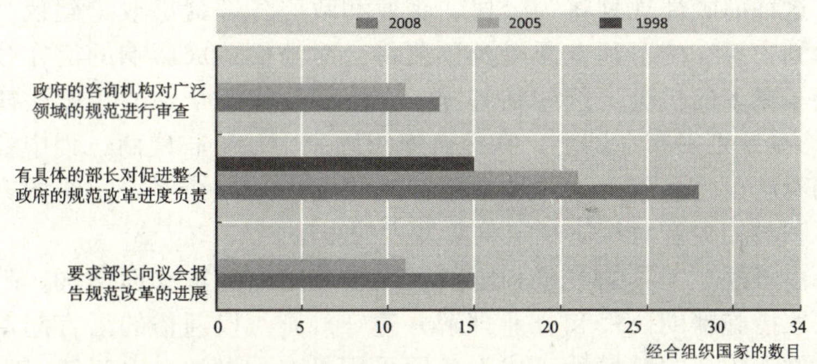

44.2 中央政府的规范咨询部门和部长责任（1998年，2005年和2008年）

1. 无1998年的数据。

来源：经合组织规范管理体系指标调查，1998，2005，2008/2009

www.oecd.org/regreform/indicators 具体国家的数据参见StatLink

StatLink http://dx.doi.org/10.1787/888932391146

45. 提高规范的透明度

提高透明度是 2005 年经合组织“关于规范质量和绩效的指导原则”中确立的目标。沟通的透明和规范的公开可提升政府的可问责性并维持对于法律环境的信心，从而培育起一个对企业有利的环境并有助于建立起对政府机构的信任。事实上，一个国家的规范当中，包含着关于社会是如何组织的许多信息，即游戏规则和采纳的政治决定。如果民众和企业可随时接触并了解这些规范，他们就更有可能参与到立法过程中去并遵守这些规定。此外，一国的规定越容易被外国人理解，贸易和投资也就会变得越容易。

将规范性文件的全文公布在网上已是所有经合组织成员国的普遍做法。但成员国中公布其新的或者修改法律法规的计划的就不太多。这种前瞻性规划将为公民、企业和政府各部提出改进建议、突出计划中潜在的不利方面以及预测将会对他们造成影响的潜在改变提供了更多的机会。例如在韩国，立法部会将每个部的年度法律制定/修改计划发布在网上。在经合组织国家中，公布磋商过程中参与者的看法也正在成为一种越来越普遍的做法：20 个经合组织国家披露了利益相关者对从属规定草案发表的看法。

由于规范工具的数量和复杂程度随着时间的推移而增加，政府已采取措施帮助公民和企业理解并遵守规则。以通俗的语言起草规定以加强规范的易懂性已成为各国采用最多的办法。出版统一汇编和将法律法典化也可以提高透明度。例如，有 28 个经合组织国家将基本法律法典化，但只有 20 个国家有定期更新法典的机制。

规范影响分析可成为提高透明度的关键工具，假如能在这个过程中把公民和企业的看法考虑进去并把结果向公众公开的话。虽然越来越多的经合组织成员国表示其将公众的意见纳入了规范影响分析（2008 年时有 24 个经合组织国家就基本法律、21 个国家就从属规定这样做了），经合组织国家评论显示只有少数国家是有系统性地做的，而且磋商的质量差别也很大。不到三分之二的经合组织成员国表示会公开规范影响分析的文件供磋商。定期监督政府各部遵守规范影响分析的要求的情况并向公众公开这些报告的做法也不普遍。2008 年，只有十个国家报告是这样做的，包括澳大利亚、比利时、捷克共和国、丹麦、芬兰、爱尔兰、新西兰、瑞士、英国和美国。

方法和定义

指标依据的是2005年和2008年针对（当时的）30个经合组织国家进行的经合组织关于规范管理体系的指标调查所得到的各国的回答。这些回答由经合组织代表和中央政府官员提供。随后又收集了2010年加入经合组织的四个国家（智利、爱沙尼亚、以色列和斯洛文尼亚）的数据和其他三个主要国家（巴西、俄罗斯联邦和南非）的数据。这些国家的数据是2009年的。具体国家的数据：http：//dx. doi. org/10. 1787/888932392267。

基本法律是那些立法机关通过的法律，而从属的规定是那些可由受托的行政机关批准的规范（即由立法机关以外的有权机关批准）。统一汇编将所有规定汇集到一个地方。法典化通常根据不同的法律部门将有法律效力的法律进行系统编排（如刑法或公司法）。

延伸阅读

OECD（2009），*Regulatory Impact Analysis：A Tool for Policy Coherence*，OECD Publishing，Paris.

OECD（2010），“Open Government and E-Rulemaking：A Discussion Note”，paper prepared for the Regulatory Policy at the Crossroads Conference，Paris，28-29 October 2010，OECD Publishing，Paris.

OECD（2010），*Regulatory Policy and the Road to Sustainable Growth*，OECD Publishing，Paris，www. oecd. org/regref/eu15.

图附注

45. 1：智利、爱沙尼亚、以色列和斯洛文尼亚的数据是2009年的。

45. 2：智利、爱沙尼亚、以色列和斯洛文尼亚无2005年的数据。因此，图是基于2005年的30个国家的数据和2008年的34个国家的数据。

有关以色列数据的信息：http：//dx. doi. org/10. 1787/888932315602.

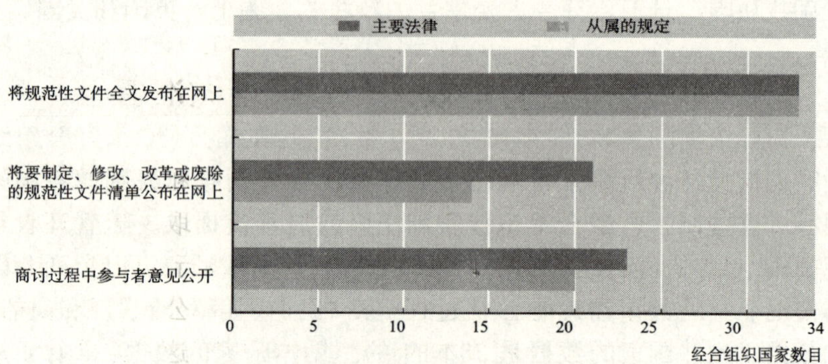

45.1 中央政府规范信息的公开性（2008）

来源：经合组织规范管理体系指标调查，2008/2009

www.oecd.org/regreform/indicators 具体国家的数据参见 StatLink

StatLink http：//dx.doi.org/10.1787/888932391165

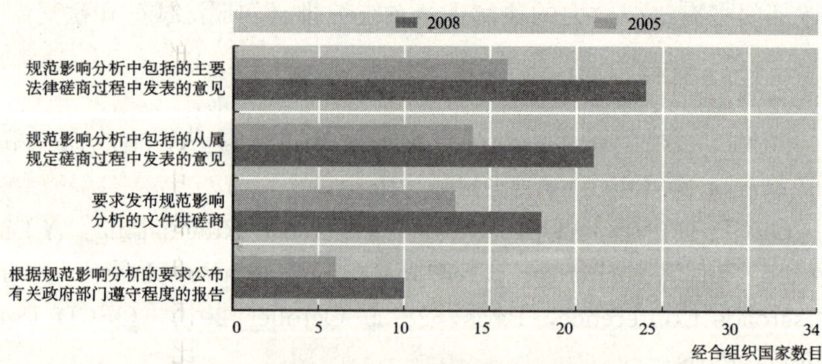

45.2 中央政府规范影响分析的透明度（2005 年和 2008 年）

来源：经合组织规范管理体系指标调查，2005，2008/2009

www.oecd.org/regreform/indicators 具体国家的数据参见 StatLink

StatLink http：//dx.doi.org/10.1787/888932391184

46. 为规范的有效遵守和执行做准备

如何设计规范非常重要。设计不佳的规范企业和公民遵守起来很困难，强制执行的成本也会很高。好的规范设计取决于管理者在评估规范草案的潜在影响时就能够预见到遵守和执行的问题。因此，一个运作良好的事前影响评估过程包括对于企业和公民可能怎样遵守规范以及执行的方便性和成本的评估。评估规范这一方面对于基本的政策目标也有帮助。早期分析有助于预测和预防滋生腐败的条件，故意违反法律和非正规经济的增长。

2008 年时，很多经合组织成员国（21 国）表示在制定新的规范时，对于考虑遵守和执行的问题有某种形式的要求。但是，对于管理者如何去做的政策指导却较少见（14 个成员国）。然而，这种指导有助于提高政府能力，并且是制定便于遵守和执行的规范的系统方法的重要部分。

在很多领域，规范的执行可通过基于风险的执行而得到优化。一项基于风险的执行政策的一般目标是确保对执行中可利用的有限资源的适当比例进行了合理分配，集中于预防会带来严重后果的（被禁止的）行为。基于风险的执行在优化遵守规范的程序并减轻企业负担方面的潜力受到了越来越多的关注。例如，检验程序可指向那些表现出高风险的企业。但是，只有澳大利亚、比利时、加拿大、丹麦、芬兰、荷兰、新西兰、瑞典和英国表示已经制定了有关基于风险的执行的政策。

例如在英国，汉普顿评论（2005）寻求采取一种新的比例性政策方法，以及使用基于风险的评估把资源放在不太可能遵守规范的高风险企业上，从而来减轻遵守规范的企业的行政管理负担。丹麦政府也结合了基于风险的检验，强化了制裁并对企业加强指导，以此作为一种促进更好地遵守法律的战略。

方法和定义

指标依据的是 2005 年和 2008 年针对（当时的）30 个经合组织国家进行的经合组织关于规范管理体系的指标的调查所得到的各国的回答。这些回答由经合组织代表和中央政府官员提供。没有 2010

年加入经合组织的智利、爱沙尼亚、以色列和斯洛文尼亚的数据。

规范影响分析是一个用来检查和衡量新的或现存规范可能有的益处、成本和效果的系统性政策工具。

延伸阅读

OECD（2010），*Better Regulation in Europe-The EU 15 project*，OECD Publishing，Paris，www.oecd.org/regref/eu15.

OECD（2010），*Cutting Red Tape-Why is Administrative Simplification so Complicated?*，OECD Publishing，Paris.

OECD（2010），*Risk and Regulatory Policy*：*Improving the Governance of Risk*，OECD Publishing，Paris，www.oecd.org/regreform/risk.

图和表附注

这些问题没有包括在 2009 年经合组织针对经合组织新成员国、申请加入国和加强参与国进行的关于规范管理系统的指标的调查中。因此无智利、爱沙尼亚、以色列、斯洛文尼亚、巴西、俄罗斯联邦和南非的数据。

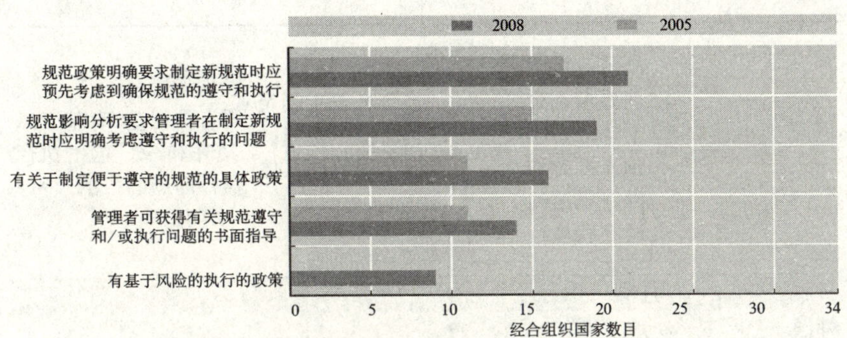

46.1　中央政府的规范遵守和执行问题（2005 年和 2008 年）

1. 无 2005 年的数据。

来源：经合组织规范管理体系指标调查，2005，2008

www.oecd.org/regreform/indicators

StatLink http://dx.doi.org/10.1787/888932391203

46.2　中央政府的规范遵守和执行（2008）

	规范政策明确要求制定新规范时应预先考虑到确保规范的遵守和执行	规范影响分析要求管理者在制定新规范时应明确考虑遵守和执行的问题	有关于制定便于遵守的规范的具体政策	管理者可获得有关规范遵守和/或执行问题的书面指导	有基于风险的执行的政策
澳大利亚	●	●	●	●	●
奥地利	●	●	●	●	○
比利时	●	○	●	●	●
加拿大	●	●	●	●	●
捷克共和国	●	●	○	○	○
丹麦	●	○	●	●	●
芬兰	●	●	●	○	●
法国	○	●	○	○	○
德国	●	●	●	○	○
希腊	○	○	○	○	○
匈牙利	○	○	○	○	○
冰岛	●	○	○	○	○
爱尔兰	●	●	●	●	○
意大利	●	●	●	○	○

续表

	规范政策明确要求制定新规范时应预先考虑到确保规范的遵守和执行	规范影响分析要求管理者在制定新规范时应明确考虑遵守和执行的问题	有关于制定便于遵守的规范的具体政策	管理者可获得有关规范遵守和/或执行问题的书面指导	有基于风险的执行的政策
日本	○	○	○	○	○
韩国	●	●	●	●	○
卢森堡	●	○	○	○	○
墨西哥	●	●	○	●	○
荷兰	●	●	●	●	●
新西兰	●	●	●	●	●
挪威	○	○	○	○	○
波兰	●	●	●	●	○
葡萄牙	○	○	○	○	○
斯洛伐克共和国	●	●	○	○	○
西班牙	○	○	○	○	○
瑞典	●	●	●	●	●
瑞士	●	●	●	●	○
土耳其	○	○	○	○	○
英国	●	●	●	●	●
美国	○	●	○	○	○
总 OECD30 国	21	19	16	14	9

● 是

○ 否

来源：经合组织规范管理体系指标调查，2008

www.oecd.org/regreform/indicators

StatLink http://dx.doi.org/10.1787/888932392286

47. 评估规范的绩效

评估对于做出有证据支持的、负责任的决策很关键。它有助于保证规范的政策目标的实现，同时将收益最大化而将成本最小化。规范影响分析是一个用来检查和衡量新的或现存规范可能有的益处、成本和效果的系统性政策工具。如果在事前采用，规范影响分析可帮助决策者在最佳替代决策选项中作出选择。如果在事后采用，规范影响分析有助于确定现存的规范是否需要修订。成本—收益分析能为规范及其替代选项的事前和事后分析都提供信息。在一个政策周期中最好尽早考虑事后评估的标准，包括规范的目标是否清晰，将使用什么数据来衡量绩效以及审查和评估的机构责任的分配。

一般情况下，经合组织国家似乎在确定规范的益处方面投入的资源要少于评估规范的负担和成本时投入的资源。2008 年，有 24 个国家表示对规范的成本进行了量化，但只有 16 国表示量化了收益。这或许是因为无形的收益不容易被量化。例如，虽然计算通过限制夜间飞行来减少机场的吞吐量的经济成本相对直接，量化由此带来的噪音降低的收益却要求进行更加负责的假设。

在过去十年里，采取对规范的事后评估机制的国家数目有所增加。随着时间的推移，规范可能会变得过时，产生意外的副作用，也不再是实现理想的政策目标的最有效率方式。在有些政策领域，大部分经合组织成员国表示在基本法律方面规定了自动审查要求(20 国)。但是，系统化的事后评估并不多见。2008 年，只有 6 个经合组织国家表示对现有规范定期进行评估在所有政策领域都是强制性的。还有 12 个国家，包括澳大利亚、奥地利、加拿大、芬兰、法国、德国、冰岛、韩国、新西兰、瑞士、英国和美国，运用的是“日落”原则。

方法和定义

指标依据的是 2005 年和 2008 年针对（当时的）30 个经合组织国家进行的经合组织关于规范管理体系的指标的调查所得到的各国的回答。这些回答由经合组织代表和中央政府官员提供。随后又收集了 2010 年加入经合组织的四个国家（智利、爱沙尼亚、以色列和斯洛文尼亚）的数据和其他三个主要国家（巴西、俄罗斯联邦和南非）的数据。这些国家的数据是 2009 年的。具体国家的数据：http：//dx. doi. org/10. 1787/888932392305。

基本法律是那些立法机关通过的法律，而从属的规定是那些可以仅由行政机关批准的规范（即由立法机关以外的有权机关批准）。

“日落”原则是指规范生效后经过一定年限后自动失效。

延伸阅读

OECD（2009），*Indicators of Regulatory Management Systems*，OECD Publishing，Paris，www. oecd. org/regreform/indicators.

OECD（2009），*Regulatory Impact Analysis-A Tool for Policy Coherence*，OECD Publishing，Paris.

OECD（2010），*Regulatory Policy and the Road to Sustainable Growth*，OECD Publishing，Paris，www. oecd. org/regref/eu15.

图附注

卢森堡、波兰和斯洛伐克共和国无 1998 年的数据。智利、爱沙尼亚、以色列和斯洛文尼亚无 1998 年和 2005 年的数据。因此，图基于 27 个国家 1998 年的数据，30 个国家 2005 年的数据，34 个国家 2008 年的数据。智利、爱沙尼亚、以色列和斯洛文尼亚的数据是 2009 年的。

有关以色列数据的信息：http：//dx. doi. org/10. 1787/888932315602.

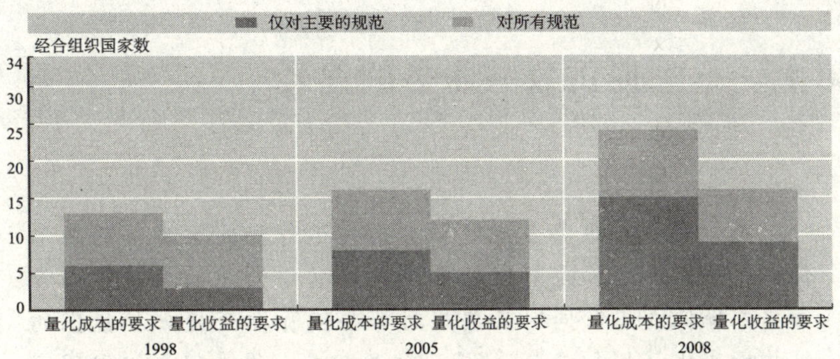

47.1　中央政府对规范影响分析的要求：成本和收益的量化（1998 年，2005 年和 2008 年）

来源：经合组织规范管理体系指标调查，1998，2005，2008/2009

www.oecd.org/regreform/indicators 具体国家的数据参见 StatLink

StatLink http://dx.doi.org/10.1787/888932391222

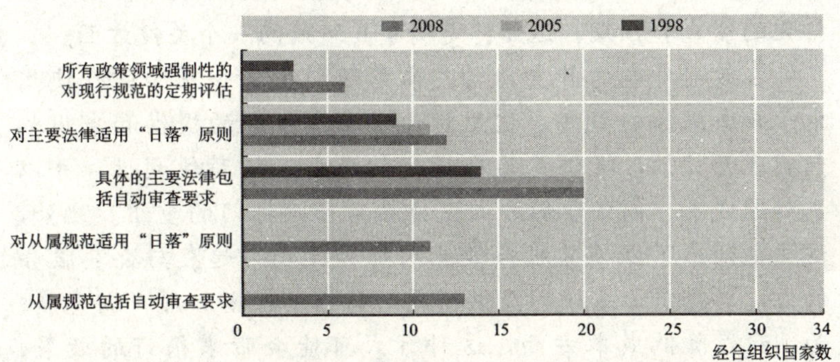

47.2　中央政府的规范审查和评估（1998 年，2005 年和 2008 年）

1. 无 1998 年和 2005 年的数据。

来源：经合组织规范管理体系指标调查，1998，2005，2008/2009

www.oecd.org/regreform/indicators 具体国家的数据参见 StatLink

StatLink http://dx.doi.org/10.1787/888932391241

第十一章　提供公共服务的途径

高效的公共服务是经济社会正常运作和民生幸福的基本保证。然而，许多国家政府目前身处财政紧缩的境地，一方面要求降低成本，同时又要应对那些使资源变得更加紧张的结构性变化（如人口老龄化）。作为回应，很多经合组织国家依赖于新技术的使用，更多地选择将公共服务的提供外包给私人或非盈利性部门，或者在服务设计和提供环节让民众和非政府的利益相关者加入进来。随着时间的推移，政府在提供服务方面的作用和途径可能会改变。但不管怎样，在民众和企业看来，政府要有能力提供高质量的公共服务，满足多样化的需求和预期，这始终是衡量其绩效的一个关键方面。

在政府外包的开支以外，本章还列出了企业和民众使用电子政务服务的数据。这里讨论了在线服务的提供和采用如何实现开放性，提供更为个性化的服务，提高便利性，并以更加低成本、高效率的方式支持后台行政部门的重组。此外，这里也列出了以公共服务专业人员和民众一起参与公共服务的设计与提供为基础的提供模式新数据。在增加用户满意度、为纳税人降低成本方面，这种方式可能会带来很好的效果，但在可信度和风险管理的问题上也存在着挑战。

48. 政府外包

政府将外包作为一种接触外部知识并提供更具成本效益的服务的一种途径。政府外包是以中央、州、地方政府购买产品和服务的开支规模来衡量的。政府总的外包水平反映了政府在非政府部门中创造需求及间接创造就业的职能。

政府可以通过两种途径将政府服务外包。首先，政府可以从非政府部门购买产品和服务，并将它们作为投入用在自己的供应链中（称为"中间消费"）。例如，政府使用私人承包商提供支持服务或从事后台工作。其次，政府可以决定付钱给某公司由该公司直接向最终用户提供产品或服务（称为"通过市场生产者的实物社会转移"）。这或许包括将从前由政府行使的"主要"功能都外包出去，由公司或非营利性机构提供家庭护理就是这类外包的一个例子。

2009 年，政府外包平均占经合组织成员国 GDP 的 10%。但是，其重要性在不同国家差别很大，如最低在墨西哥只占 GDP 的 2.7%，而最高在荷兰在占到了 GDP 的 19.4%。从 2000 年到 2009 年，成员国外包占 GDP 的比例平均上升了 1.5 个百分点。荷兰和芬兰在这一时期的增长最快。平均而言，这一增长由于政府投资的产品和服务增长的原因稍多一些。例如，在荷兰，大约 4 个百分点的增长属于这个原因。荷兰政府出资的产品和服务上支出相对较高的部分原因是由于该国的助学金体系及强制的医疗保险体系。政府对个人从私人供应商那里购买的产品和服务提供补贴。从 2000 年到 2009 年，以色列、爱沙尼亚、澳大利亚和波兰的政府外包总规模占 GDP 的比例稍有下降。

一般而言，北欧国家级瑞士和爱沙尼亚较少依赖非营利性或私人机构直接向最终用户提供服务。在这些国家，75%以上的外包开支是在中间消费上。相反的，比利时、日本和德国更多地依赖非政府部门直接向家庭提供服务。在这三个国家，2009 年外包中这一份额占总外包开支的 64%～67%。

方法和定义

数据来源于基于国民经济核算体系的经合组织国民经济核算数

据库。国民经济核算是一整套各国均认同的用于国民经济核算的概念、定义、分类和规则。根据国民经济核算体系的术语，一般政府包括中央政府、州政府、地方政府和社会保险基金。

一般政府使用的产品和服务是政府外包的中间消耗成分，包括政府生产所要求的中间产品的采购，如会计或信息技术服务。政府出资的产品和服务反映了通过市场生产者的实物社会转移（包括那些开始由公民自己支付但最后由政府报销的，如公共社会保险支付报销的医疗服务）。

延伸阅读

OECD（2010），*National Accounts at a Glance* 2010，OECD Publishing，Paris.

图附注

加拿大、希腊、冰岛、以色列、墨西哥、英国和美国在其国民经济核算中不对一般政府出资的产品和服务进行单独核算。

48.1：土耳其无 2000 年的数据。经合组织 33 国不包括土耳其。澳大利亚、日本、韩国和新西兰的数据是 2008 年而非 2009 年的。墨西哥的数据是 2003 年而非 2000 年的。俄罗斯联邦的数据是 2008 年而非 2009 年的。

48.2：澳大利亚、日本、韩国、新西兰和俄罗斯联邦的数据是 2008 年的。

有关以色列数据的信息：http：//dx. doi. org/10. 1787/888932315602.

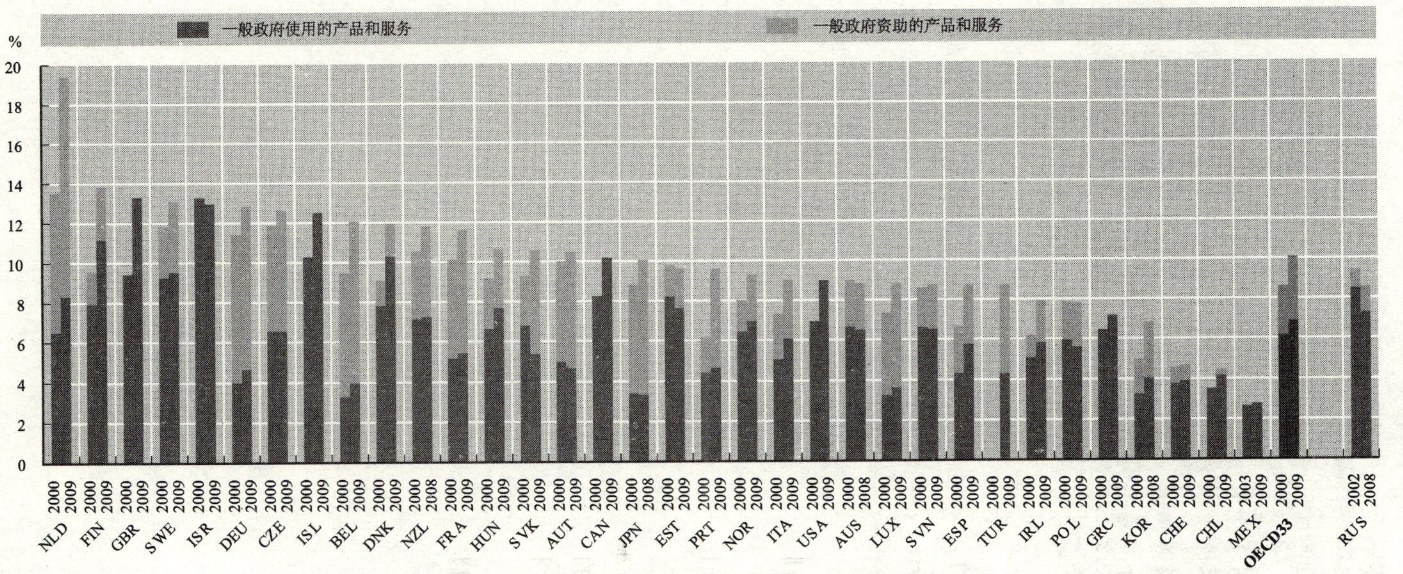

48.1 一般政府外包开支占 GDP 的百分比(2000 年和 2009 年)

来源:经合组织国民经济核算年鉴。澳大利亚的数据是澳大利亚统计局提供的政府财政统计和国民经济核算数据的结合。

StatLink http://dx.doi.org/10.1787/888932391260

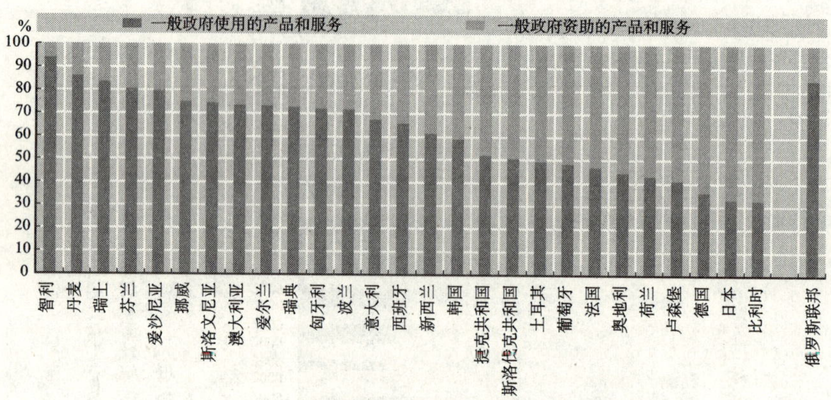

48.2 一般政府外包开支的结构（2009）

来源：经合组织国民经济核算年鉴。澳大利亚的数据是澳大利亚统计局提供的政府财政统计和国民经济核算数据的结合。

StatLink http：//dx.doi.org/10.1787/888932391279

49. 引入电子政务服务

公民和企业越来越喜欢通过数字渠道与政府互动，也越来越多地使用数字渠道与政府互动。网上提供公共服务增加了双方的接触，为用户带来了更大的便利性，同时为各方，包括政府，降低了成本。因为这些原因，世界各地的政府在提供在线服务方面投入了相当多的资源，尤其是在目前这种财政紧缩的背景下想要取得事半功倍的效果的情况下。要保证这些投资能够带来成本效益就严重依赖于公民和企业是否接受电子政务。

欧洲委员会监测的所有经合组织国家当中近年来民众对网上服务的使用都增加了，而大部分国家的企业，除了希腊、冰岛和挪威外，对网上服务的使用也增加了。企业仍比公民更好地利用了电子政务（平均而言，几乎是公民的使用量的两倍）。企业使用网上服务相对较多的情况或许可由以下事实得到解释，即在大多数经合组织国家中，至少有四分之三的十人以上的企业安装了高速宽带，而且许多政府项目或者以一些激励手段鼓励企业与之通过电子方式互动，或者在某些交易上强制性地要求企业必须使用数字通信方式。

公民对电子政务服务的使用即使在表现最好的国家里也是低于预期的。一般而言，年纪较大的人和住在农村的人较少使用互联网与政府互动。数据显示，爱尔兰、丹麦和斯洛文尼亚在过去五年里个人使用电子政务增长最快，北欧国家保持着使用的领先位置。与之相反，意大利和土耳其的个人使用增长最慢。

由于接入互联网是使用网上服务的一个先决条件，因此使用电子政务的一个关键的驱动因素在于宽带基础设施的广泛程度，但这也不是唯一的因素。事实上，虽然宽带的覆盖率一直在增长（超过50%的经合组织国家的家庭都接入了高速宽带），对在线服务的使用增长得并不快。一个可能的解释是由于缺少意识或信息技术技能，弱势社会阶层未能使用数字渠道。另一个原因是所提供的网上服务并不总能适应个人的需求。即使对那些电子政务已高度成熟的国家来说，了解并处理用户需求、扩大与政府互动的可能性，对于达到理想的电子政务使用水平也很关键。

国家战略预测了更多使用网上公共服务的一系列措施。许多国家都在探索接触网上服务的新地点和多种渠道，如英国的邮局，美国的公共图书馆，葡萄牙的数字电视，或意大利的银行和药店等。宽带和无线基础设施的不断扩张和改善，以及将电子政务服务扩展到移动平台上（移动政务）都有助于增加电子政务服务的使用。此外，要促进网上服务的使用要求开发出激励措施来鼓励公民和企业更多地使用电子政务服务（遵守访问互联网的公平性原则），并制定营销战略，提高人们对政府提供的数字服务和信息的了解。

方法和定义

有关公民和企业使用电子政务服务的指标以欧洲统计局（就同时是欧盟成员国的经合组织国家）和经合组织的科技产业局（就其余的经合组织国家）收集的数据为基础。两个来源都运用了同样的指标和问卷工具。数据是对公民和企业使用互联网与公共当局进行互动的比例进行评估的欧洲统计局的“信息社会统计数据库”和经合组织的“信息和通信技术数据库”的一部分。民众使用电子政务的指标衡量的是调查前三个月使用了互联网与公共当局进行互动的个人（16～74 岁）的百分比。数据通过欧洲统计局的年度家庭和个人使用信息和通信技术情况的社区调查而收集。企业使用电子政务的指标衡量的是使用互联网与公共当局进行互动的企业（只调查了 10 人以上的企业）的百分比。数据以欧洲统计局的年度企业使用信息和通信技术和电子商务的模型调查为基础，由各国统计办公室收集。

延伸阅读

OECD（2009），*Rethinking e-Government Services：User-Centred Approaches*，OECD Publishing，Paris.

OECD（2010），*Denmark：Efficient e-Government for Smarter Public Service Delivery*，OECD Publishing，Paris.

图附注

49.1：丹麦、德国、西班牙和法国的 2005 年数据是 2006 年的；冰岛的 2010 年数据是 2009 年的；加拿大的 2005 年数据是 2007 年的；新西兰的 2005 年数据是 2006 年的；瑞士的 2005 年数据是 2004 年的；澳大利亚和美国的 2005 年数据是 2003 年的；墨西哥的 2010

年数据是 2007 年的。加拿大、新西兰、瑞士、美国、日本和澳大利亚没有 2010 年的数据，这些国家没有包括在平均数当中。

49.2：墨西哥的 2005 年数据是 2003 年的。法国、卢森堡和冰岛的 2005 年数据是 2006 年的。土耳其的 2005 年数据是 2007 年的。比利时、卢森堡和芬兰的 2010 年数据是 2009 年的。韩国的 2010 年数据是 2007 年的。墨西哥和瑞士没有 2010 年的数据。

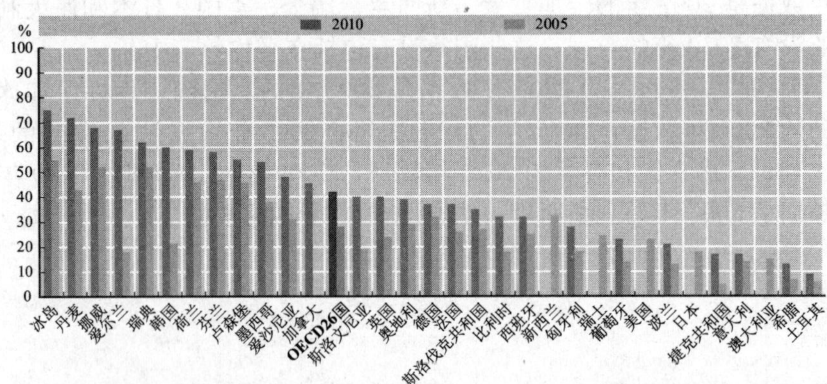

49.1 用互联网和公共当局互动的民众百分比（2005 年和 2010 年）

来源：欧洲统计局，信息社会统计数据库和经合组织信息通信技术数据库，韩国公共行政管理部关于信息通信技术使用的调查。

StatLink http：//dx.doi.org/10.1787/888932391298

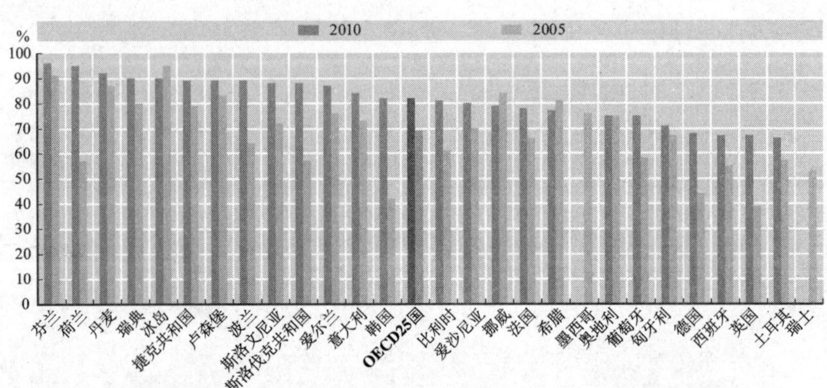

49.2 用互联网和公共当局互动的企业百分比（2005 年和 2010 年）

来源：欧洲统计局，信息社会统计数据库和经合组织信息通信技术数据库，韩国公共行政管理部关于信息通信技术使用的调查。

StatLink http：//dx.doi.org/10.1787/888932391317

50. 专题：与民众合作提供服务

志愿社区小组与当地警方合作以加强住宅区的安全；患慢性病的病人在专业医务人员的支持下控制住其健康状况；年轻父母通过有社会工作者支持的网上社交网络对孩子的养育问题接受指导和分享建议。这些都是在提供服务方面以用户为中心的合作途径（也被称为“合作生产”），民众或服务的使用者通过与专业服务人员的合作，对某项公共服务进行设计、委托、提供或评价。在合作生产中，因为有时候用户可能会主动承担开发服务的责任，提供服务和决策之间的界限有时可能会变得模糊。

在预算压力增加而对公共服务的需求也增多的时候，这些方法能够成为一种创新的来源，给个人和社区更多的授权，增加用户的满意度，降低生产成本。经合组织的一项关于提供服务的调查的结果表明，对于采用了某些形式的合作生产的大部分经合组织国家来说，目标主要是让公民更多地参与并带来更高质量的服务（60%）而不是降低成本（23%）。

但是，尽管经合组织国家对于以用户为中心越来越重视，合作生产作为一种提供服务的形式，仍然处于发展阶段。事实上，大部分成员国都在一个或几个公共服务类别中有了一定的合作生产的经验，但只有少数（如加拿大、挪威、美国、芬兰和英国）已经不局限于试验这些方法而是将这些机制纳入到一些公共服务的提供中去。

将合作生产作为提供服务的一种方式，政府面临着几个障碍。缺少资源（42%）、变革在组织上的阻力（36%）和缺乏经济激励（31%）是政府官员指出的最常见的几个障碍。此外，政府对于合作生产机制的好处和成本的认识和测量也很有限，这可从极少有标准商业案例上可以反映出来。经合组织国家29%的受访者表示他们缺少有关合作生产的潜在益处的证据。

调查结果显示，进行合作生产或许要求提供公共服务的组织内部进行一系列的改革。高级官员的领导和承诺，以及与用户和民众合作的意愿，是现已确认的两个能够让公民和用户有效参与服务的可提供的最重要手段。明确的问责制和财政框架（受访者的73%）也被认为是取得成功的关键因素，尤其是在涉及到转移资源给服务对象的形式更加复杂的合作生产时。最后，由于合作生产改变了传统的服务提供者的专业职能和责任，或许需要在各项服务当中加强专业服务人员新的技能和能力。

方法和定义

合作生产可以定义为一种让公民和/或民间社会组织直接参与的计划、设计、提供和评价公共服务的方式。合作生产代表着从简单形式的公民参与（如关于服务质量的咨询和反馈）向着更加深入和系统的公民、服务对象和非政府组织合作迈进了一步。这些参与者是受邀来为公共服务的设计和提供贡献他们自己的资源的（如时间、知识和努力）。合作生产也与一般的承包行为（如外包）不同，因为前者是指一种不确定的、不太具体的参与服务过程的邀约，而不是由具体的组织为政府从事某项活动的合同协议。在分析对合作生产的利用时，需要将一国内部提供服务的体系考虑进去，如同对于公共参与要考虑不同的背景一样。

数据通过 2010 年经合组织关于公共服务创新的调查收集。中央政府中负责服务提供的官员接受了调查。20 个经合组织国家的受访者回答了调查。巴西、埃及、俄罗斯联邦和乌克兰的政府官员也接受了调查。

中央政府的很多不同机构或组织也为调查做出了贡献。图中的百分比表示各个国家所有受访者对每一问题的肯定回答数的总和除以所有国家对该问题的所有回答数。因此，100％就表示所有国家的所有受访者就所有服务类别对该问题的回答都是肯定的。

延伸阅读

OECD（2009），*Focus on Citizens*：*Public Engagement for Better Policies and Services*，OECD Publishing，Paris.

OECD（forthcoming），*Partnering with Citizens and Civil Society for Innovative Service Delivery*，OECD Publishing，Paris.

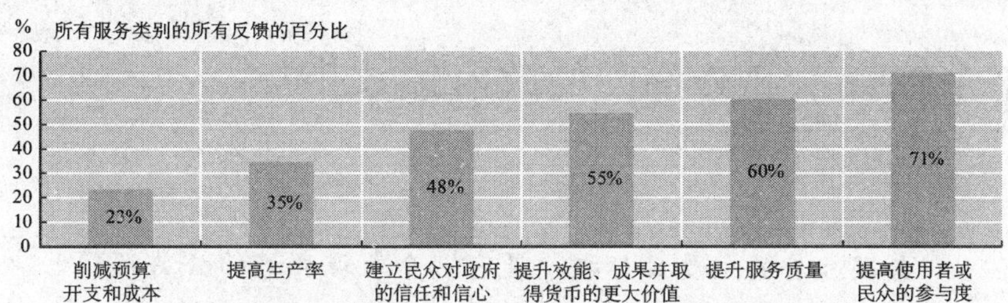

50.1　在提供公共服务方面与民众合作的原因（2010）

来源：2010 年经合组织公共服务创新调查。

StatLink http：//dx. doi. org/10. 1787/888932391336

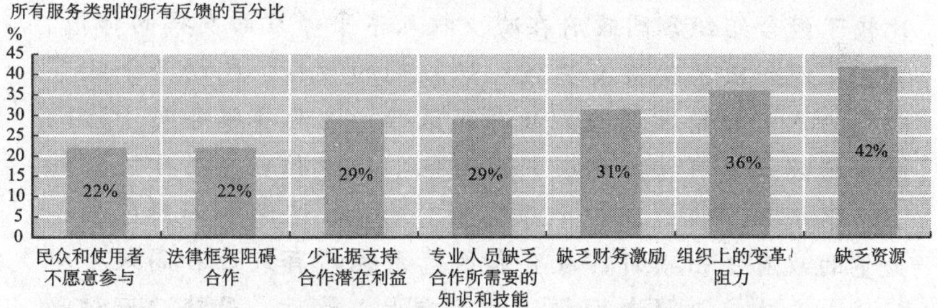

50.2　在提供公共服务方面与民众合作的障碍（2010）

来源：2010 年经合组织公共服务创新调查。

StatLink http：//dx. doi. org/10. 1787/888932391355

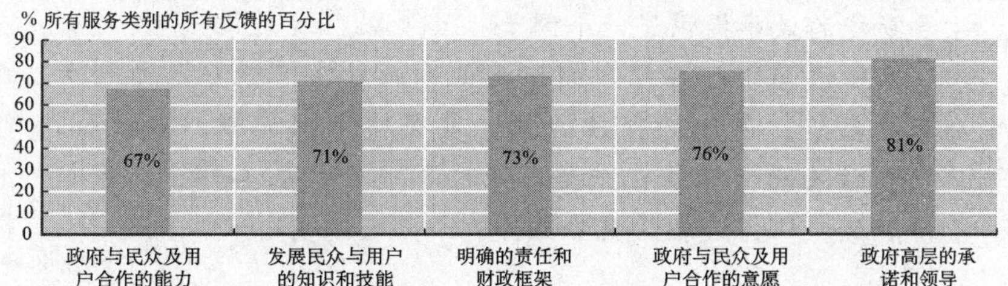

50.3　在提供公共服务方面与民众进行有效合作的因素（2010）

来源：2010 年经合组织公共服务创新调查。

StatLink http：//dx. doi. org/10. 1787/888932391374

第十二章　部分部门的政府绩效指标

各国政府的主要目标之一是有一个表现良好的公共部门。高效能的公共服务对维持经济竞争力和提高社会福利非常重要。此外，民众和企业也希望知道自己纳的税是高效地用在了提供高质量的服务上。

本章首先审视了政府在其再分配政策中追求的公平目标，比较了经合组织各国政府在减少收入不平等方面发挥的作用。其次，还列出了获得有关服务的权利的数据，包括两个政策部门的产出和结果措施：教育和医疗。这两项服务对于检验政府绩效来说有特殊意义，因为他们对于社会、对于民众的生活水平和身体健康都十分重要。此外，这两个部门包含了大量的政府支出项目，教育和医疗系统的有效性和高效率对纳税人和政府来说都同样的意义重大。最后，虽然政府税收收入和税收结构已经反映在指标 2 和指标 3 中，本章继续审视了税收管理的效率问题。这里给各成员国列出像征收一定金额税款的平均成本这样的指标，为如何系统地衡量一项政府主要功能的效率提供了一个例子。

本章依赖于已在经合组织其他出版物或“概览”系列中公布的数据。通过选择性地把一些关键部门的投入、过程、产出和结果的指标放在一起，显示了水平开展工作、在评估和治理领域取得进展的重要性。

51. 通过特定政府政策实现更大公平

政府的重要职责之一就是确保经济增长和发展的收益由全社会成员分享。从 20 世纪 80 年代中期到 21 世纪头十年的中期，大约三分之二的经合组织国家中人们的收入不平等都更加严重了。然而，对于收入分配中应有多少平等或不平等是“最理想的”并无一致看法。经济资源分配的完全平等既是不可能实现的，也对经济增长没有好处，而且收入再分配的非市场机制也会降低对工作和储蓄的刺激。另一方面，更多的收入不平等国家通常有着高贫困率和糟糕的综合教育和健康成果，且贫富差距过大会威胁到长期的增长前景。

大部分经合组织国家都有社会保护体系，旨在通过一系列贫富之间的再分配、收入维持、面临不利风险时的保险（失业、残疾、疾病）和在整个寿命周期中如需要更多照顾的时期（家庭中有孩子）或低收入时期（如退休后）的再分配，来减少不平等。社会保护体系的主要特征是现金转移和累进税。教育和医疗卫生方面的实物公共支出也是减少不平等的重要政策工具。

2007 年，现金转移平均占 GDP 的约 11%。医疗卫生和教育的实物转移分别占 GDP 的 6%和 5%。北欧国家在实物转移方面支出最多，而其他国家如奥地利、意大利和波兰等更主要依靠现金转移。

除了智利以外，大部分经合组织国家都有某种程度上的累进所得税体系，但波兰和爱沙尼亚相比爱尔兰和以色列等国家在不同收入水平之间的税率区别较小。政府的税收和转移政策在减少不平等的效果上可以通过比较纳税和转移之前和之后的基尼系数来评估。按照这个标准，比利时实现了最大程度的再分配（减少约 45%）而智利最低（少于 2%）。

方法和定义

收入分配中的主要指标是基尼系数。基尼系数的值最低是 0，表示“完全平等”（即人口中的每一部分都得到同样份额的收入），最高是 1，表示“完全不平等”（即所有收入都归于收入最高的个人）。通过比较市场收入（包括公共现金转移和家庭税收的总收入）的基尼系数和可支配收入（即净转移和税金）的基尼系数来衡量再分配。

税收数据，来自经合组织工资征税框架，使用征税当年的税率。澳大利亚、新西兰和英国的征税年度不是日历年。数据显示了两种情况之间的差别：单人（无家属）挣了平均工资的 67%，以及单人（无家属）挣了平均工资的 167%。平均率表现的是占总工资收入的百分比。平均工资（以本国货币计算）衡量的是企业中的成年全日制体力劳动者或非体力劳动者的年平均总工资收入。

延伸阅读

OECD（2008），*Growing Unequal？Income Distribution and Poverty in OECD Countries*，OECD Publishing，Paris.

OECD（2011），*Society at a Glance* 2011：*OECD Social Indicators*，OECD Publishing，Paris.

OECD（2011），*Taxing Wages* 2010，OECD Publishing，Paris.

图附注

51.1：希腊、卢森堡和土耳其关于教育服务的数据是 2005 年的。其他社会服务、卫生和教育上的开支代表实物转移。下列服务包括在现金转移和其他社会服务中：对老年人、幸存者、残疾人、家庭和失业人员等的扶助，以及与住房和社会援助相关的服务。

51.2：智利的差异是 0.1%。

51.3：希腊、以色列、爱沙尼亚、匈牙利、墨西哥、斯洛文尼亚、西班牙和土耳其没有之前和之后的数据。

有关以色列数据的信息：http：//dx. doi. org/10. 1787/888932315602.

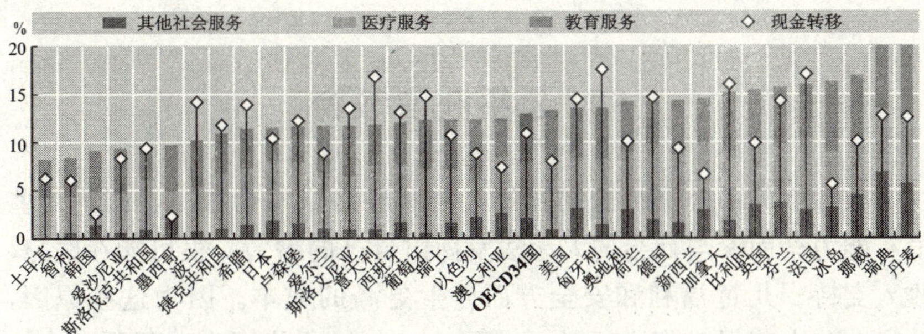

51.1 公共开支中的实物转移和现金转移占 GDP 的百分比（2007）

来源：经合组织社会开支数据库（www. oecd. org/els/social/expenditure）和经合组织教育数据库（www. oecd. org/education/database）。

StatLink http：//dx. doi. org/10. 1787/888932391393

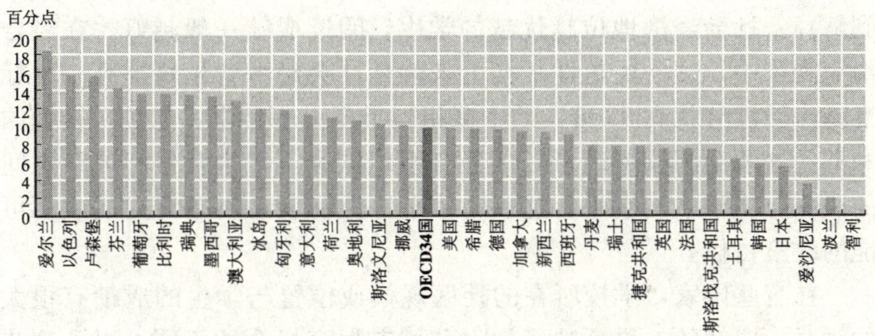

51.2 个人收入为平均收入的 167%和 67%时平均税率的差异（无家属）(2010)

来源：经合组织（2011），《2010 年工资征税》，经合组织出版社，巴黎。

StatLink http：//dx. doi. org/10. 1787/888932391412

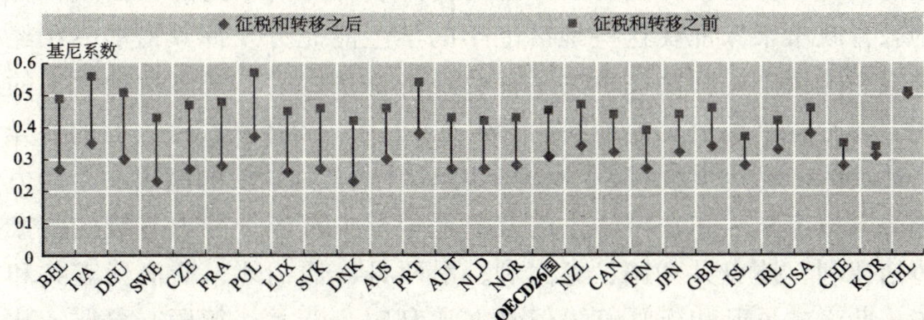

51.3 税前和税后、政府转移前后的收入不平等的差异（21 世纪头十年中期）

来源：经合组织（2008），《越来越不平等？经合组织国家的收入分配和贫穷》，经合组织出版社，巴黎。

StatLink http：//dx. doi. org/10. 1787/888932391431

52. 公平获得教育

教育上的不公平带来的长期社会和经济成本会很高，因为那些没有能力全面参与社会的人无法发挥出自己的潜力，很可能在医疗、收入支持、儿童福利和安全方面产生更高的成本。因为这些原因，政府在减少获得教育方面的不公平上，包括那些因为地理原因（如距离）或社会经济地位造成的不公平，有着既定的利益。

在试图向学生提供平等的学习机会时，教育系统的目标是减轻学生的社会经济背景对其在学校的表现造成的影响。平均而言，在经合组织国家中，学生阅读成绩差异的 14%可由其社会经济背景得到解释。社会经济地位越优越的学生，阅读成绩一般越好。在经合组织国家中，这一优越性平均下来就是社会经济背景每提高一个标准差，阅读分就高 38 分，差不多相当于多上一年学。但是，在韩国和芬兰这两个阅读成绩最好的经合组织国家，学生背景和成绩之间的联系要弱于平均水平，这表明了平等性和表现不是对立的或不可能的政策目标。

在有些国家，学校所在的社区规模或位置与学生的成绩有很大的联系。成绩的差异反映了农村和城市教育机会的不同，以及这些位置的特征，如人口密度、劳动力市场的分布和来自不同背景的人到农村或城市居住的情况。在大的社区或人口密度较高的地区，学生能获得较多的教育资源。孤立的社区或许需要专门的支持或特定的教育政策来保证在这些地区上学的学生能充分发挥其潜能。在经合组织国家中，即使在考虑了社会经济背景之后，城市学校学生的阅读得分也平均比其他地区的学生高 23 分。匈牙利在这方面的差异是最大的，城市学校里 15 岁的学生至少比农村学校的高出一个能力等级。城市学生和农村学生的成绩差距至少有半个能力等级的国家包括智利、捷克共和国、意大利、墨西哥、葡萄牙、斯洛伐克共和国、斯洛文尼亚和土耳其。但是在比利时、芬兰、德国、希腊、冰岛、爱尔兰、以色列、荷兰、波兰、瑞典、英国和美国，在考虑了社会经济背景差异之后，学校位置和学生成绩之间的关系就不那么明显了。

方法和定义

社会经济背景是根据国际学生评估项目的“社会、文化和经济地位指数”来衡量的，所依据的是学生提供的有关父母学历、职业和家庭财产的信息。在这个指数中，一个“单位”相当于所有经合组织国家学生当中的一个标准差，这意味着在所有经合组织国家中，约有三分之二的学生来自于高于平均水平一个单位和低于平均水平一个单位的社会经济背景。

成绩得分依据的是作为经合组织国际学生评估项目的一部分的对 15 岁学生的评估，2009 年的重点是阅读。

延伸阅读

OECD（2010），*Education at a Glance* 2010：*OECD Indicators*，OECD Publishing，Paris.

OECD（2010），*PISA* 2009 *Results*：*Overcoming Social Background-Equity in Learning Opportunities and Outcomes*，Vol. II，OECD Publishing，Paris.

图附注

52.1：在统计学上与经合组织的平均数有重大差异的值以深色显示。

52.2：无法国的数据。国家的排序是按照城市学生的平均成绩降序排列的。韩国只有两所学校列入“山村或农村地区”这一类别中，因此该结果不能被普遍化。

有关以色列数据的信息：http：//dx. doi. org/10. 1787/888932315602.

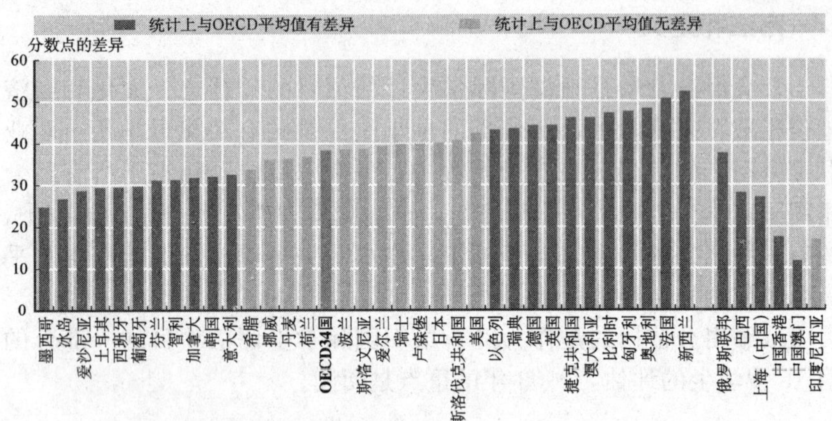

52.1 与社会经济背景相关的平均阅读分数点差异（2009）

来源：经合组织，PISA2009 数据库，表 II. 3. 2。

StatLink http://dx.doi.org/10.1787/888932391450

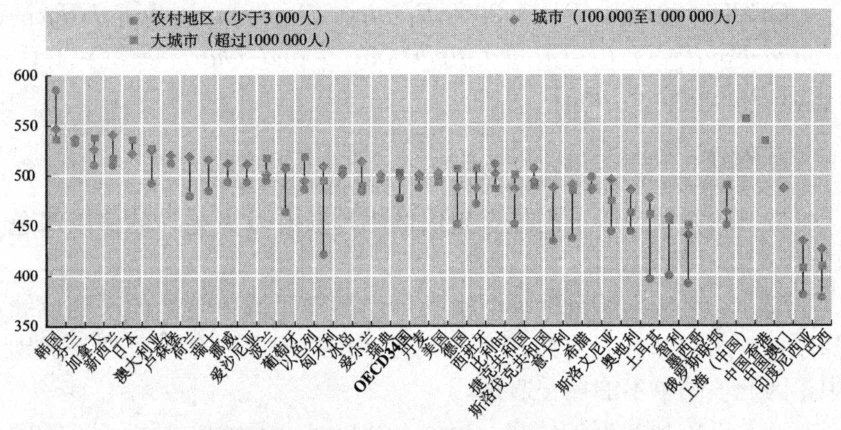

52.2 不同地点的学校的阅读表现（2009）

来源：经合组织（2010）PISA2009 结果：克服社会背景——学习机会和结果的平等，Vol. II，经合组织出版社，巴黎，图表 II2. 6

StatLink http://dx.doi.org/10.1787/888932391469

53. 教育产出

教育系统是一个整体，以确保一国有强大和熟练的劳动力，并有能够积极参与民主治理的公民群体。毕业率和学历水平为衡量教育系统的产出提供了很好的标准。

在经合组织国家中，个人要想找到工作，拥有大学毕业学历（A类高等教育）变得越来越重要。平均而言，60%以上的高中毕业生都想继续接受A类高等教育。但是，这些学生中只有一半稍多一点（56%）的人真正能够接受A类高等教育。在爱尔兰、法国、爱沙尼亚和比利时等国，高中毕业生和上大学的人之间相差超过30个百分点，这意味着有些能上大学的人没有去上。义务服兵役或职业高等教育的盛行等因素可能是造成这个差距的部分原因。在澳大利亚和新西兰，相对于高中毕业率的较高大学入学率部分是因为有大量的国际学生。

但是，大学入学率并不能反映有多少学生上完了大学。成年人当中的学历水平，尤其是在时期或年龄组之间的，为衡量一国人口或劳动力中的人力资本或技能以及这些资本或技能是否随时间推移而提高，提供了更好的指示。在过去30年里，大专教育水平显著提高了。在几乎所有的国家里，25岁到34岁之间的人群都比即将退出劳动力市场的人群（55～64岁）有更高的大专教育水平。

依照标准化国际评估来检视投入的教育资源和学习成绩之间的关系可为判断以投入论哪种体系下学生的成绩最好提供某些理解。小学和中学平均每个学生身上的教育开支跟阅读测试得分之间有积极的关系，但这种关系并不是很大。除了支出以外，在各种因素当中，学习成果还取决于老师的素质、学生的社会经济背景以及学校管理实践。韩国、新西兰和芬兰等国家在每个学生身上的花费少于平均数，但在阅读方面的成绩却较好。奥地利、意大利和卢森堡花费较多但成绩却低于平均水平。

方法和定义

高中毕业率（ISCED 3A）是净毕业率，代表了将会完成该等级的教育的年龄组的估计百分比。某一年龄的A类高等教育入学率是按照该年龄首次入学的人数除以相应年龄组总人口来计算的。

每个学生身上的开支数据指的是 2007 财政年，且以经合组织于 2009 年收集的教育统计数据为基础。支出包括教育机构和研发提供的教育核心服务和交通、饮食、住宿等相关服务。每个学生的花费等于教育机构的总开支除以对应的全时当量招生数。由于各国间课程长短不同，每个学生的年度支出或许不能完全反映一个学生身上的总支出。更多的估算参见《教育概览 2010》中的图 B1.5。成绩得分依据的是作为经合组织国际学生评估项目的一部分的对 15 岁学生的评估，2009 年的重点是阅读。

延伸阅读

OECD（2010），*Education at a Glance* 2010：*OECD Indicators*，OECD Publishing，Paris.

图附注

53.1：没有新西兰、葡萄牙、英国和美国的高中教育毕业率的数据。澳大利亚的毕业率是 2007 年的。奥地利的数据包括 ISCED 4A 级别的学历（高等职业学校）。

53.2：俄罗斯联邦的数据是 2002 年的。完整的附注参见《教育概览 2010》的附件 3。

（www.oecd.org/edu/eag2010）

53.3：无希腊和土耳其的数据。加拿大的开支数据是 2006 年的，智利的开支数据是 2008 年的。匈牙利、意大利、卢森堡、波兰、葡萄牙、斯洛文尼亚、瑞士、俄罗斯联邦和巴西的数据仅指公立学校。

有关以色列数据的信息：http：//dx.doi.org/10.1787/888932315602.

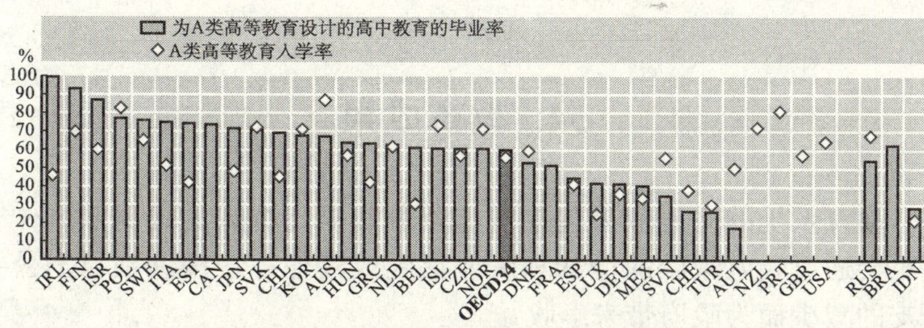

53.1 高中毕业生接受A类高等教育的情况（2008）

来源：经合组织（2010），《教育概览2010：经合组织指标》，经合组织出版社，巴黎。Chart A2.2 基于 Tables A2.1 和 A2.3。(www.oecd.org/edu/eag2010)。

StatLink http://dx.doi.org/10.1787/888932391488

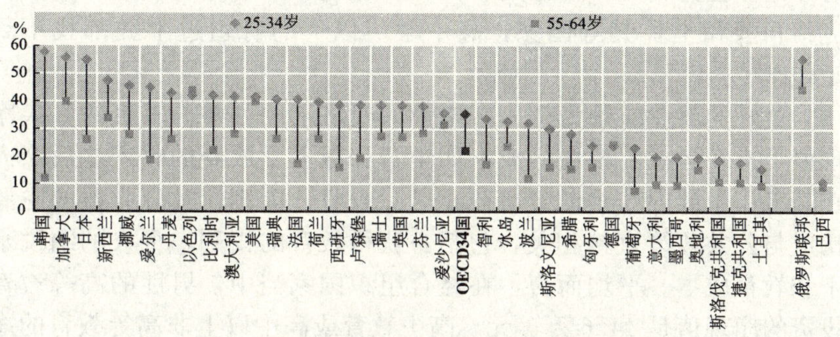

53.2 获得高等教育的人口百分比（2008）

来源：经合组织（2010），《教育概览2010：经合组织指标》，经合组织出版社，巴黎。Chart A1.1 和 Table A1.3a

StatLink http://dx.doi.org/10.1787/888932391507

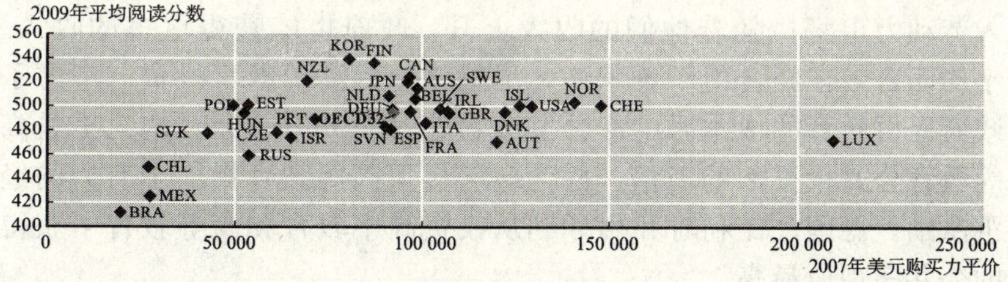

53.3 2009年PISA阅读中的表现和以美元购买力平价计算的小学和中学教育中每个学生的人均累计支出（2007）

来源：经合组织（2010），《教育概览2010：经合组织指标》，经合组织出版社，巴黎。Table B1.3a，和经合组织（2010），《国际学生评估项目2009年结果：学生都知道和会做些什么——学生在阅读、算术和科学方面的表现》，Vol.I，经合组织出版社，巴黎，Table I.2.3

StatLink http://dx.doi.org/10.1787/888932391526

54. 教育成果

教育系统的主要成果包括增加就业和提高个人的终身收入——这也会通过收入基础的增加和失业保险或其他社会援助项目上公共开支的减少而为政府带来净收益。

一个人受过的教育越多，就越容易找到工作。平均而言，在经合组织国家中，85%有大专学历的人口有工作，而有高中学历和高中以上非高等教育学历的有 76%有工作，没有高中学历的只有 56%有工作。在比利时、捷克共和国、匈牙利、以色列、波兰、斯洛伐克共和国和土耳其等国家，高中学历以下的有超过半数都找不到工作。

更好的就业前景为个人带来私人经济上的利益。教育的私人净现值是指在考虑了教育的成本如学费和因上学放弃的收入之后个人在其工作生涯内获得的经济收益。除去收入差别，教育收益的主要构成与公共政策直接相关，包括：获得教育的权利，个人的纳税水平和教育成本。平均而言，在经合组织国家当中，男性的高等教育投资的净现值是 14.6 万美元。高中教育或高中以上非高等教育的净现值降到了 6.8 万美元。这些高私人收益表明，需要通过提供更多受教育机会和让个人更容易获得贷款，而不是降低教育成本来扩大教育。

政府和社会也会从更多人上学当中获得经济收益。当更多人进入劳动力市场，随着他们的收入上升，政府也能获得更多的收入。平均而言，在经合组织国家中，男性学生的高等教育投资（考虑了政府提供教育的成本）的净公共收益超过 8.6 万美元。这几乎是高等教育公共投资额的三倍，并为政府扩大高等教育提供了有力的经济激励。德国、比利时和匈牙利从投资高中教育和高等教育中获得的公共净现值最高。

方法和定义

就业率是指 25～64 岁之间的就业人数占 25～64 岁的人口的百分比。就业者是指那些为获得报酬或收益而每周至少工作一小时的人，或有工作但暂时因为疾病、休假或罢工而未工作的人。

学历根据国际教育分类标准（ISCED97）来衡量：高中（3 级），高中以上非高等教育（4 级）和高等教育（5 级和 6 级）。

男性的私人和公共的教育收益以净现值衡量。私人（一生）成本包括按照找到工作的可能性（失业率）调整的放弃的税后收入和教育上的直接私人开支。个人收益将总收入的收益和失业的影响都计算在内。贴现率定为 3%，很大程度上反映了在一个经合组织国家投资于长期政府债券的典型利息。公共成本包括上学期间失去的所得税征收，以及与高等教育有关的公共支出。公共部门的收益是与较高的收入相关联的额外的税收和社会保险金收入，以及在一定收入水平之上公共部门就不再需要支付的转移方面（住房福利和社会援助）的节省。

延伸阅读

OECD（2007），*Understanding the Social Outcomes of Learning*，OECD Publishing，Paris.

OECD（2010），*Education at a Glance* 2010：*OECD Indicators*，OECD Publishing，Paris.

图附注

54.2：各国的排名依据的是高中教育的私人净现值收益。韩国的数据是 2003 年的。西班牙的数据是 2004 年的。澳大利亚、比利时和土耳其的数据是 2005 年的。无智利、爱沙尼亚、法国、希腊、冰岛、爱尔兰、以色列、日本、卢森堡、墨西哥、斯洛伐克共和国、斯洛文尼亚、瑞士和美国的数据。

54.3：各国的排名是依据高等教育的公共净现值收益降序排列的。韩国的数据是 2003 年的。爱尔兰和西班牙的数据是 2004 年的。澳大利亚、比利时和土耳其的数据是 2005 年的。

有关以色列数据的信息：http：//dx.doi.org/10.1787/888932315602.

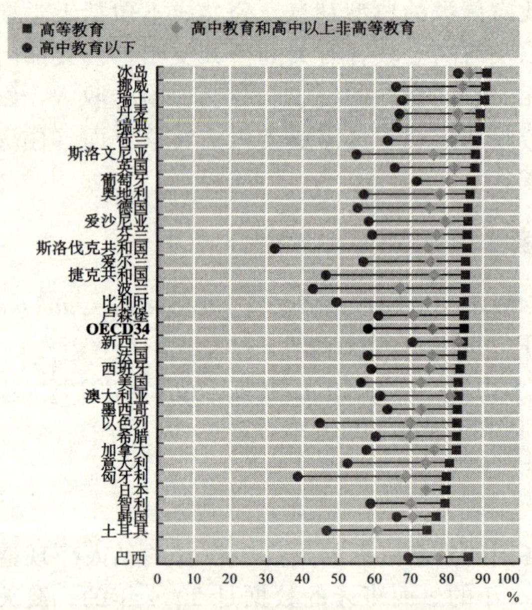

54.1 不同学历的就业率（2008）

来源：经合组织（2010），《教育概览 2010：经合组织指标》，经合组织出版社，巴黎。Table A6.3a. 参见附件 3 的附注。www.oecd.org/edu/eag2010

StatLink http://dx.doi.org/10.1787/888932391545

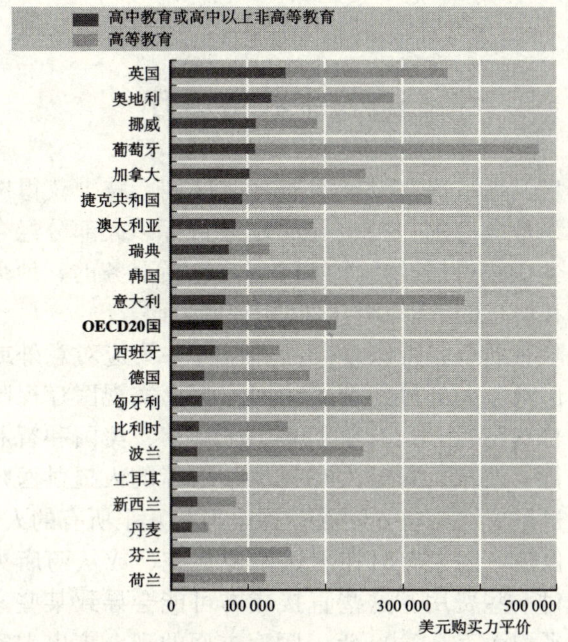

54.2　获较高学历的一名男性的累积私人净现值（2006）

来源：经合组织（2010），《教育概览2010：经合组织指标》，指标A8，经合组织出版社，巴黎。参见附件3的附注。www.oecd.org/edu/eag2010

StatLink http://dx.doi.org/10.1787/888932391564

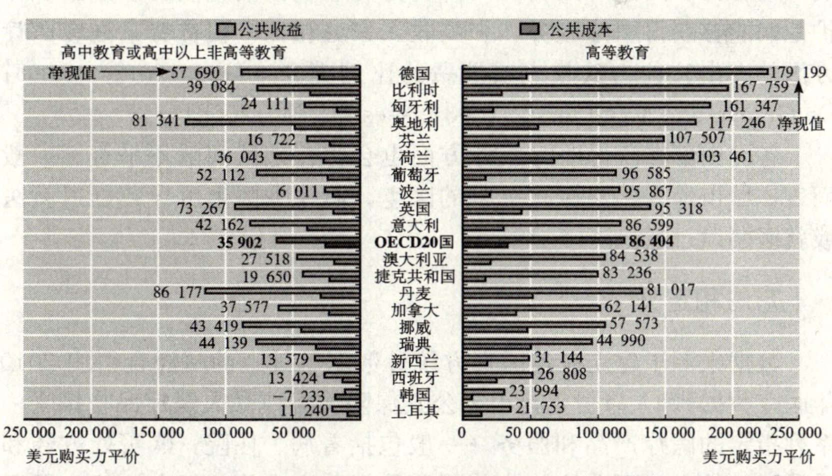

54.3　获高中学历或者高中以上非高等教育学历的和获高等教育学历的一名男性的公共净现值（2006）

来源：经合组织（2010），《教育概览2010：经合组织指标》，经合组织出版社，巴黎。Table A8.3和A8.4。参见附件3的附注。www.oecd.org/edu/eag2010

StatLink http://dx.doi.org/10.1787/888932391583

55. 公平获得医疗

不论医疗卫生系统在设计上有什么区别，减少获得医疗方面的不公平性始终是政府的一项重要的政策目标。大部分经合组织国家都致力于减少在获得医疗方面的障碍，包括财务的、地理的、种族的、文化的和信息的，以及与时间相关的障碍。

医疗保险有助于获得医疗产品和服务并为应对意外或严重疾病提供了经济保障。大部分经合组织国家都已实现医疗保险对一系列核心服务的普遍覆盖，只有墨西哥、土耳其、美国和智利例外。墨西哥最近进行了改革，对穷人和无保险保障的人提供医疗保险，美国最近也通过了立法，将强制医疗保险覆盖几乎所有的人。

尽管有保险，病人有时在看医生或住院、或从药店买药时还是需要直接支付一些费用。这些直接成本可能会导致某些家庭推迟或放弃就医。平均而言，2008 年，医疗方面的现金支出占家庭总消费的 3.3%，最高是瑞士，占 6%，低的如荷兰、卢森堡和法国，不到 1.5%。一国之内不同收入人群之间的现金支出的分配也有很大区别。尽管许多国家对低收入人群实行现金支出豁免或封顶政策以保护他们能够获得医疗服务，和高收入家庭相比，较贫穷家庭在医疗方面的支出往往占其收入或消费的比例更高。（Banthin 等，2008；De Graeve and Van Ourti，2003；Westert 等，2008）

各国内部在获得医疗服务方面也会存在地区间的不平等。一般而言，城市地区比农村有更多的医生，而缺少医生可导致延迟就医或就医路途过远。

方法和定义

数据来源于建立在各国官方统计数据基础上的《经合组织 2010 年医疗数据》。人口覆盖是根据公共保险方案或私人医疗保险接受一系列指定的医疗产品和服务（一般包括看病、住院，购买处方药和看牙医）的人口百分比。公共覆盖是指政府项目（资金一般来源于税收）和社会医疗保险（资金一般来源于工资税）。投保私人保险一般是自愿的，但在有些国家是法律规定的义务。保险覆盖包括本人及其抚养的人。

现金支出是在保险不能覆盖医疗产品和服务的全部成本的情况下，由病人直接承担的开支。其中包括按比例自付、自己用药和家庭直接支付的其他开支。在有些国家或许还包括对支付给医务人员的非正式支出的估算。

医生的人数包括在一地区的公立和私人医院正常执业的普通医师和专科医生。用于衡量医生人数的地理分类是 TL2，大部分与一国的行政区划相对应。

延伸阅读

OECD（2009），*Health at a Glance* 2009：*OECD Indicators*，OECD Publishing，Paris.

OECD（2011），*Regions at a Glance* 2011，OECD Publishing，Paris.

图表附注

55.1：覆盖是指接受一系列核心服务的人口百分比。澳大利亚、卢森堡和日本的数据是 2007 年的。西班牙的数据是 2006 年的。土耳其的数据来自 2011 年 6 月发布的《经合组织 2011 年医疗数据》。

55.2：土耳其、日本、澳大利亚和丹麦的数据是 2007 年的。卢森堡和葡萄牙的数据是 2006 年的。希腊的数据是估算的。

55.3：土耳其没有地区这一级的数据。

有关以色列数据的信息：http：//dx. doi. org/10. 1787/888932315602.

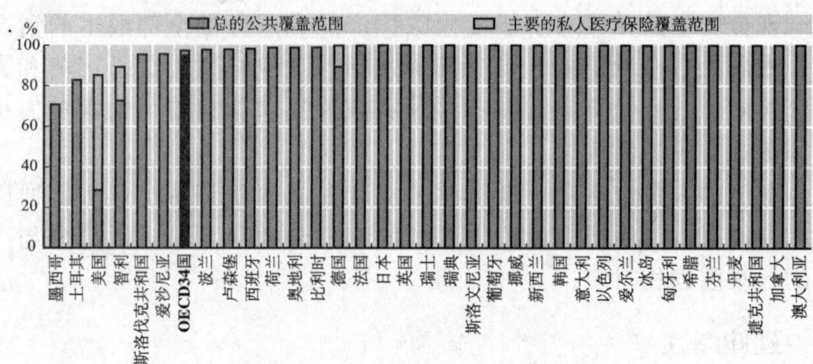

55.1　医疗保险范围（2008）

来源：经合组织医疗数据 2010。

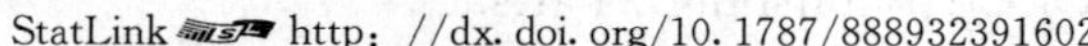
StatLink http：//dx. doi. org/10. 1787/888932391602

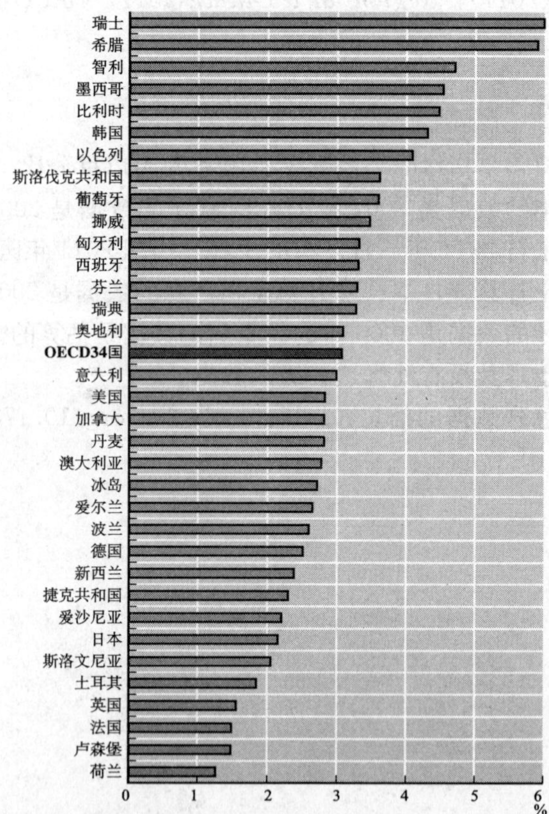

55.2　现金医疗支出占家庭总消费的比例（2008）

来源：经合组织医疗数据 2010。

StatLink http：//dx. doi. org/10. 1787/888932391621

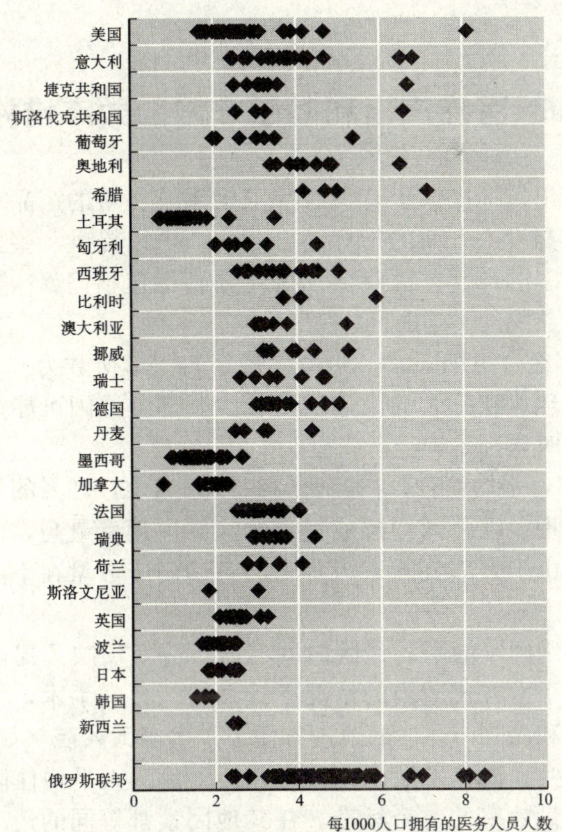

55.3　每一TL2地区医务人员密度的区域间差异（2008）

来源：地区概览2011。

StatLink http：//dx.doi.org/10.1787/888932391640

56. 医疗产出和基于产出的效率措施

医疗产出指标提供了有关医疗卫生系统提供的产品和服务的数量的信息。与投入方面的指标结合起来，可以提供一些医疗服务的生产率或效率的数字。医疗活动的主要指标包括门诊次数、住院床位占用率和住院的平均时间。

2008 年经合组织国家平均每人每年的门诊次数为 6.9 次，2000 年时稍高。瑞典和芬兰的门诊次数较少，部分原因可能是初次接触病人的很多时候都是护士。

2008 年，平均而言，在经合组织国家当中，76%的急诊病床被用于治疗护理。以色列和挪威报告的病床占用率最高，而荷兰和墨西哥最低。由于大部分国家历年来的急诊病床数量在下降，因此病床占用率有上升的趋势。

经合组织国家的平均住院时间有所下降，反映了提前出院计划的扩大，在手术方式适当的情况下计划转为日间手术，侵入式手段的减少使用和入院前评估的改进方便了手术当天入院（如合适）。这在日本、波兰和荷兰发展得尤其迅速。急诊病人平均住院时长通常被认为是衡量效率的一个标准。在其他因素都等同的情况下，较短的住院时间将降低住院成本并可从住院护理转为较为便宜的病后护理。但是，较短的住院时间往往护理服务就会比较集中，单日费用也较高。住院时间过短甚至会为出现更多负面的医疗结果埋下隐患。

方法和定义

门诊数是指某一年里看医生的次数，包括看公立和私人医院的普通医师和专科医生。数据来源于行政管理机关，虽然在有些国家数据是对来自健康访谈调查的估算：意大利、荷兰、西班牙、瑞士、英国（普通医师门诊）和新西兰（专科医生门诊）。荷兰的数据不包括妇幼保健方面的门诊。葡萄牙和土耳其的数据不包括私人医生门诊，而英国的数据不包括私人专科医生的门诊。

急病病床占用率的计算是以用于急病治疗的医院病床天数除以急病病床总数（乘以了 365 天）。急病病床是根据经合组织的指南《医疗核算体系》中定义的、用于“治疗护理”的病床。对有些国家，在比较时应考虑到急病病床也会被用于其他用途（长期护理、康复护理和/或姑息治疗）。荷兰是按照注册的病床数而不是可用的病床数计算的。匈牙利和爱尔兰的指标不包括或只部分包括私人医院的病床。芬兰的数据是估算的。

急病住院平均时间是如指南中定义的病人住在医院接受治疗护理的平均天数。

延伸阅读

OECD（2009），*Health at a Glance* 2009：*OECD Indicators*，OECD Publishing，Paris

图附注

人口数据来自经合组织统计数据。

56.1：没有爱尔兰、西班牙和挪威的数据。智利没有2000年的数据，该国没有包括在经合组织平均数中。以下国家的数据不是2000年的：瑞士和韩国（2002）；新西兰（2003）。以下国家的数据不是2008年的：意大利（2005）；瑞典和希腊（2006）；瑞士、美国、葡萄牙、新西兰、加拿大、卢森堡、比利时和日本（2007）；以色列（2009）。

56.2：没有丹麦、芬兰、冰岛、韩国、新西兰、波兰和瑞典的数据。以下国家的数据不是2008年的：澳大利亚和希腊（2006）；意大利和葡萄牙（2007）。卢森堡的数据只有2007年的。加拿大的2007年数据是估算的。智利和爱沙尼亚的数据是2003年而非2000年的。

56.3：无韩国和智利的数据。以下国家的数据不是2008年的：丹麦和新西兰（2005）；澳大利亚和希腊（2006）；比利时、加拿大、意大利、卢森堡、葡萄牙和瑞典（2007）；以色列（2009）；爱沙尼亚的数据是2003年而非2000年的。

有关以色列数据的信息：http：//dx. doi. org/10. 1787/888932315602.

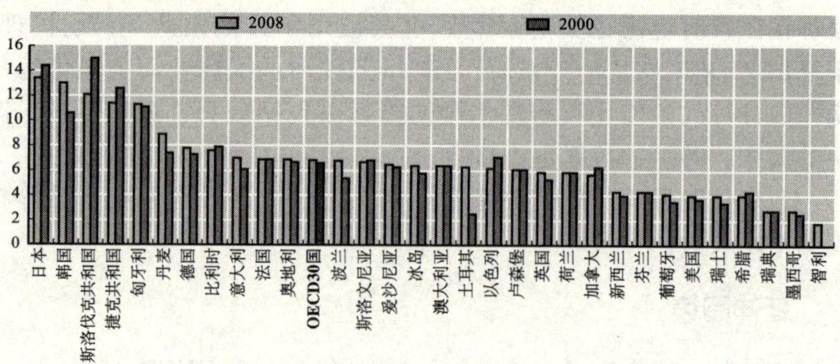

56.1 人均医生门诊数（2000 年和 2008 年）

来源：经合组织医疗数据 2010。

StatLink http://dx.doi.org/10.1787/888932391659

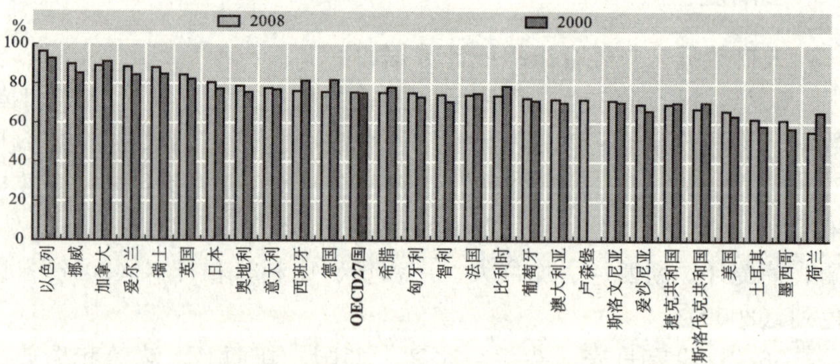

56.2 急性护理医院病床占用率，百分比（2000 年和 2008 年）

来源：经合组织医疗数据 2010。

StatLink http://dx.doi.org/10.1787/888932391678

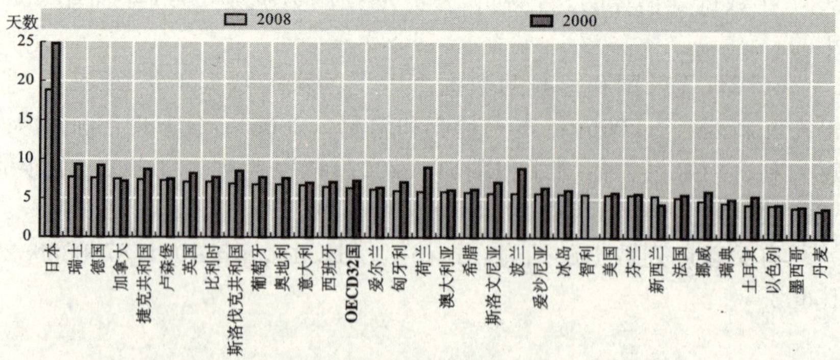

56.3 急病住院平均时间（2000 年和 2008 年）

来源：经合组织医疗数据 2010。

StatLink http://dx.doi.org/10.1787/888932391697

57. 医疗结果和开支

对政府来说，一个关键的政策挑战是医疗服务中既要控制住成本的压力，又要提高医疗成果（如寿命）。考虑到经合组织国家中公共部门是医疗资金的主要来源，而且用于医疗卫生的公共开支是最大的一项政府支出之一，平均占到了 GDP 的 6%，这就尤其重要了。此外，随着人口的老龄化，今后的成本压力预计会继续增加。

寿命始终是衡量一国人口的健康状况的最常用标准。在过去的几十年里，经合组织国家的人口出生时的预期寿命持续显著增长，反映了所有年龄段死亡率的大幅降低。寿命的延长可以归结为若干因素，包括生活水平的提高，生活方式的改善，更好的教育，以及更容易获得高质量的医疗服务。公共政策针对的其他因素，如更好的营养和卫生条件以及住宿条件也有一定的作用。平均而言，在所有经合组织国家，2008 年的整个人口出生时预期寿命达到 79.3 岁，比 1960 年增加了近 11 岁。在所有成员国中，韩国自 1960 年后的增幅最大。2008 年时，其公民的预期寿命差不多要比 1960 年时长 28 年。约有一半的经合组织国家在 2008 年时的人口出生预期寿命超过 80 岁。人口预期寿命最长的国家是日本，为 82.7 岁。另一方面，经合组织国家中预期寿命最短的国家是土耳其，其次是匈牙利和爱沙尼亚。不过，尽管匈牙利的预期寿命自 1960 年来只有适度增长，土耳其则增加速度很快，表明其正在快速追赶经合组织国家平均数。

在经合组织国家中，人口出生时的预期寿命和人均医疗支出有积极的关系。据经合组织最近的一项研究估算，自 20 世纪 90 年代初以来寿命的增加中有 40%可归因于总医疗开支的增加（Joumard *et al.*，2010）。考虑到医疗开支的水平，日本和韩国的预期寿命相对较高，而美国、丹麦和匈牙利相对较低。

方法和定义

预期寿命衡量的是在给定的一组特定年龄的死亡率的基础上得出的人们平均能够活多长时间。但是，任何一个具体出生队列的实际特定年龄死亡率都是不可能事先知道的。如果特定年龄的死亡率降低了（就如经合组织在过去几十年中的情况），那么实际的寿命就会比根据目前的死亡率计算的预期寿命要长。整个人口的出生时预期寿命是由经合组织秘书处为所有国家计算的，使用的是未加权的男性和女性的平均预期寿命。

医疗总开支衡量的是医疗产品和服务的最终消费（当前医疗开支），加上医疗卫生基础设施的资本投资。这包括了公共和私人部门在医疗服务和产品、公共健康和预防项目以及管理上的开支。考虑到各国货币不同的购买力，各国的医疗开支都换算成了共同的货币单位美元，并以 GDP 的购买力平价进行了调整。

延伸阅读

Joumard，I.， C. Andre and C. Nicq（2010），“Health Care Systems：Efficiency and Institutions”，*OECD Economics Department Working Papers*，No. 769，OECD Publishing，Paris.

OECD（2009），*Health at a Glance* 2009：*OECD Indicators*，OECD Publishing，Paris.

图附注

57.1：智利、爱沙尼亚和以色列无 1960 年的数据，这几个国家没有算入平均数。以下几个国家的数据是 2007 年而非 2008 年的：比利时、加拿大、意大利、英国和美国。以下国家的数据是 1961 年而非 1960 年的：加拿大、意大利和新西兰。

57.2：比利时、加拿大、意大利、英国和美国的预期寿命数据是 2007 年的。奥地利、丹麦、希腊、日本和土耳其的医疗开支数据是 2007 年的，葡萄牙和卢森堡的是 2006 年的。

有关以色列数据的信息：http：//dx. doi. org/10. 1787/888932315602.

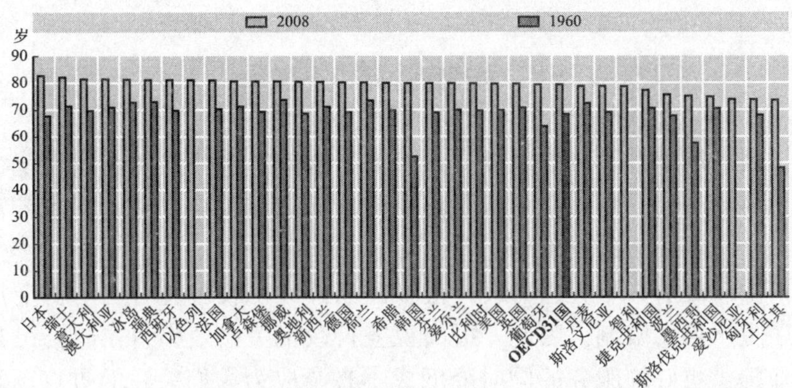

57.1 出生时的预期寿命（1960 年和 2008 年）

来源：经合组织医疗数据 2010。

StatLink http：//dx. doi. org/10. 1787/888932391716

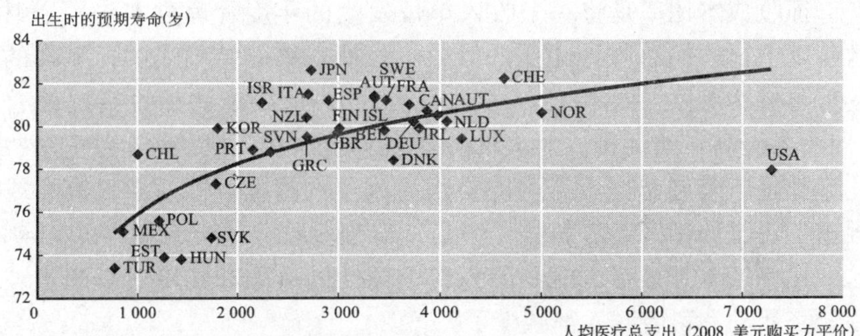

57.2 出生时的预期寿命和人均医疗总支出（2008）

来源：经合组织医疗数据 2010。

StatLink http：//dx. doi. org/10. 1787/888932391735

58. 税收管理的效率

政府的活动，包括提供公共服务，有赖于从公民和企业那里征收的各种税。政府的税务管理机关行使着解释税务立法、征收各种税和社会保险金以及执行税法的重要职能。

随着政府开始巩固财政，很多国家都对税收机关可用的资金加以了更严格的限制。因此，提高税务行政机关的效率、在向公民和企业提供更好的服务的同时降低成本日渐成为人们关注的重点。效率的提高取决于这些组织如何设计其内部的组织结构，如何分配预算资金以满足新的或变化了的优先事项，如何运用信息和通信技术以及电子政务来降低成本，以及如何决定人员的级别、报酬和结构。

征收成本比率是将一个收入单位发生的年度管理成本与一个财政年度中征收的总收入相比的结果。长期观察的结果表明，下降的趋势可成为相关成本降低（即效率提高）和/或依法纳税情况改善（即效果提高）的证据。对大部分收入单位来说，到 2007 为止这一比率都呈下降趋势，最有可能是因为成本的降低（即效率提高）或促进了税收的良好经济态势。但是，对很多收入单位来说，2009 年这一比率的上升很有可能是因为在全球性的金融和经济危机的余波中经济活动和税收收入都减少了。

对税收机关来说另一个常用的绩效指标就是征收单位总的开支占 GDP 的比例。这一指标在 2005 年到 2009 年间在大部分经合组织国家中都没有太大的变化。2009 年，在经合组织国家平均有 0.26% 的 GDP 用在了税收管理上。从 2005 年到 2009 年，奥地利和丹麦的这一比例下降的最多。另一方面，匈牙利和新西兰的这个比例是上升的。

但是，对税收管理的效率进行国际性比较时必须谨慎。税率和法律规定的整体税务负担的不同，征税范围和性质的差异（包括社会保险），影响税收的宏观经济条件，因不同的机构安排导致的基本成本结构的不同（如意大利那样的有多个机关涉及收入管理），和/或非税务机关的行为（如海关），都是会对这里所列的效率比率产生影响的问题。

方法和定义

数据由接受调查的税收机关提供或选自官方的国家报告（如年度绩效报告）。税收管理开支包括三个类别：管理成本、工资成本和信息技术成本。信息技术成本是指为一切管理业务提供信息技术支持的总成本（包括与税收相关和不相关的）。为了比较的目的，已尽量对与税务相关和不相关的功能上使用的资源和成本进行分别确定。GDP 的数据来源为下列之一：成员国的财政部，《经合组织收入年鉴》，《中情局的世界概况》或《国际货币基金组织的统计数据库》。

延伸阅读

OECD（2011），*Tax Administration in OECD and Selected Non-OECD Countries：Comparative Information Series*（2010），OECD Publishing，Paris.

图附注

无希腊的数据。卢森堡的数据与直接税和增值税的征收机关相关。瑞典的事务性人员承担与税收有关的功能，图表也进行了相应调整。

58.1：斯洛伐克共和国没有 2009 年的数据、冰岛和以色列没有 2005 和 2007 年的数据，因此这些国家没有包括在平均数内（OECD30 国）。澳大利亚（2007）和土耳其（2005）的数据依据的是收入单位的年度报告。爱沙尼亚 2007 年的比率包括了海关业务但此后年份没有包括。墨西哥的数据来自税收管理服务的税收报告。瑞典的数据是《瑞典税收》（第七版）中 2005 年的净收入。美国的比率与 IRS 出版物上的不同，因为是用了净收入而不是总收入作为分母。

58.2：因为缺少数据，以下国家没有包括在平均数（OECD24 国）中：西班牙（2005），爱沙尼亚、以色列、意大利和斯洛文尼亚（2005 和 2007）；冰岛、波兰、斯洛伐克共和国和瑞士（2009）。完整的附注参见图表下方的 StatLink。

有关以色列数据的信息：http：//dx.doi.org/10.1787/888932315602.

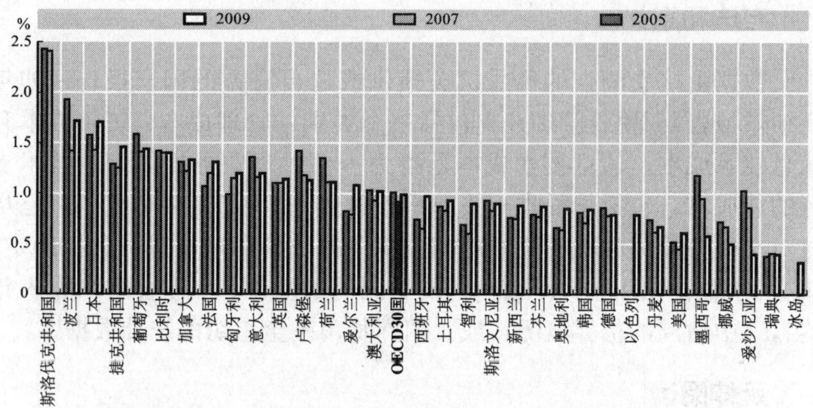

58.1 每一百单位征得净收入的总税务行政管理成本比
(2005 年，2007 年和 2009 年)

来源：经合组织（2011），《经合组织和部分非经合组织国家的税收管理：比较信息系列（2010）》，经合组织出版社，巴黎，Table 18。

StatLink http：//dx. doi. org/10. 1787/888932391754

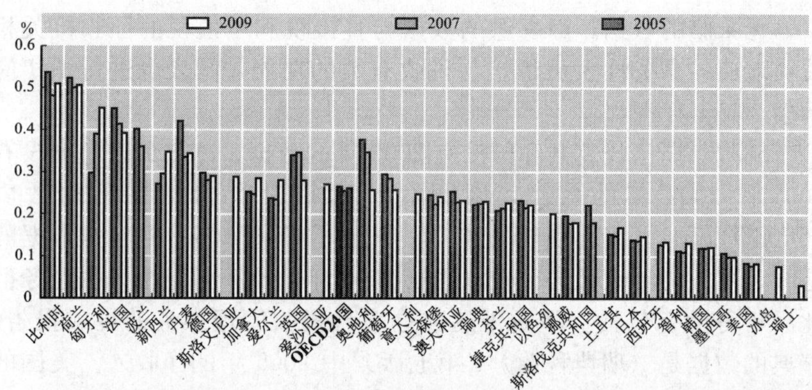

58.2 总收入机构支出占 GDP 的百分比（2005 年，2007 年和 2009 年）

来源：经合组织（2011），《经合组织和部分非经合组织国家的税收管理：比较信息系列（2010）》，经合组织出版社，巴黎，Table 19。

StatLink http：//dx. doi. org/10. 1787/888932391773

附件 A 收入总量的方法学

下面的表格提供了指标 1－3 当中所列出的税收、社会保险税、拨款和其他收入总量是如何在经合组织国民经济核算数据的基础上建立起来的详细信息。

表 A.1 收入总量

《政府概览》中的名称	国民经济核算体系中的名称	经合组织国民经济核算数据中的代码（表 12：一般政府的主要总量）
税		
间接税	生产和进口税，应收	GD2R
直接税	流动所得税，应收	GD5R
资本税	资本税	GD91R
社会保险税		
社会保险税	社会保险税	GD61R
拨款和其他收入		
流动和资本拨款	其他流动转让，应收	GD7R
	其他资本转让和投资拨款，应收	GD92R _ D99R
销售和费用	市场产出和为个人最终使用的产出	GP11 _ P12R
	其他非市场产出的支付	GP131R
财产收入	财产收入，应收	GD4R
补贴	其他生产补贴，应收	GD39R
总收入	总收入	GTR

附件 B 政府职能分类（COFOG）

第一级和第二级政府职能分类

政府职能分类（COFOG）是由经合组织制定的，用以根据资金用途对来自国民经济核算体系的政府开支数据进行分类。如表 B.1 显示的那样，第一级政府职能分类将开支数据分成了十个开支的“功能”组或分部（如国防、教育和社会保护），而第二级政府职能分类进一步将每一个一级组再细分成九个分组。34 个经合组织成员国中，有 31 个都有第一级政府职能分类数据，但目前只有 21 个欧洲国家有第二级政府职能分类数据。*

表 B.1 第一级和第二级政府职能分类

第一级	第二级
一般公共服务	● 行政和立法机关，金融和财政事务，对外事务 ● 对外经济援助 ● 一般服务 ● 基础研究 ● 研发一般公共服务 ● 一般公共服务（未归入其他类别的） ● 公共债务交易 ● 各级政府间的一般转让

* 没有智利、墨西哥和土耳其的第一级政府职能分类数据。到最近为止，有些国家的统计局有第二级政府职能分类的数据，但国际组织没有收集这类数据。而且第二级政府职能分类数据无法在国家间进行比较，因为国民经济核算体系/联合国的指南以及国际货币基金组织的政府财政统计数据手册都没有就政府职能分类概念的适用提供多少实用的信息。不过，2005 年时欧洲统计局组建了一个专门小组，准备就政府职能分类在国民经济核算开支数据中的适用编写一个指南，并讨论欧洲国家收集第二级政府职能分类数据的问题。瑞士和经合组织内的所有非欧洲国家——澳大利亚、加拿大、智利、日本、以色列、韩国、墨西哥、新西兰和美国——都没有第二级政府职能分类数据。此外，部分欧盟国家只有政府职能分类中部分类别的数据。我们正在努力与这些国家达成协议，让其提供这些数据给经合组织。

续表

第一级	第二级
国防	● 军事防卫 ● 民防 ● 对外军事援助 ● 国防研发 ● 国防（未归入其他类别的）
公共秩序与安全	● 警察服务 ● 消防服务 ● 法庭 ● 监狱 ● 公共秩序与安全研发 ● 公共秩序与安全（未归入其他类别的）
经济事务	● 一般经济、商业和劳工事务 ● 农业，林业，渔业和狩猎业 ● 燃料与能源 ● 采矿业，制造业和建筑业 ● 运输 ● 通信 ● 其他工业 ● 经济事务研发 ● 经济事务（未归入其他类别的）
环境保护	● 废物处理 ● 废水处理 ● 污染治理 ● 保护生物多样性和景观 ● 环境保护研发 ● 环境保护（未归入其他类别的）
住房和社区设施	● 住房开发 ● 社区发展 ● 供水 ● 街道照明 ● 住房和社区设施研发 ● 住房和社区设施（未归入其他类别的）
医疗卫生	● 医疗产品、用具和设备 ● 门诊服务 ● 住院服务 ● 公共医疗卫生服务 ● 医疗卫生研发 ● 医疗卫生（未归入其他类别的）

续表

第一级	第二级
娱乐、文化和宗教	● 娱乐和体育服务 ● 文化服务 ● 广播和出版服务 ● 宗教和其他社区服务 ● 娱乐、文化和宗教研发 ● 娱乐、文化和宗教（未归入其他类别的）
教育	● 学前教育和小学教育 ● 中学教育 ● 中等以上非高等教育 ● 高等教育 ● 未分等级的教育 ● 教育附属服务 ● 教育研发 ● 教育（未归入其他类别的）
社会保护	● 疾病和残疾 ● 老龄 ● 幸存者 ● 家庭和儿童 ● 失业 ● 提供住宿 ● 社会排斥（未归入其他类别的） ● 社会保护研发 ● 社会保护（未归入其他类别的）

附件 C　财政巩固的模型假设

财政可持续性局面的基础性关键假设综述

本附件提供了计算各国政府为在 2026 年前稳定并降低公共债务对 GDP 的比例而预计采取的财政巩固措施所使用模型的基础假设的有关信息。该模型估计了为稳定或降低总的债务对 GDP 的比率而应当采取的财政巩固措施。若以净债务对 GDP 的比率计算，则这些措施的多少可能会有差异。这些假设是第四章（战略远见与领导）中的指标 15 所列数据的基础。指标 15 中的数据，以及本附件中提供的信息，都来自 2011 年 5 月发布的第 89 号《经合组织经济展望》的初步版本，在今后的“展望”系列出版物中可能会有修改。

基线方案的基础性假设

财政巩固措施是指为了稳定或降低公共债务从 2010 年到 2026 年间实现基本的主要平衡所要求的总的改变。图 15.1 和 15.2 的估算是以：（1）宏观经济因素；（2）各国的财政政策和轨道方面的假设为条件的。这些假设在 2010 年至 2026 年期间都会发生变化。

宏观经济假设

● 长期增长预测是以对潜在 GDP 产出的预测为基础的。该模型假设实际产出和潜在产出之间的差异在 2015 年前会消除。在那以后，GDP 的增长将与潜在产出保持一致。但也有一些例外，2012 年产出的差异仍然很大。在这些情况下，到 2012 年年底时，产出差异超过 6%每两个百分点，假设弥合差异的时间就要增加一年。这意味着希腊的产出差异要到 2018 年才能消除。爱尔兰、葡萄牙和西班牙的差异会在 2016 年消除。一旦差异消除了，GDP 的增长将与潜在产出保持一致。

● 至 2009 年已立法的养老金改革的效果已并入其中。

● 到 2015 年时失业会回到其预估的结构比率。对结构性失业率的历史估计是建立在 Gianella 等人（2008）的观点的基础上。其中加入了危机后的滞后效应。结构性失业率被认为会最终回到危机前的水平，但基于之前的历史经验，各国的速度不同（Guichard 和 Rusticelli，2010）；对那些劳动力市场比较灵活的国家来说，结构性失业将在 2018 年之前回到危机前的水平，其他国家则要到 2026 年。

● 非石油类商品价格实际保持不变，而石油价格在 2012 年以后每年实际上升 1%。

● 经合组织国家的外汇率实际保持不变。从 2012 年起，非经合组织国家的实际汇率的增值与增长差异保持一致（通过所谓的巴拉萨-萨缪尔森效应）。

● 随着产出差异的消除，政策利率继续正常化，并在此之后发展出与中期目标一致的通货膨胀。在日本，假设是一旦产出差异消除，2015 年的通货膨胀率回到 1%，货币政策的目标通货膨胀率将会锁定在 2%。

● 危机带来的对潜在产出水平的负面影响（通过调整达到资本强度，结构性失业和劳动力参与率）将大约在 2013 年达到顶峰。

● 2012 年以后，非经合组织国家的经济在人均收入上会显示出与美国的增长率缓慢的趋同。（以购买力平价衡量）（Duval 和 de la Maisonneuve，2009）。

● 从 2015 年到 2026 年，经合组织各国将经历劳动生产率年增长 1.75%的缓慢趋同。

应当注意的是，对于为稳定债务而采取的财政巩固措施的估计，有两个例外：对于日本和美国来说，2012 年时稳定债务所要求的巩固措施太多，以假设的巩固速度，到 2026 年也无法达到基线局面，这些国家和其他经合组织国家预计需要多少年的财政巩固，反映在第 89 号《经合组织经济展望》中的表格 4.3 里。这也是假定财政巩固以假设的速度进行，对于债务何时能够稳定的一个估计。

会计假设

为把债务对 GDP 的比例稳定或降低到既定目标，基本的财政主要平衡所要求的变化将 2010 年作为基准年。就 2011 年和 2012 年，该模型假设政府的巩固措施将与第 89 号《经合组织经济展望》中对每个国家作出的财政预测相一致。从 2013 年起，在债务对 GDP 比率上升的国家，基本的财政主要平衡将有缓慢、持续的增长，足以确保政府的债务对 GDP 比率在长期增长和目前的长期利率下在中期保持稳定。对于那些从 2013 年起比率下降的国家，则假设他们不会进行财政扩张。

● 不同的国家在 2012 年以后财政巩固需要进行多少年是不同的。模型假设在债务对 GDP 比率不稳定（如图 15.1）和/或未达到既定目标（如图 15.2）的年份，每年基本赤字的下降为 GDP 的 0.5%。

● 在处理金融危机时没有因为资产收购或提供担保而给政府的资产负债表带来更多的损失。

● 因为人口老龄化和医疗开支上持续增加的压力而对预算产生的影响没有明确包括在内，但暗中假设会被其他预算指标所抵消。

有关上述假设具体到每一国家的信息，请参见第 89 号《经合组织经济展望》的初步版本中的材料 4.1 和表 4.1－4.3。

部分经合组织国家中与老龄化问题相关的公共开支的未来变化

● 经合组织对于医疗和长期护理成本增加的预测是在假设政策和结构趋势不变的基础上做出的。对应的假设经合组织（2006）在“成本压力局面”的标题下有详细叙述。关于欧洲国家的养老金开支的预测来自于《欧洲委员会可持续性报告》（2009）。希腊是一个例外，其养老金开支的估算包括了经合组织对于最近的养老金改革的效果的估计。对于非欧盟国家的公共养老金支出的预测，美国的来自于国会预算局（2010）“长期预算展望”和 Visco（2005），加拿大的来自于国会预算官员办公室（2010）和 Visco（2005），日本的来自府川和佐藤（2009），澳大利亚的来自澳大利亚联邦（2010），新西兰的来自新西兰财政部（2009），瑞士的来自 Visco（2005），韩国的来自 Dang 等（2001）。在某些情况下，从 2010 到 2026 年得出效果要求线性插值。

更多信息见材料 4.2。完整的参考信息请参见本书的“参考文献”部分。

附件 D　有关政府雇员薪酬的方法学和附加说明

职业

关于政府雇员薪酬的调查旨在收集中央/联邦/国内政府样本职业雇员的年薪酬信息。其目的是建立一个中央政府核心、关键行业部委典型职位工资水平的数据库，以便能够更好地理解经合组织国家中央政府的工资结构和薪酬水平。

该调查集中于中央级政府，不包括一般统计数据和/或功能上独立于中央级政府的地方级政府和社会保障机构。该调查不包括一切级别政府的所有公共和准公共企业。在有些国家，中央政府被称为国家政府或联邦政府。

本书中，来自该调查的数据涵盖了中央政府内的 12 种职业的信息。这 12 种职业分为四组，列在四个基本标题之下：高级管理者，中层管理者，专业人员和秘书。所选的职业都是被认为是有代表性的，并在国与国之间相对有可比性。有关这些职位的信息收集自六个部委：三个核心部委（内政部，财政部，司法部）和三个行业部委（教育部，卫生部和环境部）。由于各国政府的机构结构不同，一国提供的数据信息可能多于或少于这几个部。该调查集中于一般就业框架或条例下的雇员，不包括顾问和短期员工。

职业的分类和定义对国际劳工组织（ILO）制定的国际标准职业分类（ISCO-08）加以了改动。改动的原因是并非所有国家都依照 ISCO 的模型对其政府内的职业进行分类，故使用 ISCO-08 可能会在部分成员国内造成混淆。

材料 D. 1 中包括了本调查中涵盖的职业的定义，这些职业被认为是每个政府中的典型职业。由于对管理职位没有一个通用的定义，而且不同国家的管理层级数也各不相同，为本调查的目的，D1 指的是国务大臣/部长（由总统/总理任命）之下的最高管理层级，由部长任命（有时也由总统/总理任命）。本调查包括的管理职位层级一直到D4，但如果参与调查的国家将D5和D6级作为中级管理层的一部分进行报告，则也会把D5和D6包括在内。

虽然经合组织的方法学让各国提供所要求数据的职业的准确定义信息，各国对于各种职业的界定无疑还是会继续存在差异，差异的大小则取决于具体的职业。最一致的组很可能就是D1级（但请看下面的“扁平化政府”问题）和秘书职位。不出所料，各国间职业定义差异最大的类别就是专业人员，其次是中级管理层，两者的界定都很不清晰。有关这些职业组内的资历高低问题，各国也有差别。

有关D1级和部分D2级的数据是可比的，但也不是毫无困难。困难之一在于部委的不同组织结构。比如瑞典就是一个很特殊的例子，它的政府完全是由各局组成，D1级的数目非常惊人。另外一些国家有大量D1级的理由就不太明确，似乎不太有可比性。对D1级的最高和最低工资数据的分析显示了哪怕这些国家有很多D1级员工，差异也是有限的，表明这些数据很可能是准确的。不过，很多国家没有提供有关最高和最低工资的数据。这样，此种分析在那些具体情况下就无法进行。

表D.1中列出了每一职业组的数据所涵盖的员工人数。在有些情况下，所报告的数据是关于整个中央政府的，而其他则是有关6个（或少于6个）代表性的部/部门的。

材料D.1 职业的分类*

高级管理者

● D1级管理者（ISCO-08 1112）是部长/国务大臣之下的最高级公务员。他们也可能属于高级公务员并/或由政府或政府首脑任命。他们就政策问题向政府提出建议，监督政府政策的解读和执行，而且在某些国家还具有行政权力。D1级管理者或许有权参加部分内阁会议。他们向部长/国务大臣或某一特定的行政管理领域提供全面指导和管理。在实行自治机构、分权、扁平化组织和有授权管理者的体制的国家，D1级管理者相当于局长。

● D2级管理者（ISCO-08 11）制定并审查政策和计划，在其他管理者的支持下指导、协调及评估本部或特别委员会/单位的整体活动。其可属于高级公务员队伍。他们在不同的政策领域向专业队伍提供工作项目的协调、管理的指导和领导。他们决定其监管下的特定行政单位/部门的目标、战略和方案计划。

中层管理者

● D3 级管理者（ISCO-08 12）通常在董事会或领导机关确立的准则范围内，在其他管理者的支持下，计划、指导及协调本部内的特定委员会/行政单位的一般运作。他们领导、管理其特定领域中的专业人员队伍。这些官员制定单位、部门或政策领域的工作方案并管理有关员工。他们确立并管理预算、控制开支、确保资源的高效率使用。他们监管并评估不同专业队伍的绩效表现。

● D4 级管理者（ISCO-08 121）制定和管理政策建议以及战略、财政计划。他们确立并指导运作和管理程序，并向高级管理者提出建议。他们控制员工的挑选、培训和绩效，制定预算并监督财务运作，控制开支，以及确保资源的高效率使用。他们领导一个部门内部的特定专业人员队伍。

● D5 级管理者（非必须的）（ISCO-08 1211，1212 和 1213）可以是主要职责为领导工作方案的执行及监督其他专业人员和年轻专业人员工作的高级专业人员。

● D6 级管理者（非必须的）（ISCO-08 1211，1212 和 1213）可以是主要职责为领导工作方案的执行及监督其他专业人员和年轻专业人员工作的专业人员。

专业人员

● 经济学家/政策分析师（ISCO-08 242 和 2422）制定和分析指导政府运作和规划的设计、执行和修订的政策。这些专业人员审查现有的政策和立法以发现异常之处和过时的规定。他们为政策变化分析制定政策选项，起草简报文件和建议。此外，他们对公共政策的作用、财务影响以及政治和行政上的可行性进行评估。这一类的员工可能通过职务晋升而成为管理人员。他们的专业领域从法律、经济学、政治学、公共管理、国际关系到机械、环境、教育学、健康经济学等都有。这是一个很大的职业类别，初级和高级员工之间的重要性差异可以很大。因此，要求各国提供的是有关高级人员（即高级经济学家）而非所有经济学家的信息。

● 统计学家（ISCO-08 2120）从事研究、完善或发展统计学概念或参与其实际应用，为政府的运作提供支持。他们计划和组织调查和其他统计数据的收集工作，并设计调查问卷。他们评估、处理、分析和解释统计数据以备发布。他们采用各种数据收集方法和统计学上的方法和技术确定调查结果的可靠性或对此提出建议。

秘书职位

● 行政秘书（ISCO-08 3343）为管理者和专业人员提供联络、协调和组织工作，从事信函、报告、程序记录和其他专业文书工作。他们起草行政公函，对预算编制、开支监控、合同起草、采购或收购令等工作给予协助。他们管理文书支持人员的工作。

● 秘书（一般办公室文员）（ISCO-08 411和4110）进行与财务操作、出差安排、信息申请和日程预约等有关的一系列办事员和行政事务工作。他们对各类信息进行记录、准备、整理、分类、填报；对邮件进行分拣、开拆和发送；准备日常的报告和信函；记录设备、员工的问题；应答电话或电子邮件，或将其转送有关人员；对发生的财务交易进行数字核对、开票和登记；将信息录入电脑；以及文字校对、更正等。

* 在职业定义前加上ISCO-08等编号数字只是为了便于比较的目的。

报酬

为对报酬进行分析，本调查建立在国际劳工组织编制的国际标准劳动成本分类（ISCLC）和国民经济核算体系（SNA）的有关要素上。不过，此处跟上述这些分类稍有不同，以便于不同国家间进行比较。

表D.1 每一职业组中包括的员工人数

	职业组							
	D1	D2	D3	D4	经济学家/政策分析师	统计学家	行政秘书	秘书
澳大利亚	..	212	633	7 007	..	..	6 804	4 661
奥地利	..	..	..	..	..	..	..	..
比利时	6	9	50	424	3 584	3 348	115	2 745
智利	55	735	1 201	..	33 975	..	22 162	..

续表

	职业组							
	D1	D2	D3	D4	经济学家/政策分析师	统计学家	行政秘书	秘书
丹麦	13	28	91	249	486	..	76	56
爱沙尼亚	29	..	81	64	560	323	36	22
芬兰	46	..	644	275	9 130	217	671	2 992
匈牙利	12	26	85	117	1 054	..	102	97
冰岛	5	5	32	..	136	..	..	58
爱尔兰	8	55	294	1 111	142	8	1 242	1 603
意大利	149	..	1 588	..	28 310	..	50 885	..
韩国	21	220	1 015	3 417	4 296	8 121	3 443	2 573
荷兰	73	417	373	1 942	4 085	16 247	10 746	7 389
新西兰	5	27	107	157	374	490	89	1 194
挪威	8	53	182	60	588	433	72	6
斯洛文尼亚	50	..	427	..	725	25	12	297
西班牙	96	618	1 432	694	114	11	659	192
瑞典	232	1 281	2 445	4 588	2 486	576	6 777	3 141
英国	58	273	1 073	7 974	42 558	..	46 667	11 759
美国	96	2 292	7 694	14 733	14 212	881	1 251	6 175
巴西	126	1 311	2 393	6 447	94 999	32 720	96 034	67 316

注：**奥地利**：其数据是整个联邦政府的。

比利时：不包括教育部和环境部（这两个部是地区级的）。

冰岛：不包括内政部。

爱尔兰：不包括内政部。

挪威：不包括内政部，但提供了政府管理、改革和宗教事务部的信息。

来源：2010 年经合组织关于政府雇员报酬的调查。

本调查集中于总报酬，即包括工资、薪金和雇员的社会保险金。考虑到不同国家社会保险金的差别很大，对雇员报酬的分析主要包括两个部分：一是工资和薪金，二是雇员的社会保险金。政府通过社会保险金或更高的工资和薪金向其雇员提供不同程度的报酬，因此关注总报酬非常重要。

总报酬包括以下内容：

1. **总工资和薪金**包括所有税金、所得税等可支付给员工但实际中为了管理上的方便或其他原因由雇主直接扣除并代表员工缴纳给社会保险机构、税务机关等的价值。工资和薪金可以多种方式支付，包括在现金报酬以外，或代替现金报酬，以实物报酬的形式提供给雇员的产品或服务。总工资和薪金包括：

● 基本工资和薪金（如工资等级中所列）是指根据雇员的工作时间和为政府提供的服务而每年支付的一定金额。虽然工资和薪金可按周、按月或按其他频率支付，为本调查的目的，这里采用年薪的概念。

● 额外付款——总的：这是指支付给雇员的全部津贴、奖金。

— 确定定期支付的津贴指因工作地点离家较远或工作环境有害而给予的津贴，国外工作的外派津贴、加班费、生活补贴、用以支付上下班交通费用的住房补贴等，但不包括社会福利。

— 非工作时间的薪酬是指年度休假，其他带薪假期，包括长期服务休假；公共节日和其他规定的节日；其他带薪休假（如家庭成员的出生或死亡、结婚、工会活动等）。只适用于有此类规定的国家。

— 定期支付的奖金和酬金[1]是指年末和季度奖金；利润分配奖金；以及其他有关休假的额外支付，正常假期工资以外的补贴和其他奖金和酬金。

— 不定期支付的奖金和酬金（与绩效挂钩的）是指雇员有权获得的与其整体表现和绩效挂钩的特别奖金或其他额外的酬金。

2. **社会保险金**（实际支付）是指雇员可支付给社会保障基金或就业单位提供的其他社会保险机制的社会保险金以保障雇员的社会福利：

● 雇员支付给法定社会保障机制或私人社会保险机制的保险金，以便为养老、残障、疾病、生育、病假、工伤、失业等提供保障。

● 雇主以下列形式支付的无社会资助[2]的雇员社会福利：

— 子女、配偶、家属、教育或与其所抚养家属有关的其他津贴。

— 支付全额或部分工资给因疾病、意外伤害、生育等请假的员工。

— 支付给因裁员、残疾、意外死亡等原因不能继续工作的员工或其家属的遣散费。

数据包括通过国家预算而非雇主的社会保险支付的无社会资金资助的养老金（在现收现付制度下一般都是如此）。

对本调查结果的分析应考虑以下几个困难：

1. 不是所有国家都在回答调查时都包括了社会保险金的要素在内（主要因为对无社会资金来源的养老金机制而言保险费是估算

的），因此有必要使用（这些国家的）其他数据来源对这一要素进行估计，也就是构建国民经济核算时使用的数据，因其中在对无社会资金来源的养老金机制进行估算时各国所采用的概念是一致的。表D.2显示了在现有的有关政府就业的不同数据库中记录的雇主缴纳社会保险金的比例。本书数据中选择用于计算薪酬成本的比例值以深色背景色表示。这些数据的选择是在经过调查和与各国的讨论、并比较了不同的数据来源后作出的。

2. 在所有国家，不同职业组的雇主缴纳的社会保险金都用了相同的比例，因为只有极少几个国家对不同的职业规定了不同的比例。当然这会对结果的质量产生一定影响，在解读时应当给予一定的注意。国民经济核算数据提供了所有政府雇员（换言之也就是一名普通雇员）的作为其总薪酬一部分的社会保险金比例。使用这一比例将不能够照顾到每一机构内部可能存在的任何与参加有社会资金来源而非无社会资金来源的保险计划的个人的比例有关的差异，又或者假如社会保险金的比例相对于基础工资和薪金并不是不变的话。

对于那些在调查中提供了雇主的社会保险金数据的国家，也没有就不同的职业系统地提供精确的数据。为此，经合组织计算出了每一国家雇主缴纳社会保险金的一个平均百分比，该百分比适用于该国所有职业[3]。数据显示，除了个别国家（澳大利亚、爱尔兰、新西兰和智利）的一些特定职业，不同职业雇主缴纳社会保险金百分比的不同似乎没有大到必须采取其他方法的地步。

3. 社会保险金的水平只是一个代表。雇员通过雇主和雇员缴纳的社会保险金获得的福利的数量和质量取决于每一国家社会保险基金和服务的管理质量和效率。

例如，最重要的是，有些国家为将来的养老金提供现实的资金补助，而有的国家则不。这意味着在现实预测并支付将来的养老金成本的国家，其薪酬比提供非现实的养老基金的国家显得高一些。但我们始终可以说，这些数据是可比的，因为在实行非现实的养老基金的国家，其养老金是肯定会减少的，或将来雇员或退休人员要交的税会增加（或雇员将来可能有的社会保险金率会上升）。

4. 最后，有一些国家正在从现收现付制转向养老金缴纳计划，即从工资中支付社会保险金。对那些社会保险金数据来自于国民经济核算的国家，由于为了特定情况而从一个制度转向另一个制度，这一百分比有可能提高了工资的水平。

表 D.2 雇主缴纳社会保险金比例（一般比例）

数据提供：	经合组织					欧盟统计局		
来源：	调查中计算的平均数（%）	公共管理，经济总量，STAN 数据库（%）	一般政府，部门经济核算（%）	经济总量，部门经济核算（%）	经济总量，按行为增值及其组成部分，国民经济核算（%）	公共管理和社区服务，家庭活动，国民经济核算（%）	一般政府，欧洲部分经济核算（%）	经济总量，欧洲部分经济核算（%）
澳大利亚	**16**	13	..	..	12	..	..	..
奥地利	..	**26**	**34**	**24**	26	..	**34**	**24**
比利时	8	25	**42**	**36**	25	..	**42**	**36**
智利	**16**	..	..	..	..	..	..	..
丹麦	**14**	12	**14**	**10**	12	**12**	**14**	**10**
爱沙尼亚	**37**	31	**43**	**34**	31	**37**	**43**	**34**
芬兰	2	**21**	**28**	**24**	22	**21**	**28**	**24**
匈牙利	**37**	28	**34**	**27**	28	**28**	**34**	**27**
冰岛	**22**	..	..	..	..	..	..	..
爱尔兰	**11**	5	..	..	5	**5**	..	..
意大利		**30**	**41**	**37**	30	**30**	**41**	**37**
韩国	**9**	..	..	..	..	..	..	..
荷兰	**23**	29	**37**	**28**	29	**29**	**37**	**28**
新西兰	7	..	..	..	..	..	..	..

续表

数据提供：	经合组织					欧盟统计局		
来源：	调查中计算的平均数（%）	公共管理，经济总量，STAN 数据库（%）	一般政府，部门经济核算（%）	经济总量，部门经济核算（%）	经济总量，按行为增值及其组成部分，国民经济核算（%）	公共管理和社区服务，家庭活动，国民经济核算（%）	一般政府，欧洲部分经济核算（%）	经济总量，欧洲部分经济核算（%）
挪威	**27**	26	29	..	25	**25**	**29**	**23**
斯洛文尼亚	**16**	17	..	..	17	**17**	..	..
西班牙	**25**	24	29	**28**	24	..	**29**	**28**
瑞典	**48**	27	**33**	**31**	27	**26**	**33**	**31**
英国		..	**27**	**18**	..	..	**27**	**19**
美国	**37**	28	**40**	**24**	29	..	..	..
巴西	..	..	28	..	..	..	..	..

注：粗体显示的数据是 2009 年的，所有其他数据是从 2006 年到 2008 年的（使用的是离 2009 年最近的数据）。深色背景色的格子表明本书计算薪酬成本时用的是该比例。

在可能的情况下，用的是本调查得到的数据。否则用的就是来自国民经济核算体系中的数据，其数据涵盖了政府的不同领域。最接近的是公共管理，其次是一般政府和经济总量。

澳大利亚：使用的是与 STAN 数据库中的最新数据呼应的调查数据。数字包括联邦、州和地区的公共服务。

奥地利：调查中无社会保险金比例的数据。STAN 数据库适时提供社会保险金的统计数据。

比利时：其他统计数据来源不支持调查中得到的社会保险金比例。因此使用的是 STAN 数据库 2007 年的一部分数据。

智利：使用的是调查数据（无其他来源的数据可用）。

丹麦：使用的是调查数据并与其他可用统计数据相呼应。

爱沙尼亚：使用的是调查数据并与其他可用统计数据相呼应。

芬兰：使用的是调查数据并与其他可用统计数据相呼应。

匈牙利：使用的是调查数据并与其他可用统计数据相呼应。

冰岛：使用的是调查数据（无其他来源的数据可用）。

爱尔兰：社会保险金比例仅适用于1995年后雇用的员工，以现收现付制排除无社会资金来源的养老金机制。

意大利：调查中无社会保险金比例的数据。欧盟统计局数据库提供了社会保险金的最新统计数据。

韩国：使用的是调查数据（无其他来源的数据可用）。

荷兰：使用的是调查数据。

新西兰：使用的是调查数据（无其他来源的数据可用）。

挪威：使用的是调查数据并与其他可用统计数据相呼应。

斯洛文尼亚：调查未获得社会保险金的比例。欧盟统计局数据库提供了社会保险金的最新统计数据。计算出的数字不包括雇主支付给所有公务员的公务员集体补充养老计划津贴。

西班牙：使用的是调查数据并与其他可用统计数据相呼应。

瑞典：使用的是调查数据。

美国：调查未获得社会保险金的比例。

加班费

本调查没有收集有关超时工作时间的信息。因此估算的周工资有可能被夸大了，因为其包括了加班费在内（对有加班费的职业而言）。

购买力平价

我们使用购买力平价的理论以美元进行计算，具体数字见表 D. 3。这样可弥补汇率和相对价格水平的差异。

购买力平价并不考虑一国之内或不同国家之间首都城市生活成本的相对不同。在许多国家，绝大部分中央政府雇员在首都城市工作，尤其是那些非提供服务类的职业组。有一些国家首都城市的生活成本是特别高的，而且也相对高于其他国家。工资和薪金要消除这种差异，因此这些国家的工资就趋向于更高。

表 D. 3　购买力平价和汇率（2009）

	GDP 购买力平价，该国货币对美元	汇率，该国货币对美元
澳大利亚	1.452	1.282
奥地利	0.845	0.720
比利时	0.866	0.720
智利	377.126	560.860
丹麦	7.958	5.361
爱沙尼亚	8.240	11.257
芬兰	0.910	0.720
匈牙利	128.186	202.342
冰岛	127.782	123.638
爱尔兰	0.903	0.720
意大利	0.779	0.720
韩国	804.718	1 276.930
荷兰	0.848	0.720
新西兰	1.501	1.600
挪威	8.847	6.288
斯洛文尼亚	0.629	0.720

续表

	GDP 购买力平价，该国货币对美元	汇率，该国货币对美元
西班牙	0.711	0.720
瑞典	8.939	7.654
英国	0.642	0.642
美国	1.000	1.000
巴西	1.558	1.999

来源：经合组织国民经济核算；巴西的数据来自世界银行。

工作时间调整

为了得到可比较的数据，我们计算了人们实际工作的时间和年平均报酬（年平均总工资加上雇主缴纳的社会保险金）之间的差异以便获得一个经过调整的年平均报酬。确切地说，就是为了把各国间调查得到雇员报酬放在一个可比较的基础上，在计算调整后的年平均报酬时算入了工作时间上的差异（公务员每周工作的小时数，年休假时间（节假日）和法定节日）。对高级管理者而言，由于每周的工作时间非常不稳定，数据的调整只涉及了节假日。

比较年报酬的计算公式

平均可比较的年报酬为：

$$W_{co}^{a*} = \frac{\left(\frac{W_{co}^{a} S_{c}^{*}}{P_{c}}\right)}{H_{c}^{a*}}$$

其中：

W_{co}^{a*} =c 国职业组 o 的雇员年平均薪酬购买力平价

W_{co}^{a} =c 国职业组 o 以本国货币单位衡量的年平均工资与薪金

P_{c} =c 国的购买力平价

S_{c}^{*} =c 国的社会保险金比率，其中：

$S_{c}^{*} = \left(1+\frac{S_{c}}{w_{c}}\right)$，且

S_{c} =在 c 国支付的社会保险金（来自调查数据或一般统计数据）

W_{c} =c 国支付的工资和薪金（来自调查数据或一般统计数据）

H_{c}^{a*} =c 国的平均工作时间比率。其中：

$H_c^{a*} = \frac{H_c^a}{2088}$，且

H_c^a＝c 国的年平均工作小时数（来自调查数据）。

数字 2088 等于一年内理论上的工作小时数，即每周工作 40 小时，没有任何形式的节假日或休假。这也可以按照平均每年 261 个工作日，每个工作日工作 8 小时计算得到。

注：

1. 请注意津贴的支付基础是人（以已有的个人条件为基础）而奖金的支付基础是表现和绩效。向某人支付津贴是因为他具有某种特殊技能（如掌握一门外语）而不管这种技能在工作中有没有用到。像年终奖这一类的奖金，是确定能得到的，只是多长时间支付一次不定。其他奖金，如对从事额外工作的报酬，则随意一些。

2. “无社会资金来源”是指不存在社会保障基金的社会福利。

3. 雇主缴纳的社会保险金的平均数是通过计算调查得到的高级管理者，中层管理者，专业人员和秘书职业的雇主缴纳的社会保险金的未加权平均数得到的。该平均数适用于所有职业。

表 D.4 工作时间和工作时间校正

	合同工作时间，小时/每周	节假日天数	公务员的平均公共节假日天数	最多，额外，或特别约定的假日	该国年平均工作日天数	该国年平均工作小时数	工作时间校正系数，每周小时数和节假日	工作时间校正系数，节假日	工作时间校正系数，无校正
澳大利亚	37.5	20	10		231	1 730	0.830	0.885	1.000
奥地利	40	25	10	5	223	1 786	0.856	0.856	1.000
比利时	38	26	10	9	220	1 674	0.802	0.845	1.000
智利	44	15	13		233	2 048	0.982	0.893	1.000
丹麦	37	30	10.3		220	1 631	0.782	0.845	1.000
爱沙尼亚	40	25	12	10	219	1 750	0.839	0.839	1.000
芬兰	36.25	30	9	8	218	1 578	0.757	0.835	1.000
匈牙利	40	25	9	11	221	1 770	0.848	0.848	1.000
冰岛	37.08	24	14	6	220	1 629	0.781	0.843	1.000
爱尔兰	34.75	20	10	11	225	1 565	0.750	0.864	1.000
意大利	36	24	4		233	1 676	0.803	0.893	1.000
韩国	40	20	14		227	1 814	0.870	0.870	1.000
荷兰	36	23	8		230	1 654	0.793	0.881	1.000
新西兰	40	20	11		230	1 838	0.881	0.881	1.000
挪威	37.5	25	10	5	223	1 674	0.803	0.856	1.000
斯洛文尼亚	40	20	13	5	225	1 802	0.864	0.864	1.000

续表

	合同工作时间，小时/每周	节假日天数	公务员的平均公共节假日天数	最多，额外，或特别约定的假日	该国年平均工作日天数	该国年平均工作小时数	工作时间校正系数，每周小时数和节假日	工作时间校正系数，节假日	工作时间校正系数，无校正
西班牙	37.5	22	14	6	222	1 663	0.797	0.850	1.000
瑞典	39.75	28	11	7	218	1 735	0.832	0.837	1.000
英国	37	25	8	5	225	1 667	0.799	0.864	1.000
美国	40	20.76	10		230	1 840	0.882	0.882	1.000
巴西	40	30	10		221	1 766	0.847	0.847	1.000

注：如果每周工作 5 天，一年工作日最多为 261 天。

如果每个工作日工作 8 小时，一年工作小时数最多为 2088 个小时。

合同工作时间，小时/周的计算不包括午饭时间。

最多和额外节假日，特殊约定：总数是所知的最高节假日天数减去最低节假日天数（公式：最低节假日天数＋（最高节假日天数－最低节假日天数）/2 ＝ 平均节假日天数）。

澳大利亚：60.6%的澳大利亚公务员按劳动合同的约定需每天工作 7.5 个小时（或每周 37.5 个小时），工作时间在一定范围内具有弹性。有相当一部分的公务员（38%）按照劳动合同的约定每天/每周的工作时间稍短一些。还有一小部分的公务员按劳动合同的约定每天/每周的工作时间稍长。

爱沙尼亚：在爱沙尼亚，节假日天数的计算是以日历天数为基础的。35 个日历日理论上等于 25 个工作日（十工作 3 年后有最多 10 天的假期）。在考虑公共节假日的平均天数时，必须注意的一点是，如果公共节假日正好是在周末，在爱沙尼亚是不给补休的。

芬兰：周工作时间即完整的办公时间。工作 15 年后有额外的假期。

匈牙利：带薪年休假的天数根据工作年限不同（对非管理层而言）或管理人员等级不同而不同。基本的带薪年休假是 25 天。专业人员的额外带薪年休假根据工作年限不同而不同：1～3 年：3 天；3～8 年：5 天；8～16 年：7 天。

冰岛：特别节假日共有 17 天，其中 8 天是主要节假日。在这 17 天当中，7 天是有固定日期的，有可能会碰到周末；7 天是在特定工作日的，还有 3 天是在特定周末的（周六或周日）。年休假的天数按年龄而定。最短休假为每全职工作一个月休息 2 天，或强制性的 16 个小时。30 岁以下的，每年休假 24 天（192 个工作小时）；30～37 岁，每年休假 27 天（216 个工作小时）；38 岁以上，每年休假 30 天（240 个工作小时）。

意大利： 公务员中的管理层没有法定的工作时间的规定，因为其绩效和表现是根据工作成果来评估的，而不是看其是否待在其工作场所。但是，根据习惯和原有的关于公务员管理层的工作时间的规定（1972 年第 748 号令）其应比其他雇员每周多工作 10 个小时，因此管理层的合同工作时间习惯上可计算为每周 45 个小时。

韩国： 根据工作年限不同，公务员每年有 3 到 21 天的年休假。

挪威： 挪威的所有工人每年都有 5 周/25 个工作日的假期。60 岁以上再增加 1 周/5 个工作日。此外，62 岁以上的公务员还能另外享有 8 个工作日+6 天机动。机动的天数需要各个地方自己协商而定。

瑞典： 假期的天数根据中央集体协议按年龄不同而有区别。30 岁以下的雇员有 28 天的假期；30 到 39 岁有 31 天，40 岁及以上有 35 天。

斯洛文尼亚： 年休假的天数取决于资历、工作的复杂程度、工作表现、工作条件、社会和健康条件以及年龄。就资历而言，最多可有 24 天的年休假：工作 3 年，16 天；3～7 年：17 天；7～10 年：18 天；10～15 年：20 天；15～20 年：22 天；20～25 年：23 天；25 年以上：24 天。根据工作表现、工作条件、社会和健康条件以及年龄的不同，最多还可另有 5 天的休假。

附件 E　人力资源管理方法中的综合指数

《政府概览》中给出的综合指数总结了人力资源管理（HRM）方法中的主要方面的离散的、定性的信息。我们创设并使用综合指数是因为和单独评估数个变量相比，它们通常有助于检验趋势和调查结果。然而，对这些指数的理解必须非常谨慎，只有在了解了这些指数如何产生、其衡量对象是什么之后才能进行。

经合组织采取了若干措施避免和处理综合指数的常见问题。在本书第四章和第七章中涉及的 HRM 综合指数都遵循了《综合指数构建指南》（Nardo 等，2008）一书中确立的对于构建有意义的综合指数必不可少的步骤。

● 每一个综合指数都建立在其涵盖领域中代表了一个被普遍认可的概念的理论框架的基础上。对构成该指数的变量选择，是基于该变量与这个概念的相关性，由经合组织内部的一个专家组进行，并经过与各国派驻公共就业和管理工作组的代表团的磋商。

● 为构建这些指数而对各国进行调查所提出的问题是一样的，从而确保了其可比性。

● 利用各种统计工具——如因子分析和计算克伦巴赫的阿尔法——以确定构成每一指数的变量之间是相互关联的并代表了同一个基础概念。

● 探究了输入缺失数值的不同方法。

● 将所有次级指标和变量标准化以利于比较。

● 为建立综合指数，根据经认可的方法学，用线性方法将所有次级指标集中起来。

● 进行了灵敏度分析以确立指标在不同加权方法下的稳健性（如平等权重，因素权重和专家权重）。

应当注意的是，HRM 指数并不是要衡量人力资源管理系统的整体质量。那样做需要更强大的概念基础和规范性假设。而《政府概览》中列举的综合指数其本质上是描述性的，书中的有关标题已经反映了这一点。

在以下网址可以找到有关每一综合指数的理论框架、构建和权重的更多详细信息：www. oecd. org/gov/indicators/govataglance.

附件 F　2010 年经合组织诚信调查中有关利益冲突披露的详细数据

这一附件提供的数据为每一个回应调查的国家要求中央政府的决策者披露的私人利益的类型以及此种披露的透明度。图 39.1 和 39.2 中的数据汇总即以这里的数据为基础。

表 F.1 各国三机关私人利益披露水平(2010)

			AUS	AUT	BEL	CAN	CHL	CZE	DNK	EST	FIN	FRA	DEU	GRC	HUN	ISL	IRL	ISR	ITA	JPN	KOR	LUX	MEX	NLD	NZL	NOR	POL	PRT	SVK	SVN	ESP	SWE	CHE	TUR	GBR	USA	RUS	BRA	EGY	UKR
行政机关	总统	资产	n.a.	○	n.a.	n.a.	●	○	n.a.	●	○	●	○	●	■	○	n.a.	n.a.	n.a.	n.a.	●	..	●	n.a.	n.a.	n.a.	◉	●	●	◉	n.a.	n.a.	n.a.	◉	n.a.	●	●	◉	■	◉
		负债	n.a.	○	n.a.	n.a.	●	○	n.a.	●	○	●	○	○	●	○	n.a.	n.a.	n.a.	n.a.	●	..	●	n.a.	n.a.	n.a.	◉	●	●	◉	n.a.	n.a.	n.a.	◉	n.a.	●	◉	◉	■	●
		所得来源	n.a.	○	n.a.	n.a.	●	○	n.a.	●	○	○	○	●	●	○	n.a.	n.a.	n.a.	n.a.	●	..	●	n.a.	n.a.	n.a.	○	●	●	◉	n.a.	n.a.	n.a.	◉	n.a.	●	●	◉	■	○
		所得额	n.a.	○	n.a.	n.a.	○	○	n.a.	◉	○	○	○	●	●	○	n.a.	n.a.	n.a.	n.a.	●	..	●	n.a.	n.a.	n.a.	○	●	●	◉	n.a.	n.a.	n.a.	◉	n.a.	●	●	◉	○	●
		外部职位:有报酬	n.a.	P	n.a.	n.a.	●	○	n.a.	●	○	○	P	P	P	○	n.a.	n.a.	n.a.	n.a.	■	..	●	n.a.	n.a.	n.a.	○	P	●	◉	n.a.	n.a.	n.a.	P	n.a.	●	○	◉	P	●
		外部职位:无报酬	n.a.	P	n.a.	n.a.	●	○	n.a.	○	○	○	P	P	P	○	n.a.	n.a.	n.a.	n.a.	■	..	○	n.a.	n.a.	n.a.	○	P	●	◉	n.a.	n.a.	n.a.	■	n.a.	●	○	◉	P	●
		礼品	n.a.	P	n.a.	n.a.	P	○	n.a.	■	○	○	○	◉	●	○	n.a.	n.a.	n.a.	n.a.	●	..	◉	n.a.	n.a.	n.a.	○	●	○	●	n.a.	n.a.	n.a.	P	n.a.	●	P	○	P	○
		以前的工作	n.a.	○	n.a.	n.a.	○	○	n.a.	●	○	○	○	○	○	○	n.a.	n.a.	n.a.	n.a.	●	..	●	n.a.	n.a.	n.a.	○	●	●	◉	n.a.	n.a.	n.a.	■	n.a.	●	●	◉	■	●
	总理	资产	●	◉	■	●	n.a.	■	●	●	●	◉	○	●	●	●	●	◉	●	■	●	..	n.a.	○	●	●	●	●	●	◉	●	■	○	◉	●	n.a.	●	n.a.	■	●
		负债	●	◉	○	●	n.a.	■	○	●	●	◉	○	○	●	○	○	◉	■	■	●	..	n.a.	■	●	○	●	●	●	◉	●	○	○	◉	●	n.a.	◉	n.a.	■	●
		所得来源	●	◉	○	◉	n.a.	■	●	●	●	○	○	●	●	●	●	◉	■	■	●	..	n.a.	■	●	●	○	●	●	◉	◉	■	○	◉	●	n.a.	●	n.a.	■	○
		所得额	○	◉	○	◉	n.a.	■	●	◉	●	○	○	●	●	○	●	◉	■	■	●	..	n.a.	●	○	○	○	●	●	◉	◉	■	○	◉	●	n.a.	●	n.a.	■	●
		外部职位:有报酬	●	P	●	P	n.a.	■	P	P	●	○	P	P	P	●	●	P	◉	P	■	..	n.a.	P	●	●	○	P	●	◉	■	P	P	P	●	n.a.	P	n.a.	P	●
		外部职位:无报酬	●	P	●	●	n.a.	■	P	○	●	○	●	P	P	●	○	○	◉	○	■	..	n.a.	P	●	●	○	P	●	◉	■	P	P	◉	●	n.a.	○	n.a.	P	●
		礼品	●	P	○	●	n.a.	■	●	■	●	○	◉	◉	●	●	●	P	P	■	■	..	n.a.	P	●	●	■	●	○	●	◉	■	○	P	●	n.a.	P	n.a.	P	○
		以前的工作	○	○	○	◉	n.a.	○	●	●	○	○	○	○	○	●	○	◉	■	○	■	..	n.a.	■	○	●	○	●	●	◉	■	○	○	◉	○	n.a.	◉	n.a.	■	●
	部长或内阁成员	资产	●	◉	■	●	●	■	●	●	●	◉	○	●	●	●	●	◉	●	■	●	..	●	○	●	●	●	●	●	◉	●	■	○	◉	●	■	●	◉	■	●
		负债	●	◉	○	●	●	■	○	●	●	◉	○	○	●	○	○	◉	■	■	●	..	●	○	●	○	●	●	●	◉	●	○	○	◉	●	■	◉	◉	■	●
		所得来源	●	◉	○	◉	●	■	●	●	●	○	○	●	●	●	●	◉	■	○	●	..	●	○	●	●	○	●	●	◉	◉	■	○	◉	●	■	●	◉	■	○
		所得额	○	◉	○	◉	○	■	●	◉	●	○	○	●	●	○	●	◉	■	○	●	..	●	○	○	○	○	●	●	◉	◉	■	○	◉	●	■	●	◉	■	●
		外部职位:有报酬	●	P	●	P	●	■	P	P	●	○	P	P	P	●	●	P	◉	P	■	..	●	P	●	●	○	P	●	◉	■	P	P	P	●	■	P	◉	P	●
		外部职位:无报酬	●	P	●	●	●	■	P	○	●	○	●	P	P	●	○	○	◉	○	■	..	○	P	●	●	○	P	●	◉	■	P	P	◉	●	■	○	◉	P	●
		礼品	●	P	○	●	P	■	●	○	●	○	◉	◉	●	●	●	P	P	○	■	..	◉	P	●	●	■	●	○	●	◉	■	○	P	●	■	P	P	P	○
		以前的工作	○	○	○	◉	○	○	●	●	○	○	○	○	○	●	○	◉	■	○	■	..	●	■	○	●	○	●	●	◉	■	○	○	◉	○	■	●	◉	■	●

续表

			AUS	AUT	BEL	CAN	CHL	CZE	DNK	EST	FIN	FRA	DEU	GRC	HUN	ISL	IRL	ISR	ITA	JPN	KOR	LUX	MEX	NLD	NZL	NOR	POL	PRT	SVK	SVN	ESP	SWE	CHE	TUR	GBR	USA	RUS	BRA	EGY	UKR
立法机关	上议院成员	资产	●	○	■	■	●	■	n.a.	n.a.	n.a.	◐	n.a.	n.a.	n.a.	n.a.	●	n.a.	■	■	n.a.	..	■	○	n.a.	n.a.	●	n.a.	n.a.	◐	◐	n.a.	○	n.a.	●	■	●	■	■	n.a.
		负债	●	○	○	■	●	■	n.a.	n.a.	n.a.	◐	n.a.	n.a.	n.a.	n.a.	○	n.a.	■	■	n.a.	..	■	○	n.a.	n.a.	●	n.a.	n.a.	◐	◐	n.a.	○	n.a.	○	■	◐	■	■	n.a.
		所得来源	●	●	○	■	●	■	n.a.	n.a.	n.a.	○	n.a.	n.a.	n.a.	n.a.	●	n.a.	■	■	n.a.	..	■	■	n.a.	n.a.	●	n.a.	n.a.	◐	◐	n.a.	○	n.a.	●	■	●	■	■	n.a.
		所得额	○	●	○	◐	○	■	n.a.	n.a.	n.a.	○	n.a.	n.a.	n.a.	n.a.	●	n.a.	■	■	n.a.	..	■	○	n.a.	n.a.	●	n.a.	n.a.	◐	◐	n.a.	○	n.a.	●	■	●	■	■	n.a.
		外部职位：有报酬	●	●	●	■	●	■	n.a.	n.a.	n.a.	○	n.a.	n.a.	n.a.	n.a.	●	n.a.	■	■	n.a.	..	■	■	n.a.	n.a.	●	n.a.	n.a.	◐	●	n.a.	●	n.a.	●	■	P	■	■	n.a.
		外部职位：无报酬	●	○	●	■	●	■	n.a.	n.a.	n.a.	○	n.a.	n.a.	n.a.	n.a.	○	n.a.	■	○	n.a.	..	P	■	n.a.	n.a.	●	n.a.	n.a.	◐	●	n.a.	●	n.a.	●	■	○	■	■	n.a.
		礼品	●	○	○	■	P	■	n.a.	n.a.	n.a.	○	n.a.	n.a.	n.a.	n.a.	●	n.a.	P	■	n.a.	..	■	P	n.a.	n.a.	●	n.a.	n.a.	●	○	n.a.	○	n.a.	●	■	P	○	P	n.a.
		以前的工作	○	○	○	■	○	○	n.a.	n.a.	n.a.	○	n.a.	n.a.	n.a.	n.a.	○	n.a.	■	○	n.a.	..	■	■	n.a.	n.a.	○	n.a.	n.a.	◐	●	n.a.	○	n.a.	○	■	○	■	■	n.a.
	下议院成员	资产	●	○	■	●	●	■	●	●	○	◐	○	●	●	●	●	◐	■	■	●	..	■	○	●	●	●	●	●	◐	◐	■	○	◐	●	■	●	◐	■	◐
		负债	●	○	○	●	●	■	○	●	○	◐	○	○	●	○	○	◐	■	■	●	..	■	○	●	○	●	●	●	◐	◐	○	○	◐	●	■	◐	◐	■	◐
		所得来源	●	●	○	●	●	■	●	●	○	○	●	●	●	●	●	◐	■	■	●	..	■	■	●	●	●	●	●	◐	◐	■	○	◐	●	■	●	◐	■	○
		所得额	○	●	○	◐	○	■	○	◐	○	○	●	●	●	○	●	◐	■	■	●	..	■	■	○	○	●	●	●	◐	◐	■	○	◐	●	■	●	◐	■	◐
		外部职位：有报酬	●	●	●	●	●	■	●	●	○	○	●	P	P	●	●	P	■	■	■	..	P	■	●	●	●	●	●	◐	●	■	●	P	●	■	P	◐	■	◐
		外部职位：无报酬	●	○	●	○	●	■	○	●	○	○	●	P	P	●	○	P	■	○	■	..	P	■	●	●	●	●	●	◐	●	P	●	◐	○	■	○	◐	■	◐
		礼品	●	○	○	●	P	■	●	○	○	○	●	◐	●	●	●	P	P	■	■	..	■	P	●	●	●	●	○	●	○	○	○	P	●	■	P	○	P	○
		以前的工作	○	○	○	●	○	○	○	●	○	○	●	○	○	●	○	○	■	○	●	..	■	■	○	●	○	●	●	◐	●	■	○	◐	○	■	○	◐	■	◐
司法机关	法官	资产	○	○	○	○	■	○	○	●	◐	○	○	◐	◐	○	○	◐	■	○	●	..	■	○	○	○	○	○	●	◐	○	○	○	◐	○	■	■	◐	■	○
		负债	◐	○	○	○	■	○	○	●	◐	○	○	◐	◐	○	○	◐	■	○	●	..	■	○	○	○	○	○	●	◐	○	○	○	◐	○	■	◐	◐	■	○
		所得来源	○	○	○	○	■	○	◐	●	◐	○	○	◐	◐	◐	○	◐	■	◐	●	..	■	○	○	●	○	○	●	◐	○	◐	○	◐	○	■	■	◐	■	○
		所得额	○	○	○	○	○	○	◐	◐	◐	○	○	◐	◐	○	○	◐	■	◐	●	..	■	●	○	○	○	○	●	◐	○	■	○	◐	○	■	■	◐	■	○
		外部职位：有报酬	◐	◐	◐	○	■	○	●	P	■	○	◐	P	P	◐	○	P	■	◐	■	..	P	●	○	●	○	P	●	◐	◐	■	◐	P	P	■	P	P	P	○
		外部职位：无报酬	◐	◐	◐	○	■	○	●	○	■	○	◐	P	P	○	○	◐	■	◐	■	..	■	●	○	●	○	P	○	◐	◐	●	◐	◐	○	■	○	P	P	○
		礼品	○	P	P	○	P	○	P	P	○	○	P	P	◐	○	○	◐	P	○	■	..	P	P	○	P	○	P	○	●	○	●	○	P	○	■	P	○	P	○
		以前的工作	◐	◐	○	○	○	○	○	◐	○	○	◐	○	○	○	○	◐	■	○	■	..	■	○	○	●	○	○	○	◐	○	●	○	◐	○	■	◐	◐	■	○

续表

			AUS	AUT	BEL	CAN	CHL	CZE	DNK	EST	FIN	FRA	DEU	GRC	HUN	ISL	IRL	ISR	ITA	JPN	KOR	LUX	MEX	NLD	NZL	NOR	POL	PRT	SVK	SVN	ESP	SWE	CHE	TUR	GBR	USA	RUS	BRA	EGY	UKR
司法机关	检察官	资产	○	○	○	◉	■	○	○	◉	◉	○	○	◉	◉	○	◉	◉	■	○	●	..	■	○	○	○	○	○	◉	◉	○	○	○	◉	○	○	●	◉	■	○
		负债	○	○	○	◉	■	○	○	◉	◉	○	○	◉	◉	○	○	◉	■	○	●	..	■	○	○	○	○	○	○	◉	○	○	○	◉	○	○	◉	◉	■	○
		所得来源	○	○	○	○	■	○	○	◉	◉	○	○	◉	◉	◉	○	◉	■	◉	●	..	■	○	○	○	○	○	○	◉	○	■	○	◉	○	○	●	◉	■	○
		所得额	○	○	○	○	○	○	○	◉	◉	○	○	◉	◉	○	○	◉	■	◉	●	..	■	○	○	○	○	○	○	◉	○	■	○	◉	○	○	■	◉	■	○
		外部职位:有报酬	◉	◉	○	◉	■	○	○	P	■	○	◉	P	P	◉	◉	P	■	◉	■	..	P	●	○	◉	○	P	◉	◉	◉	●	◉	P	P	○	P	◉	P	○
		外部职位:无报酬	◉	◉	○	◉	■	○	○	○	■	○	◉	P	P	○	○	○	■	◉	■	..	■	●	○	◉	○	P	○	◉	◉	●	◉	◉	○	○	○	◉	P	○
		礼品	◉	P	○	◉	P	○	P	○	○	○	P	P	◉	○	◉	P	P	■	■	..	P	P	○	P	○	P	○	●	○	○	◉	P	○	○	P	○	P	○
		以前的工作	○	◉	○	○	○	○	○	◉	○	○	◉	○	○	○	○	◉	■	○	■	..	■	●	○	●	○	○	○	◉	○	■	○	◉	○	○	◉	◉	■	○

● 该信息需披露，以网上或纸质方式提供给公众查询。

◉ 该信息需披露，但不公开提供。

■ 该信息需披露，经要求可公开提供。

○ 不要求披露。

P 禁止

n.a. 表示此处不适用（如：该国无总统）

.. 表示此处缺少信息

注：数据反映了各成员国的做法。

挪威：有关法官的数据不包括非专业法官和调解委员会的法官。

澳大利亚：有关税务和海关官员的数据仅指税务官员。有关金融当局的数据指澳大利亚审慎监管局（APRA）的雇员和澳大利亚证券和投资委员会（ASIC）的董事会成员。

有报酬的外部职位：在**奥地利**和**比利时**，适用于所有职位。在**冰岛**和**瑞士**，适用于法官，在外部职位有可能造成利益冲突的情况下，任何终身公务员都需受制于政府有约束力的决定。在**丹麦**，法官担任外部职位，只能在法律规定该种职位需由法官担任或得到特别委员会批准的情况下，而且必须加以披露。在**爱沙尼亚**，法律禁止总理、部长、法官和检察官担任除研究和教师职位以外（但需披露）的有报酬的外部职位。

以前的工作：在**爱沙尼亚**，没有规定要求行政机关和立法机关的成员公开以前工作的信息，但在实践中此类信息均被积极公开。

资产、负债、所得来源与所得额，礼品：在**爱沙尼亚**，检察官的资产、负债和收入的信息披露不能公开获得，总检察长除外。在**冰岛**，只要求总理披露被取消或改变受益的贷款。在**爱尔兰**，国会议员的薪金和津贴是公开的。此外，所有国会议员，包括公务员，都必须公开其个人利益，即来自其他来源的收入（有报酬的外部职位），股票、管理职位、土地、礼品、低成本获得的服务或旅行、顾问工作，以及根据道德准则在年度利益陈述中的公开合同中获得的利益。这些利益都可以从议员利益登记处公开查询到。在**日本**，假如某部长同时也是国会议员，则要求公开所得额和礼品。在**墨西哥**，价值超过最低工资 10 倍或以上的礼品必须申报。经公务员本人授权，公务员的信息可公开发布在网上。在实践中，约有 66%的公务员公开其信息。

来源：经合组织诚信调查（2010）

StatLink http://dx.doi.org/10.1787/888932392343

表 F.2　各国危险领域部分官员私人利益披露水平(2010)

领域	项目	AUS	AUT	BEL	CAN	CHL	CZE	DNK	EST	FIN	FRA	DEU	GRC	HUN	ISL	IRL	ISR	ITA	JPN	KOR	LUX	MEX	NLD	NZL	NOR	POL	PRT	SVK	SVN	ESP	SWE	CHE	TUR	GBR	USA	RUS	BRA	EGY	UKR
税务和海关官员	资产	◍	○	■	◍	■	■	○	◍	◍	○	○	◍	◍	○	◍	◍	○	○	●	..	●	●	○	○	○	○	◍	○	○	◍	○	◍	○	◍	●	◍	■	○
	负债	◍	○	○	◍	■	■	○	◍	◍	○	◍	◍	◍	○	○	◍	○	○	●	..	●	●	○	○	○	○	○	○	○	○	○	◍	○	◍	◍	◍	■	○
	所得来源	◍	○	○	○	■	■	○	◍	◍	○	◍	◍	◍	○	○	◍	■	◍	●	..	●	●	○	○	○	○	○	○	○	○	◍	◍	○	◍	◍	◍	■	○
	所得额	◍	○	○	○	○	■	○	◍	◍	○	◍	◍	◍	○	○	◍	■	◍	●	..	●	●	○	○	○	○	○	○	○	○	◍	◍	○	◍	◍	◍	■	○
	外部职位:有报酬	◍	◍	●	◍	■	■	○	◍	■	○	◍	P	◍	○	◍	P	●	◍	■	..	●	●	■	◍	○	◍	◍	◍	◍	○	◍	P	P	◍	◍	○	P	○
	外部职位:无报酬	◍	◍	●	◍	■	■	○	○	◍	○	◍	P	◍	○	○	○	●	◍	■	..	○	●	■	◍	○	◍	○	◍	◍	○	○	◍	○	◍	○	○	P	○
	礼品	◍	P	P	◍	P	■	P	○	○	○	◍	P	◍	○	◍	P	P	■	■	..	P	P	■	◍	○	P	○	◍	○	○	◍	P	○	◍	P	○	P	○
	以前的工作	○	◍	○	○	○	○	○	◍	○	○	○	○	○	○	○	◍	●	○	■	..	●	●	○	◍	○	○	○	○	○	○	○	◍	○	◍	◍	○	■	○
采购代理人	资产	n.a.	○	■	◍	■	■	○	◍	n.a.	○	○	..	◍	○	◍	◍	n.a.	○	●	..	●	○	○	○	○	○	◍	○	○	n.a.	○	◍	○	◍	●	◍	■	○
	负债	n.a.	○	○	◍	■	■	○	◍	n.a.	○	○	..	◍	○	○	◍	n.a.	○	●	..	●	○	○	○	○	○	○	○	○	n.a.	○	◍	○	◍	◍	◍	■	○
	所得来源	n.a.	○	○	○	■	■	○	◍	n.a.	○	◍	..	◍	○	○	◍	n.a.	◍	●	..	●	●	○	○	○	○	○	○	○	n.a.	◍	◍	○	◍	◍	◍	■	○
	所得额	n.a.	○	○	○	○	■	○	◍	n.a.	○	◍	..	◍	○	○	◍	n.a.	◍	●	..	●	●	○	○	○	○	○	○	○	n.a.	◍	◍	○	◍	◍	◍	■	○
	外部职位:有报酬	n.a.	◍	●	◍	■	■	○	◍	n.a.	○	◍	..	◍	○	◍	P	n.a.	◍	■	..	●	●	■	○	○	◍	◍	○	◍	n.a.	◍	P	P	◍	◍	◍	P	○
	外部职位:无报酬	n.a.	◍	●	◍	■	■	○	○	n.a.	○	P	..	◍	○	○	○	n.a.	◍	■	..	○	●	■	○	○	◍	○	○	◍	n.a.	○	◍	○	◍	○	◍	P	○
	礼品	n.a.	P	P	◍	P	■	P	○	n.a.	○	P	..	◍	○	◍	P	n.a.	■	■	..	P	●	■	○	○	P	○	○	○	n.a.	◍	P	○	◍	P	○	P	○
	以前的工作	n.a.	◍	○	○	○	○	○	◍	n.a.	○	○	..	○	○	○	◍	n.a.	○	■	..	●	●	○	○	○	○	○	○	○	n.a.	○	◍	○	◍	◍	◍	■	○
金融当局	资产	◍	○	○	◍	■	■	◍	◍	◍	◍	○	..	◍	◍	◍	◍	◍	○	●	..	●	●	○	◍	○	○	◍	○	○	◍	○	◍	■	◍	●	◍	■	◍
	负债	◍	○	○	◍	■	■	◍	◍	◍	○	○	..	◍	◍	○	◍	◍	○	●	..	●	○	○	◍	○	○	○	○	○	◍	○	◍	○	◍	◍	◍	■	◍
	所得来源	○	○	○	○	■	■	○	◍	◍	○	◍	..	◍	◍	○	◍	◍	◍	●	..	●	●	○	◍	○	○	○	○	○	○	○	◍	○	◍	◍	◍	■	○
	所得额	○	○	○	○	○	■	○	◍	◍	○	◍	..	◍	○	○	◍	◍	◍	●	..	●	●	○	◍	○	○	○	○	○	○	○	◍	○	◍	◍	◍	■	◍
	外部职位:有报酬	◍	◍	○	◍	■	■	◍	○	■	◍	◍	..	◍	○	◍	P	◍	◍	■	..	●	●	■	○	○	◍	◍	◍	◍	○	◍	P	●	◍	◍	P	P	◍
	外部职位:无报酬	◍	◍	○	◍	■	■	○	○	◍	◍	P	..	◍	○	○	○	○	◍	■	..	○	●	■	○	○	◍	○	◍	◍	○	◍	◍	●	◍	○	○	P	◍
	礼品	◍	P	○	◍	P	■	P	○	○	◍	P	..	◍	○	◍	P	P	■	■	..	P	●	■	○	○	P	○	◍	○	○	P	P	●	◍	P	P	P	○
	以前的工作	○	◍	○	○	○	○	○	◍	○	◍	○	..	○	○	○	◍	◍	○	■	..	●	●	○	○	○	○	○	○	○	○	○	◍	◍	●	◍	◍	○	■	◍

● 该信息需披露，以网上或纸质方式提供给公众查询。
◉ 该信息需披露，但不公开提供。
■ 该信息需披露，经要求可公开提供。
○ 不要求披露。
P 禁止
n. a. 表示此处不适用（如：该国无总统）
.. 表示此处缺少信息

注：**挪威**：有关法官的数据不包括非专业法官和调解委员会的法官。

澳大利亚：有关税务和海关官员的数据仅指税务官员。有关金融当局的数据指澳大利亚审慎监管局（APRA）的雇员和澳大利亚证券和投资委员会（ASIC）的董事会成员。

有报酬的外部职位：在**奥地利**和**比利时**，适用于所有职位。在**冰岛**和**瑞士**，适用于法官，在外部职位有可能造成利益冲突的情况下，任何终身公务员都需受制于政府有约束力的决定。在**丹麦**，法官担任外部职位，只能在法律规定该种职位需由法官担任或得到特别委员会批准的情况下，而且必须加以披露。在**爱沙尼亚**，法律禁止总理、部长、法官和检察官担任除研究和教师职位以外（但需披露）的有报酬的外部职位。

以前的工作：在**爱沙尼亚**，没有规定要求行政机关和立法机关的成员公开以前工作的信息，但在实践中此类信息均被积极公开。

资产、负债、所得来源与所得额，礼品：在**爱沙尼亚**，检察官的资产、负债和收入的信息披露不能公开获得，总检察长除外。在**冰岛**，只要求总理披露被取消或改变受益的贷款。在**爱尔兰**，国会议员的薪金和津贴是公开的。此外，所有国会议员，包括公务员，都必须公开其个人利益，即来自其他来源的收入（有报酬的外部职位），股票、管理职位、土地、礼品、低成本获得的服务或旅行、顾问工作，以及根据道德准则在年度利益陈述中的公开合同中获得的利益。这些利益都可以从议员利益登记处公开查询到。在日本，假如某部长同时也是国会议员，则要求公开所得额和礼品。在**墨西哥**，价值超过最低工资 10 倍或以上的礼品必须申报。经公务员本人授权，公务员的信息可公开发布在网上。在实践中，约有 66%的公务员公开其信息。

来源：经合组织诚信调查（2010）

StatLink http：//dx. doi. org/10. 1787/888932392362

附件 G　2010 年经合组织公开采购调查的详细数据

这一附件提供的数据是每一个回应调查的国家有关公开采购透明度、公开采购信息能否在网上获取以及中央政府为投标人提供复审和救济机制的信息。第九章，尤其是指标 41 和 42 中的数据汇总即以这里的数据为基础。

表 G.1　中央政府在采购的关键环节中常规允许民众参与的机制（2010）

	协商定义需求	监督开标过程	合同条款公开听证	执行过程中的投诉和不满	监督合同交货
澳大利亚	◉	○	○	◉	◉
奥地利	○	○	○	○	○
比利时	○	◉	○	○	○
加拿大	○	○	○	○	○
智利	○	○	○	○	○
捷克共和国	◉	○	◉	◉	◉
丹麦	○	○	○	○	○
爱沙尼亚	○	○	○	○	○
芬兰	○	○	○	○	○
法国	○	○	○	○	○
德国	○	○	○	○	○
希腊	○	○	○	○	○
匈牙利	○	○	○	○	○
冰岛	○	○	○	○	○
爱尔兰	○	○	○	○	○
以色列	◉	○	○	○	○
意大利	○	○	○	○	○
日本	●	●	○	●	○
韩国	●	●	●	●	●
卢森堡	○	○	○	○	○

续表

	协商定义需求	监督开标过程	合同条款公开听证	执行过程中的投诉和不满	监督合同交货
墨西哥	○	◐	◐	○	○
荷兰	○	○	○	○	○
新西兰	○	○	○	○	○
挪威	○	○	○	○	○
波兰	○	◐	◐	◐	◐
葡萄牙	○	◐	○	◐	◐
斯洛伐克共和国	○	○	○	○	○
斯洛文尼亚	○	◐	○	○	◐
西班牙	○	○	○	◐	○
瑞典	○	○	○	○	○
瑞士	○	○	○	○	○
土耳其	○	◐	○	○	○
英国	○	○	○	○	○
美国	◐	●	◐	◐	◐
巴西	○	◐	●	●	●
埃及	○	○	○	○	○
乌克兰	○	○	○	○	○
总 OECD34 国					
● 强制的	2	3	1	2	1
◐ 自愿的	4	6	4	6	6
○ 不参与	28	25	29	26	27

注：没有有关以色列的监督开标过程、合同条款公开听证、执行过程中的投诉和不满、监督合同交货的数据。

来源：经合组织 2010 公开采购调查

StatLink http：//dx. doi. org/10. 1787/888932392381

表 G. 2　公开采购中的中央政府复审和救济机制（2010）

	特别审查机构	法庭	替代争议机制
澳大利亚	○	●	●
奥地利	●	●	●
比利时	●	●	●
加拿大	●	●	●
智利	●	●	●
捷克共和国	●	●	●

续表

	特别审查机构	法庭	替代争议机制
丹麦	○	●	○
爱沙尼亚	●	●	○
芬兰	○	●	○
法国	○	●	●
德国	●	●	○
希腊	○	●	○
匈牙利	●	●	●
冰岛	●	●	●
爱尔兰	○	●	○
以色列	○	●	●
意大利	○	●	●
日本	●	●	○
韩国	●	●	●
卢森堡	○	●	●
墨西哥	●	●	●
荷兰	○	●	○
新西兰	○	●	●
挪威	●	●	●
波兰	●	●	○
葡萄牙	○	●	●
斯洛伐克共和国	●	●	○
斯洛文尼亚	●	○	○
西班牙	●	●	●
瑞典	○	●	○
瑞士	●	●	○
土耳其	●	●	○
英国	○	●	●
美国	●	●	●
巴西	○	●	○
埃及	●	●	○
乌克兰	●	●	○
总OECD34国	20	33	20

● 是

○ 否

来源：经合组织公开采购调查

StatLink http：//dx. doi. org/10. 1787/888932392400

表 G.3　中央政府部分公共采购信息网上公开情况

	适用程序的具体指导	法律和政策	给潜在投标人的一般信息	采购计划	选择和评估标准	合同授予	投标文件	选定中标承包商的理由	合同的修改	跟踪采购支出
澳大利亚	●	●	●	●	●	●	●	○	●	n. a
奥地利	●	○	●	●	●	●	●	n. a	●	n. a
比利时	●	○	●	●	●	●	●	○	○	n. a
加拿大	●	●	●	n. a	●	●	●	○	n. a	n. a
智利	●	●	●	●	●	●	●	●	●	●
捷克共和国	●	●	●	●	●	●	●	●	●	●
丹麦	●	●	●	●	●	●	●	●	●	n. a
爱沙尼亚	●	●	●	●	●	●	○	●	○	●
芬兰	●	●	●	●	●	●	○	●	n. a	n. a
法国	●	●	●	●	●	●	●	○	●	○
德国	n. a	●	●	n. a	●	●	●	n. a	n. a	n. a
希腊	●	●	●	●	●	●	●	●	n. a	n. a
匈牙利	●	●	○	●	○	○	○	○	○	○
冰岛	●	●	●	●	●	●	●	●	●	●
爱尔兰	●	●	●	●	●	●	●	●	●	n. a
以色列	●	●	●	●	●	●	●	○	●	n. a
意大利	●	●	●	●	●	●	●	○	●	○
日本	●	●	●	●	●	●	●	●	●	○
韩国	●	●	●	●	●	●	●	●	●	●
卢森堡	●	●	●	●	●	●	●	○	○	○

续表

	适用程序的具体指导	法律和政策	给潜在投标人的一般信息	采购计划	选择和评估标准	合同授予	投标文件	选定中标承包商的理由	合同的修改	跟踪采购支出
墨西哥	●	●	●	●	●	●	●	●	●	●
荷兰	●	●	●	●	●	●	●	●	●	n. a
新西兰	○	●	●	●	●	●	●	○	○	n. a
挪威	●	●	●	●	●	●	●	○	○	○
波兰	●	●	●	●	●	●	●	●	○	n. a
葡萄牙	●	●	●	●	●	●	●	●	○	●
斯洛伐克共和国	●	●	●	●	●	●	○	n. a	●	n. a
斯洛文尼亚	●	○	●	●	●	●	●	○	●	○
西班牙	●	●	●	●	●	●	○	●	●	n. a
瑞典	●	●	●	●	●	●	●	●	n. a	n. a
瑞士	●	●	●	n. a	●	●	●	●	n. a	●
土耳其	●	●	●	●	●	●	●	○	○	●
英国	●	●	●	●	n. a	●	n. a	●	n. a	n. a
美国	●	●	●	●	●	●	●	n. a	n. a	●
巴西	○	●	●	n. a	●	●	●	○	●	n. a
埃及	●	●	●	n. a	●	●	●	n. a	●	n. a
乌克兰	●	●	●	●	●	●	●	○	n. a	n. a
总 OECD34 国										
● 是	32	31	33	31	32	33	28	18	17	10
○ 否	1	3	1	0	1	1	5	12	9	7

n. a 不适用(如信息未公开)

来源:经合组织 2010 年公共采购调查

StatLink http://dx.doi.org/10.1787/888932392419

表 G.4　政府单式电子采购网站提供的最普遍服务(2010)

	方便与潜在投标人接触的程序							合同管理工具				内部使用
	搜索招标公告	下载所有与招标有关的文件	资格预审系统	与公民、投标人和一般公众的双向沟通	电子投标	电子逆向拍卖	电子目录	合同/结果跟踪记录	电子支付系统（如电子发票）	与往期采购有关的统计数据库	合同管理计划模板	在线培训材料
澳大利亚	●	●	●	●	●	○	○	○	○	●	○	○
奥地利	n. a.	n. a.	n. a.	n. a.	n. a.	n. a.	n. a.	n. a.	n. a.	n. a.	n. a.	n. a.
比利时	n. a.	n. a.	n. a.	n. a.	n. a.	n. a.	n. a.	n. a.	n. a.	n. a.	n. a.	n. a.
加拿大	●	●	○	○	○	○	○	○	○	○	○	○
智利	●	●	○	●	●	○	●	○	●	●	●	●
捷克共和国	n. a.	n. a.	n. a.	n. a.	n. a.	n. a.	n. a.	n. a.	n. a.	n. a.	n. a.	n. a.
丹麦	●	○	○	○	○	○	○	○	○	○	○	○
爱沙尼亚	●	●	●	○	○	○	○	●	○	●	○	●
芬兰	●	●	○	○	●	○	○	○	○	●	○	○
法国	●	●	○	●	●	●	●	●	●	○	○	●
德国	n. a.	n. a.	n. a.	n. a.	n. a.	n. a.	n. a.	n. a.	n. a.	n. a.	n. a.	n. a.
希腊	n. a.	n. a.	n. a.	n. a.	n. a.	n. a.	n. a.	n. a.	n. a.	n. a.	n. a.	n. a.
匈牙利	n. a.	n. a.	n. a.	n. a.	n. a.	n. a.	n. a.	n. a.	n. a.	n. a.	n. a.	n. a.
冰岛	n. a.	n. a.	n. a.	n. a.	n. a.	n. a.	n. a.	n. a.	n. a.	n. a.	n. a.	n. a.

续表

	方便与潜在投标人接触的程序							合同管理工具				内部使用
	搜索招标公告	下载所有与招标有关的文件	资格预审系统	与公民、投标人和一般公众的双向沟通	电子投标	电子逆向拍卖	电子目录	合同/结果跟踪记录	电子支付系统（如电子发票）	与往期采购有关的统计数据库	合同管理计划模板	在线培训材料
爱尔兰	●	●	●	●	●	○	○	○	○	●	○	○
以色列	●	●	●	○	○	●	○	●	●	●	●	○
意大利	●	●	●	●	●	●	●	●	○	●	○	○
日本	n. a.	n. a.	n. a.	n. a.	n. a.	n. a.	n. a.	n. a.	n. a.	n. a.	n. a.	n. a.
韩国	●	●	●	●	●	●	●	●	●	●	●	●
卢森堡	●	●	○	○	○	○	○	○	○	○	○	○
墨西哥	●	●	○	●	●	●	●	●	○	○	○	○
荷兰	n. a.	n. a.	n. a.	n. a.	n. a.	n. a.	n. a.	n. a.	n. a.	n. a.	n. a.	n. a.
新西兰	●	●	○	●	○	○	○	○	○	●	○	○
挪威	n. a.	n. a.	n. a.	n. a.	n. a.	n. a.	n. a.	n. a.	n. a.	n. a.	n. a.	n. a.
波兰	●	○	○	○	○	●	○	○	○	○	○	●
葡萄牙	●	○	○	○	○	○	○	●	○	○	○	○
斯洛伐克共和国	○	●	○	●	●	●	○	●	○	●	●	●
斯洛文尼亚	●	●	●	●	○	○	○	○	○	●	○	○

续表

	方便与潜在投标人接触的程序							合同管理工具				内部使用
	搜索招标公告	下载所有与招标有关的文件	资格预审系统	与公民、投标人和一般公众的双向沟通	电子投标	电子逆向拍卖	电子目录	合同/结果跟踪记录	电子支付系统（如电子发票）	与往期采购有关的统计数据库	合同管理计划模板	在线培训材料
西班牙	●	●	●	●	●	○	●	●	○	●	○	○
瑞典	n. a.	n. a.	n. a.	n. a.	n. a.	n. a.	n. a.	n. a.	n. a.	n. a.	n. a.	n. a.
瑞士	●	●	○	●	●	○	○	●	○	○	○	●
土耳其	●	●	○	○	○	○	○	●	○	●	○	●
英国	n. a.	n. a.	n. a.	n. a.	n. a.	n. a.	n. a.	n. a.	n. a.	n. a.	n. a.	n. a.
美国	●	●	○	○	○	○	○	○	○	●	○	○
巴西	●	●	○	○	○	●	●	○	●	●	○	●
埃及	●	●	○	●	○	○	○	○	○	○	○	○
乌克兰	●	●	○	○	○	○	○	○	○	●	○	○
总 OECD34 国												
● 是	21	19	8	12	11	7	6	11	4	14	4	8
○ 否	1	3	14	10	11	15	16	11	16	8	18	14
n. a. 不适用	132	12	12	12	12	12	12	12	12	12	12	12

注：大部分情况下，回答“n. a.”表示该国没有单式采购网站。不过，其他网站上可能有电子采购服务。

来源：OECD 公开采购调查

StatLink http://dx.doi.org/10.1787/888932392438

附件 H　背景因素

本附件提供了有关每个国家的行政和机构特征的数据，包括：立法机关的组成和选举制度，行政部门的结构，一个中央政府和数个地区或地方政府之间的权力分配，以及司法系统的重要特征。这里还提供了 2009 年的人口和 GDP 的数据。与《政府概览 2009》相比，本附件中增加了俄罗斯联邦的数据（目前正在申请加入经合组织）和巴西的数据。此外还提供了州和/或地区、省、市数量的数据。

一国的政治和体制框架影响着政府面临当前的种种挑战时由谁来制定和执行应对的政策。例如，一国采用的选举制度类型，对于政府的性质和任期，包括其是否能代表各种观点和立场以及立法机关制定和修改法律的能力，都具有一系列潜在的影响。立法机构的基本差异将影响一国行政制度运作的方式。立法机关和行政机关之间如何分配权力，如行政体制（议会制、总统制或双重制）、选举的频率和任职期限、修正宪法的难易、司法机关对法律和行为的违宪性审查的能力等，为各种政策和改革方案的制定和执行设定了限制范围。政府的结构，包括责任的垂直分配（在各级政府之间）和水平分配（在不同的部/部门之间），是构成政府组织能力基础的一个关键因素。不同的结构和责任要求不同的能力，包括监督、监测与评价以及协调。

虽然很多背景因素是一国历史发展的产物，不能由决策者轻易改变，这些因素仍可被用来辨识出具有相近政治和行政结构的国家以便进行比较和检验。此外，对于那些正在考虑采纳不同政策和改革行动的国家来说，这些指标能够揭示那些可能影响其通过和执行的结构性差异。

方法和定义

除了有关人口和 GDP 的数据以外，所有数据均来自成员国的宪法和网站，是截至 2010 年 12 月 31 日的最新数据。GDP 数据来自《经合组织国民经济核算年鉴》，巴西除外（数据来自国际货币基金组织的世界经济展望数据库，2010 年 10 月）。人口数据来自经合组织人口统计，爱沙尼亚和斯洛文尼亚（来自欧洲统计局）及巴西（来自国际货币基金组织的世界经济展望数据库，2010 年 10 月）除外。

联邦制国家由宪法规定中央政府和地区或州自治政府之间的政治力量划分。尽管单一制国家通常也包括数级政府（如地方和省或地区）其行政区划并不由宪法规定。

议会制是行政体制的一种，其政府首脑通常是立法机关中占主要议席的党派的首脑并委任该党或几个党派联合的成员为部长。政府首脑对议会负责，议会可以通过不信任投票终止政府首脑的任职。有些议会制的国家也有总统，但其权力本质上主要是仪式性的。在总统制的体制之下，政府首脑和立法机关成员的选举相互独立。部长不是选举出的立法机关成员，而是由总统提名，可由立法机关批准。双重制则将总统权力和向立法机关负责的政府首脑相结合，两者皆对政府的日常活动负责。它和总统制的不同之处在于，内阁（虽由总统任命）是对立法机关负责的，立法机关可通过不信任动议强迫内阁辞职。

有关政府届数的数据从 1990 年 1 月 1 日到 2010 年 12 月 31 日，捷克共和国（1992 年）、波兰（1991 年）和斯洛伐克共和国（1993 年）除外。联合政府是指两个或两个以上的政党共同行使行政职能。政府的届数由行政机关首脑的任职届数决定（一届指政府首脑更替或通过选举当前政府继续留任）。联合政府届数的数据只适用于议会制或双重制的国家。

部（Ministry）是行政领域对公共管理的某一个部分负责的组织。在有些国家，如美国和挪威，部称为“部门”（Department）。常见的例子有卫生部、教育部、财政部等。虽然地方各级政府也可成立各个部，这里的数据仅指中央政府。部长为政府首脑提供建议，并对一个或数个部负责，或承担政府职责中的部长职。在大部分议会制国家中，部长都来自立法机关并在立法机关保有席位。在大部分总统制国家中，部长不是经选举选出的官员，而是由总统任命的。有关数据指中央级政府中组成内阁的部长人数，不包括副部长。

两院制立法机构有两个议院（通常一个上议院，一个下议院），而一院制的立法机构只有一个下议院。选举制度通常区分为单记名（简单多数，或优先制和两轮制）和多记名（比例代表制或半比例代表制）。选举制度的类型具体定义如下：

● 在简单多数制下，获得最多选票的候选人获胜，但不一定需要获得绝对多数的选票。

● 在优先制和两轮制下，获得绝对多数（即超过50%）选票的候选人获胜。如果在第一轮选举中没有候选人获得超过50%的选票，优先制就会选择选民的第二个偏好，即两轮制通过第二轮选举来选出一名获胜者。

● 比例代表制（PR）根据全国选民中某一党派的份额来分配议会的席位。

● 半比例代表制既有单记名又有比例代表制的特点。该制度允许每人投两票：一票投给该选民所在选区中参加竞选的候选人，一票投给某一党派。如比例代表制中一样，党派的席位是根据该党派在全国选民中的份额来分配的。

选举的频率反映了法定的要求。在实践中，议会制国家的政府如果倒台，进行选举的次数可能会更多。

司法审查是指法庭或一个独立的机构审查法律和行为是否违宪的能力，通常由宪法加以规定。在那些进行有限的司法审查的国家，法庭仅能对特定种类的法律或行为，或在特定情况下，进行违宪审查。

表H.1 澳大利亚[1]

2009年年中的大约人口数（单位：百万）	22.0
2009年国内生产总值（目前价格的美元购买力平价，单位：十亿美元）	876.5
是否欧盟成员国	否
国家结构	联邦制
政府层级数	
州/地区	6+2
省	——
地方	717
政体	议会制
国家元首	君主
政府首脑	总理
总统任期期限	
是否有总统	否
任期期限（年）	——

续表

1990 年至 2010 年间中央政府的届数	
政府总届数	10
联合政府届数	4
非连任政府首脑数	5
中央政府的部长人数（2010 年）	20
中央政府的部门数（2010 年）	20
上议院（中央政府）	
是否有	是
成员选举是否以行政区划为基础？	是
每届任期（年）	6
规模—席位数	76
下议院（中央政府）	
选举制度	单记名—多数优先
每届任期（年）	3
规模—席位数	150
违宪审查制度	司法审查

1. 澳大利亚有 6 个州和 2 个领地。澳大利亚宪法规定了两级政府：在 6 个州和北方领地之下有 565 个地方政府。

表 H.2　奥地利

2009 年年中的大约人口数（单位：百万）	8.4
2009 年国内生产总值（目前价格的美元购买力平价，单位：十亿美元）	324.7
是否欧盟成员国	是
国家结构	联邦制
政府层级数	
州/地区	9
省	——
地方	2357
政体	议会制
国家元首	总统
政府首脑	总理
总统任期期限	
是否有总统	是
任期期限（年）	12
1990 年至 2010 年间中央政府的届数	
政府总届数	9

续表

联合政府届数	9
非连任政府首脑数	5
中央政府的部长人数（2010 年）	13
中央政府的部门数（2010 年）	13
上议院（中央政府）	
是否有	是
成员选举是否以行政区划为基础?	是
每届任期（年）	非选举
规模—席位数	62
下议院（中央政府）	
选举制度	多名—按比例
每届任期（年）	5
规模—席位数	183
违宪审查制度	司法审查

表 H.3 比利时

2009 年年中的大约人口数（单位：百万）	10.6
2009 年国内生产总值（目前价格的美元购买力平价，单位：十亿美元）	391.8
是否欧盟成员国	是
国家结构	联邦制
政府层级数	
州/地区	6
省	10
地方	589
政体	议会制
国家元首	君主
政府首脑	首相
总统任期期限	
是否有总统	否
任期期限（年）	——
1990 年至 2010 年间中央政府的届数	
政府总届数	9
联合政府届数	9
非连任政府首脑数	6
中央政府的部长人数（2010 年）	14
中央政府的部门数（2010 年）	14

续表

上议院（中央政府）	
是否有	是
成员选举是否以行政区划为基础？	是
每届任期（年）	4
规模—席位数	71
下议院（中央政府）	
选举制度	多名一按比例
每届任期（年）	4
规模—席位数	150
违宪审查制度	有限的司法审查

表 H.4　加拿大[1]

2009 年年中的大约人口数（单位：百万）	33.7
2009 年国内生产总值（目前价格的美元购买力平价，单位：十亿美元）	1 275.6
是否欧盟成员国	否
国家结构	联邦制
政府层级数	
州/地区	——
省	10+3
地方	3 700
政体	议会制
国家元首	君主
政府首脑	总理
总统任期期限	
是否有总统	否
任期期限（年）	——
1990 年至 2010 年间中央政府的届数	
政府总届数	9
联合政府届数	0
非连任政府首脑数	5
中央政府的部长人数（2010 年）	38
中央政府的部门数（2010 年）	32
上议院（中央政府）	
是否有	是
成员选举是否以行政区划为基础？	否
每届任期（年）	非选举

续表

规模—席位数	105
下议院（中央政府）	
选举制度	单记名—简单多数
每届任期（年）	5
规模—席位数	308
违宪审查制度	有限的司法审查

1. 加拿大有10个省和3个地区。

表H.5 智利

2009年年中的大约人口数（单位：百万）	17.0
2009年国内生产总值（目前价格的美元购买力平价，单位：十亿美元）	242.9
是否欧盟成员国	否
国家结构	单一制
政府层级数	
州/地区	15
省	53
地方	346
政体	总统制
国家元首	总统
政府首脑	总统
总统任期期限	
是否有总统	是
任期期限（年）	4
1990年至2010年间中央政府的届数	
政府总届数	5
联合政府届数	——
非连任政府首脑数	5
中央政府的部长人数（2010年）	22
中央政府的部门数（2010年）	20
上议院（中央政府）	
是否有	是
成员选举是否以行政区划为基础？	否
每届任期（年）	8
规模—席位数	38
下议院（中央政府）	
选举制度	单记名—简单多数
每届任期（年）	4

续表

规模—席位数	120
违宪审查制度	有限的司法审查

表 H.6　捷克共和国

2009 年年中的大约人口数（单位：百万）	10.5
2009 年国内生产总值（目前价格的美元购买力平价，单位：十亿美元）	268.2
是否欧盟成员国	是
国家结构	单一制
政府层级数	
州/地区	14
省	——
地方	6 249
政体	议会制
国家元首	总统
政府首脑	总理
总统任期期限	
是否有总统	是
任期期限（年）	10
1990 年至 2010 年间中央政府的届数	
政府总届数	11
联合政府届数	9
非连任政府首脑数	9
中央政府的部长人数（2010 年）	15
中央政府的部门数（2010 年）	14
上议院（中央政府）	
是否有	是
成员选举是否以行政区划为基础?	否
每届任期（年）	6
规模—席位数	81
下议院（中央政府）	
选举制度	多名—按比例
每届任期（年）	4
规模—席位数	200
违宪审查制度	司法审查

表 H.7 丹麦

2009年年中的大约人口数（单位：百万）	5.5
2009年国内生产总值（目前价格的美元购买力平价，单位：十亿美元）	208.1
是否欧盟成员国	是
国家结构	单一制
政府层级数	
州/地区	5
省	——
地方	98
政体	议会制
国家元首	君主
政府首脑	总理
总统任期期限	
是否有总统	否
任期期限（年）	——
1990年至2010年间中央政府的届数	
政府总届数	10
联合政府届数	10
非连任政府首脑数	4
中央政府的部长人数（2010年）	19
中央政府的部门数（2010年）	18
上议院（中央政府）	
是否有	否
成员选举是否以行政区划为基础？	——
每届任期（年）	——
规模—席位数	——
下议院（中央政府）	
选举制度	多名—按比例
每届任期（年）	4
规模—席位数	179
违宪审查制度	司法审查

表 H.8 爱沙尼亚共和国

2009年年中的大约人口数（单位：百万）	1.3
2009年国内生产总值（目前价格的美元购买力平价，单位：十亿美元）	26.6

续表

是否欧盟成员国	是
国家结构	单一制
政府层级数	
州/地区	15
省	——
地方	227
政体	议会制
国家元首	总统
政府首脑	总理
总统任期期限	
是否有总统	是
任期期限（年）	10
1990 年至 2010 年间中央政府的届数	
政府总届数	12
联合政府届数	4
非连任政府首脑数	10
中央政府的部长人数（2010 年）	13
中央政府的部门数（2010 年）	11
上议院（中央政府）	
是否有	否
成员选举是否以行政区划为基础？	——
每届任期（年）	——
规模—席位数	——
下议院（中央政府）	
选举制度	单记名—简单多数
每届任期（年）	4
规模—席位数	101
违宪审查制度	司法审查

表 H.9 芬兰

2009 年年中的大约人口数（单位：百万）	5.3
2009 年国内生产总值（目前价格的美元购买力平价，单位：十亿美元）	188.1
是否欧盟成员国	是
国家结构	单一制
政府层级数	
州/地区	20

续表

省	74
地方	416
政体	双重制
国家元首	总统
政府首脑	总理
总统任期期限	
是否有总统	是
任期期限（年）	12
1990 年至 2010 年间中央政府的届数	
政府总届数	8
联合政府届数	8
非连任政府首脑数	6
中央政府的部长人数（2010 年）	20
中央政府的部门数（2010 年）	12
上议院（中央政府）	
是否有	否
成员选举是否以行政区划为基础？	——
每届任期（年）	——
规模—席位数	——
下议院（中央政府）	
选举制度	多名—按比例
每届任期（年）	4
规模—席位数	200
违宪审查制度	无司法审查

表 H. 10　法国[1]

2009 年年中的大约人口数（单位：百万）	62.6
2009 年国内生产总值（目前价格的美元购买力平价，单位：十亿美元）	2 173.3
是否欧盟成员国	是
国家结构	单一制
政府层级数	
州/地区	26
省	100
地方	36 683
政体	双重制
国家元首	总统

续表

政府首脑	总理
总统任期期限	
是否有总统	是
任期期限（年）	10
1990 年至 2010 年间中央政府的届数	
政府总届数	10
联合政府届数	3
非连任政府首脑数	9
中央政府的部长人数（2010 年）	21
中央政府的部门数（2010 年）	16
上议院（中央政府）	
是否有	是
成员选举是否以行政区划为基础?	否
每届任期（年）	6
规模—席位数	343
下议院（中央政府）	
选举制度	单记名—两轮制
每届任期（年）	5
规模—席位数	577
违宪审查制度	有限的司法审查

1. 联合政府的届数表示共存的期间。政府的届数表示总理届数。

表 H.11　德国[1]

2009 年年中的大约人口数（单位：百万）	81.9
2009 年国内生产总值（目前价格的美元购买力平价，单位：十亿美元）	2 975.3
是否欧盟成员国	是
国家结构	联邦制
政府层级数	
州/地区	16
省	323
地方	12 312
政体	议会制
国家元首	总统
政府首脑	总理
总统任期期限	
是否有总统	是
任期期限（年）	10

续表

1990年至2010年间中央政府的届数	
政府总届数	7
联合政府届数	7
非连任政府首脑数	3
中央政府的部长人数（2010年）	16
中央政府的部门数（2010年）	14
联邦参议院	
是否有	是
成员选举是否以行政区划为基础？	是
每届任期（年）	非选举
规模—席位数	69
联邦议院	
选举制度	多名—半比例制
每届任期（年）	4
规模—席位数	622
违宪审查制度	司法审查

1. 德国立法机关由联邦议院和联邦参议院组成。联邦参议院的成员为各州政府的成员，在州选举中由选民间接选出。

表H.12　希腊

2009年年中的大约人口数（单位：百万）	11.2
2009年国内生产总值（目前价格的美元购买力平价，单位：十亿美元）	330.7
是否欧盟成员国	是
国家结构	单一制
政府层级数	
州/地区	50
省	——
地方	1 034
政体	议会制
国家元首	总统
政府首脑	总理
总统任期期限	
是否有总统	是
任期期限（年）	10
1990年至2010年间中央政府的届数	
政府总届数	8

续表

联合政府届数	0
非连任政府首脑数	6
中央政府的部长人数（2010 年）	18
中央政府的部门数（2010 年）	15
上议院（中央政府）	
是否有	否
成员选举是否以行政区划为基础?	——
每届任期（年）	——
规模—席位数	——
下议院（中央政府）	
选举制度	多名—按比例
每届任期（年）	4
规模—席位数	300
违宪审查制度	司法审查

表 H.13　匈牙利

2009 年年中的大约人口数（单位：百万）	10.0
2009 年国内生产总值（目前价格的美元购买力平价，单位：十亿美元）	203.3
是否欧盟成员国	是
国家结构	单一制
政府层级数	
州/地区	19
省	——
地方	3 175
政体	议会制
国家元首	总统
政府首脑	总理
总统任期期限	
是否有总统	是
任期期限（年）	10
1990 年至 2010 年间中央政府的届数	
政府总届数	9
联合政府届数	9
非连任政府首脑数	8
中央政府的部长人数（2010 年）	10
中央政府的部门数（2010 年）	8

续表

上议院（中央政府）	
是否有	否
成员选举是否以行政区划为基础?	——
每届任期（年）	——
规模—席位数	——
下议院（中央政府）	
选举制度	多名一半比例制
每届任期（年）	4
规模—席位数	386
违宪审查制度	司法审查

表 H. 14　冰岛

2009 年年中的大约人口数（单位：百万）	0.3
2009 年国内生产总值（目前价格的美元购买力平价，单位：十亿美元）	11.7
是否欧盟成员国	否
国家结构	单一制
政府层级数	
州/地区	8
省	——
地方	76
政体	议会制
国家元首	总统
政府首脑	总理
总统任期期限	
是否有总统	是
任期期限（年）	无任期期限
1990 年至 2010 年间中央政府的届数	
政府总届数	10
联合政府届数	10
非连任政府首脑数	5
中央政府的部长人数（2010 年）	10
中央政府的部门数（2010 年）	10
上议院（中央政府）	
是否有	否
成员选举是否以行政区划为基础?	——
每届任期（年）	——

续表

规模—席位数	——
下议院（中央政府）	
选举制度	多名—按比例
每届任期（年）	4
规模—席位数	63
违宪审查制度	司法审查

表 H. 15 爱尔兰[1]

2009 年年中的大约人口数（单位：百万）	4.5
2009 年国内生产总值（目前价格的美元购买力平价，单位：十亿美元）	176.8
是否欧盟成员国	是
国家结构	单一制
政府层级数	
州/地区	8
省	——
地方	114
政体	议会制
国家元首	总统
政府首脑	总理
总统任期期限	
是否有总统	是
任期期限（年）	14
1990 年至 2010 年间中央政府的届数	
政府总届数	8
联合政府届数	8
非连任政府首脑数	5
中央政府的部长人数（2010 年）	7
中央政府的部门数（2010 年）	15
上议院（中央政府）	
是否有	是
成员选举是否以行政区划为基础?	否
每届任期（年）	5
规模—席位数	60
下议院（中央政府）	
选举制度	多名—按比例
每届任期（年）	5

续表

规模—席位数	166
违宪审查制度	司法审查

1. 上议院的成员由大学和专门小组间接选举产生。大学和专门小组成员由下议院成员和选出的国家官员组成。

表 H.16　以色列

2009 年年中的大约人口数（单位：百万）	7.3
2009 年国内生产总值（目前价格的美元购买力平价，单位：十亿美元）	205.8
是否欧盟成员国	否
国家结构	单一制
政府层级数	
州/地区	6
省	——
地方	252
政体	议会制
国家元首	总统
政府首脑	总理
总统任期期限	
是否有总统	是
任期期限（年）	7
1990 年至 2010 年间中央政府的届数	
政府总届数	10
联合政府届数	10
非连任政府首脑数	8
中央政府的部长人数（2010 年）	37
中央政府的部门数（2010 年）	30
上议院（中央政府）	
是否有	否
成员选举是否以行政区划为基础？	——
每届任期（年）	——
规模—席位数	——
下议院（中央政府）	
选举制度	多名—按比例
每届任期（年）	4
规模—席位数	120
违宪审查制度	无司法审查

表 H.17　意大利

2009年年中的大约人口数（单位：百万）	59.8
2009年国内生产总值（目前价格的美元购买力平价，单位：十亿美元）	1 953
是否欧盟成员国	是
国家结构	单一制
政府层级数	
州/地区	20
省	103
地方	8 101
政体	议会制
国家元首	总统
政府首脑	总理
总统任期期限	
是否有总统	是
任期期限（年）	无任期期限
1990年至2010年间中央政府的届数	
政府总届数	14
联合政府届数	13
非连任政府首脑数	11
中央政府的部长人数（2010年）	21
中央政府的部门数（2010年）	23
上议院（中央政府）	
是否有	是
成员选举是否以行政区划为基础?	是
每届任期（年）	5
规模—席位数	315
下议院（中央政府）	
选举制度	多名—半比例制
每届任期（年）	5
规模—席位数	630
违宪审查制度	司法审查

表 H.18　日本

2009年年中的大约人口数（单位：百万）	127.5
2009年国内生产总值（目前价格的美元购买力平价，单位：十亿美元）	4 135.2

续表

是否欧盟成员国	否
国家结构	单一制
政府层级数	
州/地区	47
省	——
地方	1 727
政体	议会制
国家元首	君主
政府首脑	首相
总统任期期限	
是否有总统	否
任期期限（年）	——
1990 年至 2010 年间中央政府的届数	
政府总届数	19
联合政府届数	15
非连任政府首脑数	14
中央政府的部长人数（2010 年）	17
中央政府的部门数（2010 年）	13
上议院（中央政府）	
是否有	是
成员选举是否以行政区划为基础?	否
每届任期（年）	6
规模—席位数	242
下议院（中央政府）	
选举制度	多名—半比例制
每届任期（年）	4
规模—席位数	480
违宪审查制度	司法审查

表 H. 19 韩国

2009 年年中的大约人口数（单位：百万）	48.7
2009 年国内生产总值（目前价格的美元购买力平价，单位：十亿美元）	1 321
是否欧盟成员国	否
国家结构	单一制
政府层级数	
州/地区	16

续表

省	——
地方	不详
政体	总统制
国家元首	总统
政府首脑	总理
总统任期期限	
是否有总统	是
任期期限（年）	5
1990 年至 2010 年间中央政府的届数	
政府总届数	5
联合政府届数	——
非连任政府首脑数	5
中央政府的部长人数（2010 年）	16
中央政府的部门数（2010 年）	15
上议院（中央政府）	
是否有	否
成员选举是否以行政区划为基础?	——
每届任期（年）	——
规模—席位数	——
下议院（中央政府）	
选举制度	多名—半比例制
每届任期（年）	4
规模—席位数	299
违宪审查制度	司法审查

表 H. 20　卢森堡

2009 年年中的大约人口数（单位：百万）	0.5
2009 年国内生产总值（目前价格的美元购买力平价，单位：十亿美元）	42.2
是否欧盟成员国	是
国家结构	单一制
政府层级数	
州/地区	3
省	——
地方	116
政体	议会制
国家元首	君主

续表

政府首脑	总理
总统任期期限	
是否有总统	否
任期期限（年）	——
1990年至2010年间中央政府的届数	
政府总届数	6
联合政府届数	6
非连任政府首脑数	4
中央政府的部长人数（2010年）	19
中央政府的部门数（2010年）	15
上议院（中央政府）	
是否有	否
成员选举是否以行政区划为基础?	——
每届任期（年）	——
规模—席位数	——
下议院（中央政府）	
选举制度	多名—按比例
每届任期（年）	5
规模—席位数	60
违宪审查制度	司法审查

表 H.21　墨西哥

2009年年中的大约人口数（单位：百万）	107.6
2009年国内生产总值（目前价格的美元购买力平价，单位：十亿美元）	1 540.4
是否欧盟成员国	否
国家结构	联邦制
政府层级数	
州/地区	31
省	——
地方	2438
政体	总统制
国家元首	总统
政府首脑	总统
总统任期期限	
是否有总统	是
任期期限（年）	6

续表

1990年至2010年间中央政府的届数	
政府总届数	4
联合政府届数	——
非连任政府首脑数	4
中央政府的部长人数（2010年）	19
中央政府的部门数（2010年）	18
上议院（中央政府）	
是否有	是
成员选举是否以行政区划为基础?	否
每届任期（年）	6
规模—席位数	128
下议院（中央政府）	
选举制度	多名—半比例制
每届任期（年）	3
规模—席位数	500
违宪审查制度	司法审查

表 H.22　荷兰

2009年年中的大约人口数（单位：百万）	16.5
2009年国内生产总值（目前价格的美元购买力平价，单位：十亿美元）	674.5
是否欧盟成员国	是
国家结构	单一制
政府层级数	
州/地区	12
省	——
地方	443
政体	议会制
国家元首	君主
政府首脑	总理
总统任期期限	
是否有总统	否
任期期限（年）	——
1990年至2010年间中央政府的届数	
政府总届数	8
联合政府届数	8
非连任政府首脑数	4

续表

中央政府的部长人数（2010 年）	12
中央政府的部门数（2010 年）	11
上议院（中央政府）	
是否有	是
成员选举是否以行政区划为基础?	是
每届任期（年）	4
规模—席位数	75
下议院（中央政府）	
选举制度	多名—按比例
每届任期（年）	4
规模—席位数	150
违宪审查制度	无司法审查

表 H. 23　新西兰

2009 年年中的大约人口数（单位：百万）	4.3
2009 年国内生产总值（目前价格的美元购买力平价，单位：十亿美元）	124.6
是否欧盟成员国	否
国家结构	单一制
政府层级数	
州/地区	16+1
省	——
地方	67
政体	议会制
国家元首	君主
政府首脑	总理
总统任期期限	
是否有总统	否
任期期限（年）	——
1990 年至 2010 年间中央政府的届数	
政府总届数	10
联合政府届数	5
非连任政府首脑数	6
中央政府的部长人数（2010 年）	20
中央政府的部门数（2010 年）	32
上议院（中央政府）	
是否有	否

续表

成员选举是否以行政区划为基础?	——
每届任期(年)	——
规模—席位数	——
下议院(中央政府)	
选举制度	多名—半比例制
每届任期(年)	3
规模—席位数	120
违宪审查制度	无司法审查

表 H. 24 挪威

2009 年年中的大约人口数(单位:百万)	4.8
2009 年国内生产总值(目前价格的美元购买力平价,单位:十亿美元)	269.1
是否欧盟成员国	否
国家结构	单一制
政府层级数	
州/地区	19
省	——
地方	435
政体	议会制
国家元首	君主
政府首脑	总理
总统任期期限	
是否有总统	否
任期期限(年)	——
1990 年至 2010 年间中央政府的届数	
政府总届数	8
联合政府届数	5
非连任政府首脑数	7
中央政府的部长人数(2010 年)	20
中央政府的部门数(2010 年)	18
上议院(中央政府)	
是否有	否
成员选举是否以行政区划为基础?	——
每届任期(年)	——
规模—席位数	——
下议院(中央政府)	

续表

选举制度	多名—按比例
每届任期（年）	4
规模—席位数	169
违宪审查制度	司法审查

表 H. 25 波兰

2009 年年中的大约人口数（单位：百万）	38.2
2009 年国内生产总值（目前价格的美元购买力平价，单位：十亿美元）	722.2
是否欧盟成员国	是
国家结构	单一制
政府层级数	
州/地区	16
省	314
地方	2 478
政体	双重制
国家元首	总统
政府首脑	总理
总统任期期限	
是否有总统	是
任期期限（年）	10
1990 年至 2010 年间中央政府的届数	
政府总届数	14
联合政府届数	12
非连任政府首脑数	14
中央政府的部长人数（2010 年）	18
中央政府的部门数（2010 年）	18
上议院（中央政府）	
是否有	是
成员选举是否以行政区划为基础?	是
每届任期（年）	4
规模—席位数	100
下议院（中央政府）	
选举制度	多名—按比例
每届任期（年）	4
规模—席位数	460
违宪审查制度	司法审查

表 H.26　葡萄牙

2009 年年中的大约人口数（单位：百万）	10.6
2009 年国内生产总值（目前价格的美元购买力平价，单位：十亿美元）	265.6
是否欧盟成员国	是
国家结构	单一制
政府层级数	
州/地区	2
省	——
地方	308
政体	双重制
国家元首	总统
政府首脑	总理
总统任期期限	
是否有总统	是
任期期限（年）	10
1990 年至 2010 年间中央政府的届数	
政府总届数	8
联合政府届数	2
非连任政府首脑数	5
中央政府的部长人数（2010 年）	17
中央政府的部门数（2010 年）	14
上议院（中央政府）	
是否有	否
成员选举是否以行政区划为基础?	——
每届任期（年）	——
规模—席位数	——
下议院（中央政府）	
选举制度	多名—按比例
每届任期（年）	4
规模—席位数	230
违宪审查制度	司法审查

表 H.27　斯洛伐克共和国

2009 年年中的大约人口数（单位：百万）	5.4
2009 年国内生产总值（目前价格的美元购买力平价，单位：十亿美元）	123.9

续表

是否欧盟成员国	是
国家结构	单一制
政府层级数	
州/地区	8
省	——
地方	2928
政体	议会制
国家元首	总统
政府首脑	总理
总统任期期限	
是否有总统	是
任期期限（年）	10
1990年至2010年间中央政府的届数	
政府总届数	7
联合政府届数	7
非连任政府首脑数	6
中央政府的部长人数（2010年）	13
中央政府的部门数（2010年）	13
上议院（中央政府）	
是否有	否
成员选举是否以行政区划为基础?	——
每届任期（年）	——
规模—席位数	——
下议院（中央政府）	
选举制度	多名—按比例
每届任期（年）	4
规模—席位数	150
违宪审查制度	司法审查

表H.28　斯洛文尼亚

2009年年中的大约人口数（单位：百万）	2.0
2009年国内生产总值（目前价格的美元购买力平价，单位：十亿美元）	56.2
是否欧盟成员国	是
国家结构	单一制
政府层级数	
州/地区	——

续表

省	——
地方	210
政体	议会制
国家元首	总统
政府首脑	总理
总统任期期限	
是否有总统	是
任期期限（年）	10
1990 年至 2010 年间中央政府的届数	
政府总届数	9
联合政府届数	9
非连任政府首脑数	7
中央政府的部长人数（2010 年）	19
中央政府的部门数（2010 年）	15
上议院（中央政府）	
是否有	是
成员选举是否以行政区划为基础？	是
每届任期（年）	非直接选举
规模—席位数	40
下议院（中央政府）	
选举制度	多名—按比例
每届任期（年）	4
规模—席位数	90
违宪审查制度	司法审查

表 H. 29　西班牙[1]

2009 年年中的大约人口数（单位：百万）	45.9
2009 年国内生产总值（目前价格的美元购买力平价，单位：十亿美元）	1 481.4
是否欧盟成员国	是
国家结构	见附注
政府层级数	
州/地区	17
省	50
地方	8 111
政体	议会制
国家元首	君主

续表

政府首脑	首相
总统任期期限	
是否有总统	否
任期期限（年）	——
1990 年至 2010 年间中央政府的届数	
政府总届数	6
联合政府届数	1
非连任政府首脑数	3
中央政府的部长人数（2010 年）	12
中央政府的部门数（2010 年）	15
上议院（中央政府）	
是否有	是
成员选举是否以行政区划为基础？	是
每届任期（年）	4
规模—席位数	264
下议院（中央政府）	
选举制度	多名—按比例
每届任期（年）	4
规模—席位数	350
违宪审查制度	有限的司法审查

1. 西班牙是一个高度非中央集权的国家，有 17 个自治区和 2 个自治市。

表 H. 30　瑞典

2009 年年中的大约人口数（单位：百万）	9.3
2009 年国内生产总值（目前价格的美元购买力平价，单位：十亿美元）	345.6
是否欧盟成员国	是
国家结构	单一制
政府层级数	
州/地区	18+2
省	——
地方	290
政体	议会制
国家元首	君主
政府首脑	总理
总统任期期限	
是否有总统	否
任期期限（年）	——

续表

1990 年至 2010 年间中央政府的届数	
政府总届数	9
联合政府届数	3
非连任政府首脑数	5
中央政府的部长人数（2010 年）	24
中央政府的部门数（2010 年）	11
上议院（中央政府）	
是否有	否
成员选举是否以行政区划为基础？	——
每届任期（年）	——
规模—席位数	——
下议院（中央政府）	
选举制度	多名—按比例
每届任期（年）	4
规模—席位数	349
违宪审查制度	有限的司法审查

表 H. 31　瑞士

2009 年年中的大约人口数（单位：百万）	7.7
2009 年国内生产总值（目前价格的美元购买力平价，单位：十亿美元）	349.6
是否欧盟成员国	否
国家结构	联邦制
政府层级数	
州/地区	26
省	——
地方	2 889
政体	议会制
国家元首	总统
政府首脑	总统
总统任期期限	
是否有总统	否
任期期限（年）	——
1990 年至 2010 年间中央政府的届数	
政府总届数	——
联合政府届数	——
非连任政府首脑数	——

续表

中央政府的部长人数（2010年）	7
中央政府的部门数（2010年）	7
上议院（中央政府）	
是否有	是
成员选举是否以行政区划为基础?	是
每届任期（年）	4
规模—席位数	46
下议院（中央政府）	
选举制度	多名—半比例制
每届任期（年）	4
规模—席位数	200
违宪审查制度	有限的司法审查

表H.32 土耳其

2009年年中的大约人口数（单位：百万）	71.9
2009年国内生产总值（目前价格的美元购买力平价，单位：十亿美元）	1 024
是否欧盟成员国	否
国家结构	单一制
政府层级数	
州/地区	7
省	81
地方	923
政体	议会制
国家元首	总统
政府首脑	总理
总统任期期限	
是否有总统	是
任期期限（年）	10
1990年至2010年间中央政府的届数	
政府总届数	13
联合政府届数	7
非连任政府首脑数	11
中央政府的部长人数（2010年）	27
中央政府的部门数（2010年）	15
上议院（中央政府）	
是否有	否

续表

成员选举是否以行政区划为基础？	——
每届任期（年）	——
规模—席位数	——
下议院（中央政府）	
选举制度	多名—按比例
每届任期（年）	4
规模—席位数	550
违宪审查制度	有限的司法审查

表 H. 33　英国

2009 年年中的大约人口数（单位：百万）	60.9
2009 年国内生产总值（目前价格的美元购买力平价，单位：十亿美元）	2 172.5
是否欧盟成员国	是
国家结构	单一制
政府层级数	
州/地区	3
省	34＋1
地方	434
政体	议会制
国家元首	君主
政府首脑	首相
总统任期期限	
是否有总统	否
任期期限（年）	——
1990 年至 2010 年间中央政府的届数	
政府总届数	8
联合政府届数	1
非连任政府首脑数	5
中央政府的部长人数（2010 年）	23
中央政府的部门数（2010 年）	17
上议院（中央政府）	
是否有	是
成员选举是否以行政区划为基础？	非选举
每届任期（年）	非选举
规模—席位数	618
下议院（中央政府）	

续表

选举制度	单记名—简单多数
每届任期（年）	5
规模—席位数	646
违宪审查制度	无司法审查

表 H. 34 美国[1]

2009 年年中的大约人口数（单位：百万）	307.0
2009 年国内生产总值（目前价格的美元购买力平价，单位：十亿美元）	14 043.9
是否欧盟成员国	否
国家结构	联邦制
政府层级数	
州/地区	50+1+5
省	3 143
地方	19 429
政体	总统制
国家元首	总统
政府首脑	总统
总统任期期限	
是否有总统	是
任期期限（年）	8
1990 年至 2010 年间中央政府的届数	
政府总届数	6
联合政府届数	——
非连任政府首脑数	4
中央政府的部长人数（2010 年）	16
中央政府的部门数（2010 年）	15
上议院（中央政府）	
是否有	是
成员选举是否以行政区划为基础?	是
每届任期（年）	6
规模—席位数	100
下议院（中央政府）	
选举制度	单记名—简单多数
每届任期（年）	2
规模—席位数	435
违宪审查制度	司法审查

1. 美国有50个州，一个哥伦比亚特区，还有5个领地：波多黎各、关岛、北马里亚纳群岛、美属萨摩亚、美属维尔京群岛。

表 H.35 巴西[1]

2009 年年中的大约人口数（单位：百万）	191.5
2009 年国内生产总值（目前价格的美元购买力平价，单位：十亿美元）	2 010.3
是否欧盟成员国	否
国家结构	联邦制
政府层级数	
州/地区	26+1
省	不详
地方	5564
政体	总统制
国家元首	总统
政府首脑	总统
总统任期期限	
是否有总统	是
任期期限（年）	8
1990 年至 2010 年间中央政府的届数	
政府总届数	7
联合政府届数	——
非连任政府首脑数	5
中央政府的部长人数（2010 年）	37
中央政府的部门数（2010 年）	38
上议院（中央政府）	
是否有	是
成员选举是否以行政区划为基础?	是
每届任期（年）	8
规模—席位数	81
下议院（中央政府）	
选举制度	多名—按比例
每届任期（年）	4
规模—席位数	513
违宪审查制度	司法审查

1.26 个州和一个联邦区。

表 H.36 俄罗斯联邦

2009 年年中的大约人口数（单位：百万）	141.4
2009 年国内生产总值（目前价格的美元购买力平价，单位：十亿美元）	2 685.5

续表

是否欧盟成员国	否
国家结构	联邦制
政府层级数	
州/地区	83
省	
地方	
政体	双重制
国家元首	总统
政府首脑	总理
总统任期期限	
是否有总统	是
任期期限（年）	12
1990 年至 2010 年间中央政府的届数	
政府总届数	5
联合政府届数	——
非连任政府首脑数	3
中央政府的部长人数（2010 年）	26
中央政府的部门数（2010 年）	18
上议院（中央政府）	
是否有	是
成员选举是否以行政区划为基础?	是
每届任期（年）	非选举
规模—席位数	166
下议院（中央政府）	
选举制度	多名—按比例
每届任期（年）	5
规模—席位数	450
违宪审查制度	司法审查

附件 I　指导小组成员

	姓名	头衔/职位	部
澳大利亚	Ms. Carmel McGregor	副公共服务专员	澳大利亚公共服务委员会
奥地利	Ms. Angelika Flatz	主任	联邦总理府，公共服务和创新行政发展
比利时	Mr. Jacques Druart	国际协调主任	联邦公共服务人员和组织
加拿大	Mr. Nick Wise	执行董事	国库委员会秘书处
丹麦	Mr. David Fjord Nielson	特别顾问	财政部
芬兰	Ms. Katju Holkeri	政府政策处主任	财政部
法国	Mr. Daniel Aunay	国际关系处主任	预算、公共核算、公务员和国家改革部
意大利	Dr. Pia Marconi	主任	公共管理部
日本	真也岛田先生	第一秘书	日本常驻经合组织代表团
荷兰	Mr. Dick Hagoort	分析、劳动力市场和宏观经济咨询部主任	内政及王国关系部
挪威	Mr. Lasse Ekeberg	副主任	政府管理和改革部，信息和通信技术政策和公共部门改革部
瑞典	Mr. Claes Elmgren	顾问	国库
英国	Ms. Liz McKeown	分析和见解副主任	内阁办公室

词汇表

术语	在《政府概览》中的用法
现金转移（Cash transfers）	政府提供给符合一定条件的个人的福利，且该种福利不要求用于特定的产品或服务。现金转移的例子有：养老金、失业救济金、发展援助。
集体产品和服务（Collective goods and services）	造福于整个社会的产品和服务。例如：政府用于国防、公共安全和秩序的开支。
综合指数（Composite Index）	在一个基本模型的基础上将数个独立的指标综合成一个单一指数而形成的一种指标。（Nardo 等，2005）
数据集（Dataset）	有关某单一主题的一组指标或变量（如管理质量）。
效率（Efficiency）	为完成某项活动而使用一定量的资源，并从中获得的最大产出。（经合组织统计术语词汇表）
有效（Effectiveness）	某项活动的既定目标达到的程度。（经合组织统计术语词汇表）
国民经济核算欧洲体系（European System of National Accounts）	欧盟成员国使用的一种国际通用的会计系统，用以系统地、详细地描述一个经济总量（某个地区，某个国家，或某几个国家）、其组成部分及该经济总量和其他经济总量之间的关系（经合组织统计术语词汇表）。该体系与国民经济核算体系（SNA）完全一致。
联邦国家（Federal state）	中央政府和数个地区或州自治政府之间的政治力量范围由宪法划定的国家。

全时当量（Full-time equivalent（FTE））	全工时人工的数量，可定义为将总的工作时间除以全工时工作的年平均工作时数。（经合组织统计术语词汇表）
一般政府（General government）	一般政府部门包括：1）中央、州或地方政府的全部单位；2）每一级政府的全部社会保险基金；3）所有由政府单位控制并主要接受政府单位资助的非市场化的、非盈利的机构。这里不包括公共企业，哪怕这类企业的全部权益都为政府单位所有。同样也不包括政府单位所有并控制的准企业。不过，不属于准企业的由政府单位所有的非法人企业仍是这些单位不可分割的一部分，所以必须包括在一般政府部门之内。（1993 年国民经济核算体系）。
治理（Governance）	政治、经济和行政职权的行使。
国内生产总值（Gross domestic product，GDP）	一段时期内一国生产的产品和服务价值的标准测度。具体地说，这等于参加生产的所有常住机构单位的增加的总价值的总和（加上未包括在其产出价值中的产品的赋税，但要减去任何补贴）。以购买价格衡量的最终使用的产品和服务的总和（除中间消费外的一切使用），扣除进口产品和服务的价值，或常住生产单位分配的初级收入的总和。（经合组织统计术语词汇表）
实物产品与服务（In-kind goods and services）	政府直接提供（或协议提供）这些产品和服务或为各户报销其开支。实物产品和服务的例子包括住房券、警察和大部分医疗和教育服务。

指标（Indicator）	“……从一系列观察到的事实中导出的一种定量和定性的量度，能够揭示一特定领域中的某些相对位置（如一个国家）。如能定期进行评估，一个指标能够指出不同单位间在一段时间内的变化方向。”（Nardo 等，2005）
个人产品与服务投入（Individual goods and services Input）	主要使个人获益的产品和服务。例如教育，医疗和社会保险计划。 在产品和服务的生产中使用的劳动、资本、产品和服务的量。 “以医疗服务为例，投入被定义为医务和非医务人员的时间、药品、电力和购买的其他投入，以及来自使用的房屋和设备的资本服务。”（Lequiller，2005）
劳动力（Labour force）	劳动力，或目前的活跃人口，包括在指定的一小段参考期内符合纳入就业或失业人员范围要求的所有人（经合组织统计术语词汇表）。
结果（Outcome）	是指一项活动最终取得的东西。结果反映了政府行为有意的或无意的结局，但政府行为以外的其他因素也有关系（经合组织统计术语词汇表）。
产出（Output）	在政府的绩效评估中，产出被定义为政府机构生产的产品或服务（如付出的教学时间，评估和付出的各种福利）（经合组织统计术语词汇表）
生产力（Productivity）	生产力通常被定义为一个单位量的产出对一个单位量的投入的比率。（经合组织统计词汇表）经济学家则进一步区分总生产力，即总产出除以投入的变化（加权的），和边际生产力，即产出的变化除以投入的变化（加权的）（Coelli 等，1999）

公共部门（Public sector）	一般政府部门加上（准）公共企业（1993 年国民经济核算体系）。
公共部门的过程（Public sector process）	在公共部门中广泛适用的结构、程序和管理安排。
国民经济核算体系（System of National Accounts）	国民经济核算体系（SNA）包括了以国际上一致认可的概念、定义、分类和会计准则为基础的一套连贯、一致、综合的宏观经济账目，资产负债表和表格。（SNA1.1） 国民经济核算体系（1993）是联合国、国际货币基金组织、欧洲共同体委员会、经合组织和世界银行共同负责制定的。（经合组织统计术语词汇表）
单一国家（Unitary states）	没有宪法划定中央政府和数个地区或州自治政府之间的政治力量范围的国家。但是，单一制国家仍可有行政区划，包括地方和省级或地区级政府。
变量（Variable）	被测量的一个单位的特性，其值可以是某个分类方法中的一个数值方法或类别所赋予的一系列数值中的几个。（例如，收入、年龄、重量等，以及“职位”、“行业”、“疾病”等）（经合组织统计术语词汇表）

参考文献

Anderson, B. and J.J. Minarik (2006), "Design Choices for Fiscal Policy Rules", *OECD Journal on Budgeting*, Vol. 2006/4, OECD Publishing, Paris, pp. 159-208.

Anderson, B. (2009), "The Changing Role of Parliament in the Budget Process", *OECD Journal on Budgeting*, Vol. 2009/1, Paris, pp. 37-47.

Audet, D. (2002), "The Size of Government Procurement Markets", *OECD Journal on Budgeting*, Vol. 2002/3, aris, pp. 149-194.

Banthin, J.S., P. Cunningham and D.M. Bernard (2008), "Financial Burden of Health Care, 2001-2004", *Health Affairs*, Vol. 27, pp. 188-195.

Bertok, J. *et al.* (2006), "Issues in Outcome Measurement for 'Government at a Glance'", *OECD GOV Technical Paper* 3, No. 3, GOV/PGC(2006)10/ANN3, OECD Publishing, Paris.

Blöndal, J. (2001), "Budgeting in Canada", *OECD Journal on Budgeting*, Vol. 2001/2, OECD Publishing, Paris, pp. 39-82.

Commonwealth of Australia (2010), *Australia to 2050: Future Challenges*, January.

Congressional Budget Office (CBO) (2010), *The Long-Term Budget Outlook*, June.

Cordova-Novion, C. and S. Jacobzone (2011), "Strengthening the Institutional Setting for Regulatory Reform", *OECD Working Papers on Public Governance*, No. 19, OECD Publishing, Paris.

Curristine, T. *et al.* (2007), "Improving Public Sector Efficiency: Challenges and Opportunities", *OECD Journal on Budgeting*, Vol. 2007/1, OECD Publishing, Paris, pp. 1-41.

Dang, T.T., P. Antolín and H. Oxley (2001), "Fiscal Implications of Ageing: Projections of Age-Related Spending", *OECD Economics Department Working Papers*, No. 305, OECD Publishing, Paris.

De Graeve, D. and T. Van Ourti (2003), "The Distributional Impact of Health Financing in Europe: A Review", *The World Economy*, Vol. 26, pp. 1459-1479.

Dooren, W. van *et al.* (2006), "Issues in Output Measurement for 'Government at a Glance'", *OECD GOV Technical Paper* 2, GOV/PGC(2006)10/ANN2, Paris.

Dooren, W. van *et al.* (2007), "Institutional Drivers of Efficiency in the Public Sector", GOV/PGC(2007)16/ANN, Paris.

Drucker, P. (1969), *The Age of Discontinuity; Guidelines to Our changing Society*, Harper and Row, New York.

Duval, R. and C. de la Maisonneuve (2009), "Long-Run GDP Growth Framework and Scenarios for the World Economy", *OECD Economics Department Working Papers*, No. 663, OECD Publishing, Paris.

European Commission (2008), *Public Procurement for a Better Environment*, Communication from the Commission to the European Parliament, the Council, the European Economic and Social Committee and the Committee of Regions, European Commission, Brussels.

European Commission (2008), *Industrial Relations in Europe*, Office for Official Publications of the European Communities, Luxembourg.

European Commission (2008), *Measurement of Indicators for the Economic Impact of Public Procurement Policy*, Working Document, European Commission, Brussels.

European Commission (2009), *Impact of Ageing Populations on Public Spending*, Brussels.

Fukawa, T. and I. Sato (2009), "Projection of Pension, Health and Long-Term Care Expenditures in Japan through Macro Simulation", *The Japanese Journal of Social Security Policy*, Vol. 8.

Gianella, C. *et al.* (2008), "What Drives the NAIRU? Evidence from a Panel of OECD Countries", *OECD Economics Department Working Papers*, No. 649, OECD Publishing, Paris.

Guichard, S. *et al.* (2007), "What Promotes Fiscal Consolidation: OECD Country Experiences", *OECD Economics Department Working Papers*, No. 553, OECD Publishing, Paris.

Guichard, S. and E. Rusticelli (2010), "Assessing the Impact of the Financial Crisis on Structural Unemployment in OECD Countries", *OECD Economics Department Working Papers*, No. 767, OECD Publishing, Paris.

Joumard, I., C. Andre and C. Nicq (2010), "Health Care Systems: Efficiency and Institutions", *OECD Economics Department Working Papers*, No. 769, OECD Publishing, Paris.

Ketelaar, A., N. Manning and E. Turkisch (2007), "Performance-Based Arrangements for Senior Civil Servants OECD and other Country Experiences", *OECD Working Papers on Public Governance*, No. 5, OECD Publishing, Paris.

Kings, J., E. Turkisch and N. Manning (2007), "Public Sector Pensions and the Challenge of an Ageing Public Service", *OECD Working Papers on Public Governance*, No. 2, OECD Publishing, Paris.

Lequiller, F. (2005), "Measurement of Non-Market Volume Output", Clarification Item C10 for Fourth Meeting of the Advisory Expert Group on National Accounts, 30 January-8 February 2006, OECD Publishing, Paris.

Lonti, Z. and M. Woods (2008), "Towards Government at a Glance: Identification of Core Data and Issues related to Public Sector Efficiency", *OECD Working Papers on Public Governance*, No. 7, OECD Publishing, Paris.

Manning, N. *et al.* (2006), "How and Why Should Government Activity Be Measured in 'Government at a Glance'?", *OECD GOV Technical Paper* 1, GOV/PGC(2006)10/ANN1, Paris.

Matheson, A. *et al.* (2007), "Study on the Political Involvement in Senior Staffing and on the Delineation of Responsibilities Between Ministers and Senior Civil Servants", *OECD Working Papers on Public Governance*, No. 6, OECD Publishing, Paris.

Nardo, M. *et al.* (2005), "OECD Handbook on Constructing Composite Indicators: Methodology and User Guide", *OECD Statistics Working Paper*, Vol. 2005/3, OECD Publishing, Paris.

Nardo, M. *et al.* (2008), *Handbook on Constructing Composite Indicators*, joint publication of the OECD and European Commission, Paris and Brussels.

New Zealand Treasury (2009), "Challenges and Choices, New Zealand's Long-Term Fiscal Statement", *Statements in the Long-Term Fiscal Position*, October.

OECD (1995), *Reference Checklist for Regulatory Decision-Making*, OECD Publishing, Paris.

OECD (2000), *Government of the Future*, OECD Publishing, Paris.

OECD (2002), "OECD Best Practices for Budget Transparency", *OECD Journal on Budgeting*, Vol. 2002/3, OECD Publishing, Paris, pp. 7-14.

OECD (2003), *The e-Government Imperative*, OECD Publishing, Paris.

OECD (2003), *Open Government: Fostering Dialogue with Civil Society*, OECD Publishing, Paris.

OECD (2003), Recommendation of the Council on Guidelines for Managing Conflict of Interest in the Public Service, OECD Publishing, Paris.

OECD (2003), Recommendation of the Council on Improving the Environmental Performance of Public Procurement, OECD Publishing, Paris.

OECD (2004), *Policy Brief – Public Sector Modernisation: Modernising Public Employment*, *OECD Observer*, OECD Publishing, Paris.

OECD (2005), *Policy Brief – Public Sector Modernisation: Open Government*, OECD Publishing, Paris.

OECD (2005), *Teachers Matter: Attracting, Developing and Retaining Effective Teachers*, OECD Publishing, Paris.

OECD (2006), "Projecting OECD Health and Long-Term Care Expenditures: What are the Main Drivers?", *OECD Economics Department Working Papers*, No. 477, OECD Publishing, Paris.

OECD (2007), *Ageing and the Public Service: Human Resource Challenges*, OECD Publishing, Paris.

OECD (2007), Improving the Environmental Performance of Public Procurement: Report on Implementation of the Council Recommendation, OECD Publishing, Paris.

OECD (2007), *Integrity in Public Procurement: Good Practice from A to Z*, OECD Publishing, Paris.

OECD (2007), *OECD Guidelines for Managing Conflict of Interest in the Public Service: Report on Implementation*, OECD Publishing, Paris.

OECD (2007), "Political Advisors and Civil Servants in European Countries", *Sigma Papers*, No. 38, OECD Publishing, Paris.

OECD (2007), "Public Procurement Review and Remedy Systems in the European Union", *SIGMA Papers*, No. 41, OECD Publishing, Paris.

OECD (2007), "Towards Better Management of Government", *OECD Working Papers on Public Governance*, Vol. 2007/1, OECD Publishing, Paris.

OECD (2007), *Understanding the Social Outcomes of Learning*, OECD Publishing, Paris.

OECD (2008), *Growing Unequal? Income Distribution and Poverty in OECD Countries*, OECD Publishing, Paris.

OECD (2008), *Public Private Partnerships: In Pursuit of Risk Sharing and Value for Money*, OECD Publishing, Paris.

OECD (2008), *The State of the Public Service*, OECD Publishing, Paris.

OECD (2008), "Taxation and Economic Growth", *Economics Department Working Papers*, No. 620, OECD Publishing, Paris.

OECD (2009), *Regulatory Impact Analysis: A Tool for Policy Coherence*, OECD Publishing, paris.

OECD (2009), *Evaluating and Rewarding the Quality of Teachers: International Practices*, OECD Publishing, Paris.

OECD (2009), *Focus on Citizens: Public Engagement for Better Policies and Services*, OECD Publishing, Paris.

OECD (2009), *Government at a Glance 2009*, OECD Publishing, Paris.

OECD (2009), *Health at a Glance 2009: OECD Indicators*, OECD Publishing, Paris.

OECD (2009), "Indicators of Regulatory Management Systems", OECD Publishing, Paris, *www.oecd.org/regreform/indicators*.

OECD (2009), *Measuring Government Activity*, OECD Publishing, Paris.

OECD (2009), *OECD Principles for Integrity in Public Procurement*, OECD Publishing, Paris.

OECD (2009), *Pensions at a Glance 2009*, OECD Publishing, Paris.

OECD (2009), *Rethinking e-Government Services: User-Centred Approaches*, OECD Publishing, Paris.

OECD (2010), *Cutting Red Tape – Why Is Administrative Simplification So Complicated?*, OECD Publishing, Paris.

OECD (2010), *Denmark: Efficient e-Government for Smarter Public Service Delivery*, OECD Publishing, Paris.

OECD (2010), *OECD Economic Outlook*, Vol. 2010/2, OECD Publishing, Paris

OECD (2010), *Education at a Glance 2010: OECD Indicators*, OECD Publishing, Paris.

OECD (2010), *Enhancing Integrity in Public Procurement: A Toolbox*, available at *www.oecd.org/governance/procurement/toolbox*.

OECD (2010), "Fiscal Policy across Levels of Government in Times of Crisis", OECD Network on Fiscal Relations across Levels of Government, *OECD Working Paper*, OECD Publishing, Paris.

OECD (2010), "Getting it Right", Document prepared for the annual meeting of the Public Employment and Management Working Party, OECD/GOV/PGC/PEM(2010)4, OECD Publishing, Paris.

OECD (2010), "Health Care Systems: Getting More Value for Money", *OECD Economics Department Policy Notes*, No. 2, OECD Publishing, Paris.

OECD (2010), *Making Reform Happen: Lessons from OECD Countries*, OECD Publishing, Paris.

OECD (2010), *Measuring Innovation: A New Perspective*, OECD Publishing, Paris.

OECD (2010), *The OECD Innovation Strategy: Getting a Head Start on Tomorrow*, OECD Publishing, Paris.

OECD (2010), *OECD Public Governance Reviews: Finland 2010 – Working Together to Sustain Success*, OECD Publishing, Paris.

OECD (2010), *OECD Reviews of Human Resource Management in Government – Brazil 2010: Federal Government*, OECD Publishing, Paris.

OECD (2010), "Open Government and E-Rulemaking: A Discussion Note", paper prepared for the Regulatory Policy at the Crossroads Conference, Paris, 28-29 October 2010, OECD Publishing, Paris.

OECD (2010), *PISA 2009 Results: Overcoming Social Background – Equity in Learning Opportunities and Outcomes*, Vol. II, OECD Publishing, Paris.

OECD (2010), *Post-Public Employment: Good Practices for Preventing Conflict of Interest*, OECD Publishing, Paris.

OECD (2010), *Regulatory Policy and the Road Toward Sustainable Growth*, OECD Publishing, Paris, *www.oecd.org/regref/eu15*.

OECD (2010), *Restoring Fiscal Sustainability: Lessons for the Public Sector*, Paris.

OECD (2010), *Revenue Statistics 1965-2009*, OECD Publishing, Paris.

OECD (2010), *Risk and Regulatory Policy: Improving Governance of Risk*, OECD Publishing, Paris.

OECD (2010), *OECD Science, Technology and Industry Outlook 2010*, OECD Publishing, Paris.

OECD (2010), "Tax Competition Between Sub-Central Governments: Main Issues", OECD Network on Fiscal Relations across Levels of Government, Paris.

OECD (2011), *OECD Economic Outlook*, Vol. 2011/1, OECD Publishing, Paris.

OECD (2011), *National Accounts at a Glance 2010*, OECD Publishing, Paris.

OECD (2011), *Pensions at a Glance 2011*, OECD Publishing, Paris.

OECD (2011), *OECD Public Governance Reviews: Estonia 2011*, OECD Publishing, Paris.

OECD (2011), "Restoring Public Finances", Special Issue of the *OECD Journal on Budgeting*, Vol. 2011/2, Paris.

OECD (2011), *Society at a Glance 2011: OECD Social Indicators*, OECD Publishing, Paris.

OECD (2011), *Tax Administration in OECD and Selected Non-OECD Countries: Comparative Information Series (2010)*, OECD Publishing, Paris.

OECD (2011), *Taxing Wages 2010*, OECD Publishing, Paris.

OECD (forthcoming), *Budgeting Practices and Procedures in OECD Countries*, OECD Publishing, Paris

OECD (forthcoming), *OECD Public Procurement Review of the United States*, OECD Publishing, Paris.

OECD (forthcoming), *Partnering with Citizens and Civil Society for Innovative Service Delivery*, OECD Publishing, Paris.

OECD (forthcoming), *Public Servants as Partners for Growth: Strengthening a Leaner and More Equitable Public Service*, OECD Publishing, Paris.

OECD (forthcoming), *OECD Regions at a Glance 2011*, OECD Publishing, Paris.

OECD (forthcoming), *Society at a Glance 2011: OECD Social Indicators*, OECD Publishing, Paris.

OECD (forthcoming), *Transparency in Strategic Decision Making: Ministerial Advisors*, Paris.

Office of the Parliamentary Budget Officer (2010), "Fiscal Sustainability Report", February.

Pilichowski, E., E. Arnould and E. Turkisch (2007), *Ageing and the Public Sector: Challenge for Financial and Human Resources*, OECD Publishing, Paris.

Pilichowski, E. and E. Turkisch (2008), "Employment in Government in the Perspective of the Production Costs of Goods and Services in the Public Domain", *OECD Working Papers on Public Governance*, No. 8, OECD Publishing, Paris.

Robinson, M. (2009), "Accrual Budgeting and Fiscal Policy", *OECD Journal on Budgeting*, Vol. 2009/1, Paris.

Schick, A. (2009), "Budgeting for Fiscal Space", *OECD Journal of Budgeting*, Vol. 2009/2, OECD Publishing, Paris.

Schick, A. (2010), "Post-Crisis Fiscal Rules: Stabilising Public Finance while Responding to Economic Aftershocks", *OECD Journal on Budgeting*, Vol. 2010/2, Paris.

Visco, I. (2005), "Ageing and Pension System Reform: Implications for Financial Markets and Economic Policies", *Financial Market Trends*, November 2005 Supplement, OECD Publishing, Paris.

Westert, G.P. *et al.* (ed.) (2008), "Dutch Health Care Performance Report 2008", RIVM National Institute for Public Health and the Environment, Bilthoven.

Wilkinson, R.G. and K.E. Pickett (2006), "Income Inequality and Population Health: A Review and Explanation of the Evidence", *Social Science and Medicine*, Vol. 62, No. 7, pp. 1768-84.

Zussman, D. (2009), *Political Advisors*, OECD Publishing, Paris.

经济合作与发展组织

经合组织是一个政府间共同合作、处理全球化带来的经济、社会和环境方面挑战的独特平台。在理解和帮助政府应对新发展和新问题，如公司治理、信息经济和人口老龄化带来的挑战方面，经合组织也很积极努力。该组织为各国政府比较政策经验，为共同面临的问题寻求答案，总结好的做法以及合作协调国内和国际政策提供了一个良好的环境。

经合组织的成员国有：澳大利亚、奥地利、比利时、加拿大、智利、捷克共和国、丹麦、爱沙尼亚、芬兰、法国、德国、希腊、匈牙利、冰岛、爱尔兰、以色列、意大利、日本、韩国、卢森堡、墨西哥、荷兰、新西兰、挪威、波兰、葡萄牙、斯洛伐克共和国、斯洛文尼亚、西班牙、瑞典、瑞士、土耳其、英国和美国。欧盟也参与经合组织的工作。

经合组织出版社广泛传播该组织收集的统计数据和对经济、社会、环境问题的研究结果，以及成员国间一致通过的各类公约、指导方针和标准。

后 记

2012 年是实施“十二五”规划承上启下的重要一年。在国际经济环境复杂多变，国内经济运行出现了不少新情况的背景下，如何在复杂局势中实现经济社会发展“稳中求进”，是摆在我们面前的重要任务。为了在经济发展方式转变过程中研究和借鉴国外市场经济国家发展经验的需要，作为经济合作与发展组织重要出版物之一的《政府概览 2011》的翻译出版，是非常及时和必要的。

经合组织《政府概览 2011》的发布，不仅正逢经合组织成立 50 周年，更正值开始于 2008 年的金融和经济危机余波未平、影响无处不在之际。因此，与《政府概览 2009》相比，《政府概览 2011》对作为国家经济关键支柱的公共政策进行了更为详尽的讨论，所选择的各项指标和指数，既反映了过去 50 年当中经合组织各成员国在公共管理和公共治理方面发挥的作用，也指出了今后面临的一些主要挑战。例如在巩固财政、改革公共部门、恢复对政府和政治领导的信任、重新评估政府何时应该介入、如何介入，以及何时可以退后一步等方面，《政府概览 2011》均提供了关键性的定量和定性的数据，可使循证决策得以实现并帮助政府对未来进行规划。

《政府概览 2011》一书资料翔实，书中介绍的国家和地区在发展市场经济的许多做法和经验，相信对我国社会主义市场经济建设有着重要的参考和借鉴作用。同时，相信本书也对我国经济领域的管理者、学习者和爱好者有一定的帮助。但由于我们也在不断的学习中，本书的翻译一定存在许多不足和错误，恳请广大读者提出意见。

黄宗晞

2012 年 3 月

图书在版编目（CIP）数据

政府概览 2011/经济合作与发展组织著；黄宗晞译．—北京：国家行政学院出版社，2012.2

ISBN 978-7-5150-0262-0

Ⅰ.①政… Ⅱ.①经… ②黄… Ⅲ.①国家—行政管理—对比研究—世界 Ⅳ.①D523

中国版本图书馆（CIP）数据核字（2012）第 032357 号

著作权登记号 图字：01-2012-0754

书 名 政府概览 2011
著 者 经济合作与发展组织
译 者 黄宗晞
责任编辑 阴松生 陈 科
出版发行 国家行政学院出版社
（北京市海淀区长春桥路 6 号 100089）
（010）68920640 68929037
http：//cbs.nsa.gov.cn
中央编译出版社
（北京市西城区车公庄大街乙 5 号鸿儒大厦 B 座 100044）
（010）66122478 52612345
http：//www.cctpbook.com
经 销 新华书店
印 刷 北京天宇万达印刷有限公司
版 次 2011 年 3 月北京第 1 版
印 次 2011 年 3 月北京第 1 次印刷
开 本 787 毫米×1092 毫米 16 开
印 张 23.5
字 数 371 千字
书 号 ISBN 978-7-5150-0262-0/D·0107
定 价 106.00 元